A MENININHA DO HOTEL METROPOL

LIUDMILA PETRUCHÉVSKAIA

A menininha do Hotel Metropol

Minha infância na Rússia comunista

Tradução do russo
Cecília Rosas

Copyright © 2006, 2009, 2017 by Liudmila Petruchévskaia

Publicado mediante acordo com Banke, Goumen & Smirnova Literary Agency (www.bgs-agency.com).

Grafia atualizada segundo o Acordo Ortográfico da Língua Portuguesa de 1990, que entrou em vigor no Brasil em 2009.

Título original
Никому не нужна. Свободна

Capa
Elisa von Randow

Ilustração de capa
Goma Coletivo

Preparação
Lígia Azevedo

Revisão
Angela das Neves
Clara Diament

Dados Internacionais de Catalogação na Publicação (CIP)
(Câmara Brasileira do Livro, SP, Brasil)

Petruchévskaia, Liudmila
  A menininha do Hotel Metropol : minha infância na Rússia comunista / Liudmila Petruchévskaia; tradução do russo Cecília Rosas. — 1ª ed. — São Paulo : Companhia das Letras, 2020.

  Título original: Никому не нужна. Свободна
  ISBN 978-85-359-3305-5

  1. Autoras russas – Século 20 – Memórias – 2. Comunismo – Aspectos sociais – União Soviética 3. Hotel Metropol (Moscou, Rússia) – História – Século 20 4. Moscou (Rússia) – Vida social e costumes 5. União Soviética – História – 1925-1953 I. Título.

19-31527   CDD-891.7803

Índice para catálogo sistemático:
1. Memórias : Escritores : Literatura russa 891.7803
Iolanda Rodrigues Biode – Bibliotecária – CRB-8/10014

[2020]
Todos os direitos desta edição reservados à
EDITORA SCHWARCZ S.A.
Rua Bandeira Paulista, 702, cj. 32
04532-002 — São Paulo — SP
Telefone: (11) 3707-3500
www.companhiadasletras.com.br
www.blogdacompanhia.com.br
facebook.com/companhiadasletras
instagram.com/companhiadasletras
twitter.com/cialetras

Sumário

A MENININHA DO HOTEL METROPOL
Começo, 9
Os Veguer, 12
Os Iákovlev, 21
O começo da guerra, 33
Circunstâncias familiares, 38
Kuibichev, 40
Kuibichev/Modos de existência, 46
Como fui salva, 50
O circo de Dúrov, 54
Em busca de comida, 57
As bonecas, 60
A vitória, 63
A ODO, 65
A linguagem da corte, 70
O Teatro Bolchói, 73
Escada abaixo, 76
Hibernações literárias, 80

Meus concertos/O suéter verde, 83
O retrato, 86
A história do pequeno marinheiro, 88
Outra vida, 93
O Metropol, 97
Lénotchka Veguer, 101
Mamacha, 104
O acampamento, 107
Rua Tchékhov/Vovô Kólia, 112
Tentando caber, 116
O orfanato, 120
Quero viver, 126

HISTÓRIAS
Necessária para ninguém, 133
Campainha-branca, 143
Groselhas verdes, 156
Gorila, 176
O nome do livro, 183
Cisne Agonizante, 192
Sánitch, 195
Como uma flor na alvorada, 208
Alfinetada no lombo, 223
O achado, 230
Música do inferno, 270
Em lugar de uma entrevista, 293

A MENININHA DO HOTEL METROPOL

Começo

Quando penso na espécie humana, não a imagino como uma árvore genealógica cheia de galhos. A espécie humana parece uma floresta, ela se estende ao longe — e aparece como uma corrente de pessoas-árvores de mãos dadas. Não sei por quê, mas é assim. Ali, na névoa dos tempos e dos séculos, estão elas, as gerações precedentes, árvores de muitos braços, e cada antepassado está unido, pelos ramos, de um lado a seus pais, do outro a seus filhos. Cada um é pai e ao mesmo tempo filho, e único no mundo. E cada uma é filha de sua mãe e mãe de sua filha ou de seu filho, e ao mesmo tempo uma criatura singular, que não se parece com nenhuma outra. Cada pessoa está só nestas três faces — filho, pai e indivíduo.

Quem está no centro é forte, sustenta os dois lados: tanto os que estão antes quanto os que vieram depois. E esse centro se desloca com os séculos. A pessoa enfraquece, sua força passa para a próxima geração. Sua inteligência e seu conhecimento se vão junto com ela, não há como transmiti-los, mas as qualidades podem passar para os descendentes — a persistência, até uma obstinação animal diante da possibilidade de ser ferido; a força do espírito; a convicção de que a comida deve ser espartana e a água do banho, gelada; a voracidade nas festas; a discordância das autoridades; a fidelidade às suas posições diante do próprio sofrimento e do sofrimento de pessoas próximas; a sentimentalidade, o amor pela música e pela poesia, e a pouca paciência para bobagens; a feroz sinceridade e a absoluta incapacidade de chegar a qualquer lugar na hora certa; a pureza de intenção, a tendência a ajudar a todos e o ódio pelos vizinhos; o amor pelo silêncio e pelo volume do grito cotidiano; a capacidade de viver sem dinheiro e o gasto desvairado com presentes; a completa bagunça em casa e a exigência rigorosa de que os habitantes limpem sua

A família Veguer em um passeio em 1912. Minha avó Valentina de blusa branca; atrás dela, meu bisavô Iliá Serguêievitch Veguer (Dêdia) e meu avô Nikolai Iákovlev. Dêdia não gostou quando suas filhas se casaram, isso provavelmente explica sua expressão beligerante.

sujeira — e um amor ilimitado pelas crianças pequenas, especialmente quando estão dormindo, em toda a sua beleza.

    Minha bisavó Ássia morreu de septicemia aos 37 anos, deixando seis filhos. O marido, meu bisavô Iliá Serguêievitch, médico, foi então para o rio. Ele se sentia culpado pela morte da esposa. Cinco filhos correram atrás dele, alcançaram-no na margem e se penduraram no pai, impedindo-o. A mais velha, Vera, carregava a pequena. Enquanto estavam enterrando Ássia, sua filha Válenka, de oito anos, ficava andando atrás do pai como uma sombra, seguindo seus passos e balbuciando: "Vou te seguir pra sempre". Quase todos entraram para a clandestinidade; meu bisavô era bolchevique, lutava pelos direitos dos oprimidos. Normalmente trabalhava como médico nas fábricas; os doentes, pessoas pobres, vinham aos montes dos povoados e aldeias. Ele nunca recebia dinheiro por fora pelas consultas. Só o salário. Atendia todos os oprimidos por princípio, mas deveria cuidar apenas dos funcionários. Por isso, em geral, era logo demitido, e encontrava trabalho principalmente nas epidemias de cólera e peste — quando aceitavam todos os médicos, até os que já haviam sido condenados.

    Eu, logo que comecei a falar, o chamava de Dêdia.

Os Veguer

Nasci no Hotel Metropol, a segunda Casa dos Sovietes; seus quartos eram ocupados por velhos bolcheviques, entre eles meu bisavô, Dêdia, Iliá Serguêievitch Veguer, membro do Partido Operário Social-Democrata Russo (POSDR) desde 1898. Também morava ali, desde que se divorciara de N. F. Iákovlev, a filha de I. S. Veguer, minha avó, Valentina Ilínitchna Iákovlev, também do partido desde 1912, com as filhas Vera Nikoláievna e Valentina Nikoláievna, minha futura mãe. Todas três, como convém a um conto de fadas, eram incrivelmente bonitas. O jovem Maiakóvski flertou com vovó Vália, mas ela preferiu o estudante Kólia Iákovlev. A primeira filha deles, Vava (Vera), cresceu e se tornou a moça mais bonita (um sorriso branco, uma linda trança, olhos azul-escuros) da Academia Militar de Veículos Blindados, e minha mãe, desde os catorze anos, como era muito alta, quando saía na rua sempre encontrava cavalheiros querendo acompanhá-la, em especial soldados, ainda mais porque ela respondia ingenuamente às perguntas de como se chamava e onde morava — mas não dizia quantos anos tinha, o que afligia a mãe e a irmã. Na família, chamavam minha mãe de Liulia. Ela era a mais nova e sempre a consideravam uma criança, apesar de ter estudado obstinadamente e lido montanhas de livros na escola e na faculdade de literatura. Em sua escrivaninha havia pirâmides de tomos (só sobre a Idade Média, havia três antologias enormes). Ela estudava literatura com tanta seriedade que encarava a leitura normal como uma profanação. A respeito da sobrinha da terceira mulher de seu avô (Dêdia), que bem na época da fome ia sempre ao Metropol pegar livros com ele, Liulia dizia: "Claro, ela é uma heroína de Turguêniev, sentada num banco junto a um laguinho com um romance nas mãos". Na verdade, a sobrinha ficava para jantar.

Para a jovem Liulia, a literatura era objeto de estudo! Mas em segredo ela amava o jovem Górki.

E acabou que Liulia, uma moça ingênua, séria e totalmente inocente, ficou grávida no dia de seu aniversário, 23 de agosto de 1937, numa datcha em Serébriani Bor.

Na infância, escutei com meus próprios ouvidos o que ela disse à nossa zeladora, Gránia, barriguda de oito meses, que estava reclamando de por muito tempo não ter conseguido engravidar. Estávamos no portão e minha mãe riu, apontando para mim: "Já comigo, da primeira vez…".

Naquele verão eles estavam morando em Serébriani Bor.

Era uma datcha do governo, do irmão mais velho da vovó, Vladímir Ílitch Veguer, bolchevique antigo, dirigente de uma célula partidária do POSDR na Krásnaia Prêsnia e um dos organizadores da famosa insurreição com barricadas em 1905. No partido, usava o codinome Povóljets.

(Muitos passam entre as estações de metrô Barrikádnaia e Ulítsa 1905 Goda. Ninguém sabe que tudo isso foi obra do meu tio-avô Vladímir Ílitch, todos os nomes, aquelas pedras reviradas da calçada e as barricadas, todas aquelas futuras esculturas esti-

Valentina (Liulia) e Vera (Vava), minha mãe e minha tia, em 1930. Naquele ano, minha mãe e minha avó encontraram o poeta Vladímir Maiakóvski no bonde. Sua aparência era exausta e melancólica. Ele cometeu suicídio meses depois.

lo "o pedregulho é uma arma do proletariado". Até hoje o transporte de Moscou faz barulho por causa de um pedregulho histórico deixado de propósito entre a praça Vosstánia e o metrô Barrikádnaia.)

Povóljets, aliás, aceitou no partido o Maiakóvski adolescente de quinze anos; depois, foi parar na prisão Butírskaia e mais tarde saiu do partido.

Maiakóvski ia para o prédio se encontrar com Vladímir Ílitch-Povóljets, e lá conheceu as irmãs mais novas dele, Vera e Vália Veguer. Ele se apaixonou por Válietchka imediatamente.

Dizia-se no folclore familiar que Maiakóvski e Burliuk saíram do prédio usando blusas, Maiakóvski a famosa blusa amarela, Burliuk uma lilás. Mamãe me contava que tinham pegado as blusas das irmãs — só que as meninas eram pequenas, e Maiakóvski era enorme. Tenho minhas dúvidas. Talvez eles tenham provado só de brincadeira. Mas é verdade que na época as estudantes usavam blusas fofas, franzidas.

Minha mãe também dizia que uma vez, em 1930, ela e sua mãe estavam no bonde e ali depararam com Maiakóvski. Minha avó disse a ele: "Esta é minha filha". O poeta estava com uma aparência extenuada, cansada. Era seu último ano de vida.

Em 1937, Vladímir Ílitch Veguer-Povóljets construiu uma casa fora da cidade, no quilômetro 42 da estrada de Kazan, na cooperativa de trabalhadores da ciência, e no verão deu a datcha em Serébriani Bor para a irmã Valentina (minha futura avó) e as filhas dela.

Na primavera daquele ano maldito ocorreram coisas terríveis. Em maio, um irmão da minha avó, Jênia Veguer, membro do Politburo da Ucrânia e secretário do comitê regional do Partido em Odessa, foi preso e submetido a interrogatório; sua irmã Lénotchka Veguer foi presa e condenada ao fuzilamento (ela havia chefiado a secretaria de Kalínin por muitos anos). O marido de Ássia, irmã da minha avó, foi preso e executado, e quase um ano depois levaram a própria Ássia; ela passou muitos anos no gulag. Na época, a condenação ao fuzilamento recebia o nome suave de "dez anos sem direito a correspondência".

Os restantes tiveram que ficar esperando convidados repentinos. Era uma tortura.

Toda noite minha avó escutava um barulho, como se um carro estivesse parando em algum lugar ao longe; a porteira se abria e se escutavam com muita clareza passos pelo cascalho...

Naqueles anos vinham pegar as pessoas justamente à noite, lacravam os apartamentos e ninguém nunca mais as via.

Toda noite alguém claramente andava da porteira até a casa. O cascalho fazia barulho. Mas não entrava na casa. Era preciso esperar. Ficou impossível dormir. Ela tinha medo de sair para olhar.

Minha avó foi ao psiquiatra. Ele disse: "Fique conosco, aqui você vai estar segura". Ela ficou. Provavelmente, isso a salvou. Assim não a levaram presa.

Minha avó era uma mulher excepcionalmente inteligente e perspicaz. Ela sabia que levariam todos — menos os loucos com atestado. A jovem esposa de Jênia Veguer, Solange Korpatchóvskaia, uma linda pianista metade francesa, depois da prisão do marido também foi detida — mas ficou louca na cela por causa dos interrogatórios noturnos, então foi liberada. Quando Dêdia foi vê-la, ela soluçava ininterruptamente, sentada na cama, grisalha em seus anos de juventude, vestida de preto, esgotada, gritando palavras incoerentes. Meu bisavô era médico. Ele não ficou na cabeceira dela, deu meia-volta e saiu sem dizer palavra. Não sei por quê. Talvez por dentro ele mesmo quisesse gritar aquele tempo todo, mas se contivesse. E ela, louca, era livre em seus berros. Jênia era a esperança dele, seu orgulho (com o mais velho, Volódia, ele não falava desde os tempos da Revolução), Lénotchka era a filha mais nova, a preferida. Possivelmente não tinha força humana para aguentar aquele grito.

O destino subsequente da nora foi terrível — a mãe de Solange a pegou, junto com o filho pequeno, e a levou para a Ucrânia. A guerra começou, chegaram os alemães. Solange, o filho e a mãe, junto com a colônia de judeus do gueto, foram enterrados vivos.

Mas isso aconteceu depois.

Na época descrita, o verão de 1937, Solange, pelo visto, ainda estava presa, e não se conseguia nenhuma notícia de Lénotchka, Jênia e do marido de Ássia (a mesma formulação, "sem direito a correspondência"). Jênia e Lénotchka foram presos em 23 e 24 de maio de 1937. Lénotchka foi fuzilada em 3 de setembro. Jênia, em 21 de novembro.

Recentemente me disseram que quem aguentava mais tempo, não confessava ser espião, não assinava o papel, esses eram mais torturados e executados mais tarde.

Naquele verão terrível, minha futura família se escondeu em Serébriani Bor. Às vezes, as pessoas simplesmente iam embora de casa, e os enviados do NKVD* não as encontravam.

Minha mãe contava que Stefan (que em breve se tornaria meu pai e que, como ela, era aluno do Instituto de Filosofia, Literatura e História de Moscou (IFLI), mas não de literatura, e sim de filosofia) ia vê-la naquele verão na datcha de Serébriani Bor... Ela não especificou quando isso acontecia e onde eles se viam. A julgar por tudo, à noite e não dentro de casa.

Mais tarde fiquei sabendo que meu pai era da província de Nikoláiev, do povoado de Vérkhini Rogátchik, e em sua grande família (isso já foram outras pessoas que me disseram) muita gente sofria de tuberculose. Ele chegou a Moscou doente, sem nada, como Lomonóssov,** ingressou na Faculdade dos Trabalhadores*** na qualidade de camponês pobre com capacidades de destaque e depois no IFLI. Não tinha um canto próprio. Acima de tudo, não ia a médicos. Talvez tivesse medo de ser internado

---

* Comissariado do Povo para Assuntos Internos, órgão que cuidava da repressão política na União Soviética até meados dos anos 1940. [Todas as notas são da tradutora.]
** Mikhail Lomonóssov, pensador e cientista russo do século XVIII. Conta-se que era filho de pescadores e que chegou a Moscou a pé, sem nada.
*** Instituição que existiu de 1919 até meados dos anos 1930, com o objetivo de preparar trabalhadores e camponeses para o ensino superior.

em um hospital, porque teria que perder um ano. Ia vivendo, tossindo um pouco. Era alto, tinha cabelos encaracolados, era bonito. Minha mãe, aluna aplicada de literatura, era bonita, contida, séria, não entendia absolutamente nada da vida e estava sempre com os livros. Além disso, a família daquela criatura encantadora morava no melhor prédio de Moscou, o Metropol. E mais: antes, a mãe dela trabalhava no Kremlin, depois no Comitê de Ciência. A irmã estudava na Academia Militar de Veículos Blindados. Por isso meu futuro pai provavelmente morria de medo deles.

Isso não excluía a possibilidade de que à noite, escondendo-se da mãe e da irmã de sua amada, Stefan fosse como um ladrão noturno do último trólebus até a porteira, depois atravessasse o cascalho até a janela e a chamasse para um encontro. É o que acho. Por isso aqueles passos que nunca terminavam com uma batida na porta!

Minha avó estava absolutamente saudável em termos psicológicos.

Essa é minha versão daqueles acontecimentos.

Em todo caso, havia passos, mas meus parentes não foram levados para a Lubianka.

Em suma, nasci em 26 de maio de 1938, mais ou menos nove meses depois do aniversário da minha mãe.

Mas não me lacraram dentro do apartamento, como acontecia com os bebês de quem era preso, e eu cresci na casa da minha avó sob o som dos grandes textos da literatura russa; mas sobre isso vou falar mais adiante.

Mais ou menos dois anos depois dos acontecimentos descritos aqui, meus parentes voltaram para casa e viram que a porta que levava ao quarto deles estava lacrada mesmo assim. Ou seja,

Hotel Metropol, cartão-postal de 1905.

minha avó foi na frente, tentou abrir a porta, não conseguiu, deu meia-volta e abandonou aquele apartamento para sempre, sem dizer palavra...

Vava, que veio de trás, por sua vez, se aproximou da porta e viu que na maçaneta havia um arame enrolado, e no arame estava pendurado chumbo.

Talvez se eles tivessem voltado antes para casa já teriam sido levados. Mas se atrasaram como sempre. Nossa família está eternamente atrasada, de geração em geração.

De seu prédio, do Metropol, já havia desaparecido muita gente.

Assim, Vava se despediu da vizinha de parede, de cujo sobrenome ela não se lembrava exatamente, algo como Kaliguina. Era secretária do Comitê e frequentemente ia a Moscou, para seu quarto no Metropol, sempre com um grupo de ajudantes homens.

Daquela vez, Vava entrou no apartamento e viu a vizinha

acompanhada por dois homens: um, de uniforme, ia na frente; o outro, de roupas civis, ia atrás dela.

Vava a cumprimentou alegremente. Kaliguina se virou e apertou a boca.

Vava disse para a mãe:

— Levaram Anna Stepánovna no meio de dois.

Minha avó nem mexeu a cabeça.

Sem roupas, pertences e livros, depois de perder todos os móveis, cobertores e louça, sem falar nos quadros, eles foram falar com Dêdia, com Iliá Serguêievitch Veguer, na portaria vizinha do Metropol, e se instalaram na casa dele.

E, daquele nosso apartamento anterior do Metropol, me ficaram na memória dois quartos conjugados com uma porta no meio, e acima da porta um quadro: sobre um fundo esmeralda, uma cabeça feminina de perfil com o pescoço arqueado e cabelos claros, ruivos, parecendo um capacete.

Os Iákovlev

Minha mãe depois confirmou que à esquerda da porta, no alto, havia um retrato de minha bisavó ao lado do meu avô. Como agora sei, ela era Aleksandra Konstantínovna Iákovleva, nascida Andrêievitch-Andrêievskaia, senhora de terras no sítio Bulgárin, na região do Voisko do Don. Numa parede de sua propriedade, segundo a lenda da família, havia um documento emoldurado que dizia que um ancestral dela, Andrêievitch, tinha recebido um título de nobreza na corte de Sigismundo Augusto. Havia algo como uma data, século XVI. Segundo o folclore familiar, os irmãos Andrêievitch, cossacos de Zaporojia, eram cavalariços do rei Sigismundo. Um deles freou de uma vez um cavalo a galope que levava o rei, e depois disso lhe foi concedido o *chliakhetstvo*, ou seja, a nobreza. Seu descendente, Iákov Maksímovitch Andrêievitch, era famoso por ser dezembrista,* e era membro de uma sociedade secreta. Nas galés, Iákov se revelou

---

* A Revolta Dezembrista foi um movimento de insurreição de alguns membros da nobreza em 1825.

um pintor amador, e foi preservado seu retrato feito por N. A. Bestújev em Petróvski Zavod (a última cópia entrou para a coleção particular do Museu de Moscou). Iákov Maksímovitch Andrêievitch é retratado com pincéis na mão. Ele foi mantido na ilha Tchitinski, depois em Petróvski Zavod. Foi transferido para uma povoação em Verkheudinsk quando já tinha uma doença mental irremediável. Iákov Andrêievitch morreu aos 39 anos de idade, depois de passar catorze anos preso.

O segundo Andrêievitch, Gordei, foi preso por suspeita de participação numa sociedade secreta; ficou detido na Fortaleza de Pedro e Paulo, mas foi libertado.

O retrato de Aleksandra Konstantínovna sobre a porta de nosso apartamento era obra do pincel de Valentin Aleksándrovitch Iákovlev, pintor do grupo Moskóvski Salon — ele era primo do meu avô, Nikolai Feofánovitch Iákovlev.

Valentin morreu jovem, em 1919. Agora, os trabalhos de V. A. Iákovlev estão conservados nos museus de Vorônej e Omsk. Recentemente houve uma exposição na galeria Elisium, onde reuniram algumas de suas obras. Só guardamos o quadro *Eros e Psiquê*, pintura a óleo sobre papelão. Cresci debaixo dela; foi a única coisa, sem contar as estantes de livros, que sobrou do vovô Kólia na nossa casa. Depois de se tornar professor, ele começou a colecionar livros raros, como primeiras edições de Púchkin. Tudo isso desapareceu.

Minha avó se casou jovem com meu avô; ele também era muito novo, e quando se formou na universidade já tinha duas filhas.

A dona Chura, minha bisavó, morava na rua Ostojenka, na travessa Lopukhinski, num palacete com jardim. Quando seu filho Kólia trouxe a jovem esposa Vália para sua casa, onde, segundo o costume aristocrático, a criadagem dormia num baú no saguão de entrada, a jovem bolchevique Valentina, não acostumada àqueles hábitos, passou vários dias constrangida — pois a primeira pessoa com quem ela esbarrou no novo local foi um menino, um criado que, na antessala escura, saltou do baú feito um demônio e correu para ela a toda velocidade; como depois ficou claro, queria tirar suas botas.

A dona Chura, proprietária de terras, por noites e madrugadas jogava cartas com os convidados, e se não tivesse convidados jogava com os criados. Ela havia se separado do marido Feofan Vassílievitch, que tinha sua própria clínica (de otorrinolaringologia), onde vivia como médico principal com sua enfermeira ajudante, depois de entregar o hospital para o governo soviético. O filho do casal Iákovlev, meu bisavô Kólia, no começo estudou no ginásio na rua Volkhonka número 16, cujo inspetor e professor de literatura era A. F. Lugovskoi, professor preferido do meu avô. Depois meu bisavô ingressou na Universidade de Moscou, e andava (segundo a lenda familiar) de carro e tocava violino. Sua irmã Maria, claro, cresceu e virou uma beldade; estava se preparando para ser artista. O irmão Pável se tornou oficial (na guerra civil, ele foi embora para a Turquia com a Guarda Branca e terminou seus dias, já em idade avançada, como taxista em Paris; Marússia o visitava lá).

Novamente segundo a lenda familiar, meu avô, ao fazer uma viagem de estudos para a Alemanha antes da Revolução, trouxe para a esposa uma mala que lhe fora entregue por russos, sem perguntar o que havia dentro dela. E lá havia 1 milhão em dinheiro do Partido. Veja só! E nada de vagão blindado.

Ambas as meninas Iákovlev, Vera e Válhia, nasceram ali mesmo, na casa da rua Ostojenka. Elas aprenderam a escapulir para o jardim pela janela.

Quando o jovem casal se mudou para um andar alto num

edifício na rua Naródnaia, em Taganka, a mãe levou as duas pequenas para o apartamento vazio e ficou na porta para esperar os carregadores que estavam trazendo os móveis pela escada. As janelas estavam abertas por causa do clima de verão.

A menina mais velha, Vava, que tinha três aninhos, correu para a porta e começou a puxar a barra da roupa da mãe insistentemente. Ela não podia sair da escada, precisava mostrar para os carregadores para onde levar as coisas. Mas Vava não desistia, puxava-a pela saia e gritava. A mãe por fim cedeu e foi atrás dela. O que foi que ela viu? A pequena Liulia estava de pé no parapeito e se preparava para escapar pela janela para a rua (do quinto andar), como costumava fazer na antiga casa.

Assim, Vava salvou a vida de Liulia (e a minha).

Por milagre foram preservados os diários daquela época de um amigo do meu avô, Ievguêni Chilling, poeta, etnógrafo, orientalista e pesquisador sobre o Daguestão. Ele publicava seus poemas na famosa revista *Makovets* e participava de antologias com Velimir Khlébnikov.*

Era um homem profundamente religioso; dedicou uma de suas peças-fantasmagorias a Pável Floriênski, manteve correspondência com ele e posteriormente o convidou para a cidade de Serguiev Possad logo antes de sua prisão. O próprio I. Chilling foi preso em 1932 como colecionador do Museu dos Povos da União Soviética, no começo do "processo dos museólogos". Mas ele de certa forma foi deixado de lado, porque o NKVD mudou de rumo para uma investigação mais impressionante, o caso Prompartia.** Ievguêni Chilling foi solto.

Ele escrevia esses diários uma vez por ano, em novembro,

---

* Velimir Khlébnikov (1885-1922) era um poeta da vanguarda russa.
** O caso Prompartia foi um processo judicial contra uma suposta organização clandestina chamada Partido Industrial, acusada de praticar sabotagem em vá-

em forma de carta a um amigo. Em sua concepção, o amigo distante talvez fosse um anjo da guarda. Ele não disse seu nome uma só vez. Mas se dirigia a ele com certa intimidade, por exemplo, como "meu velho amigo".

Uma anotação do diário corresponde a 26 de novembro de 1917, justo quando os Iákovlev se mudaram com as filhas pequenas para a rua Naródnaia. Era novembro. Jênia Chilling visitou Kólia e Vália Iákovlev. Eis a anotação:

> Fui num almoço. O bispo Kirill Tambóvski celebrou a missa.
> No meio do dia, o pôr do sol. Deitei-me um pouco em casa... Cedo ou tarde eu precisaria sair para um passeio longo, e, cedo ou tarde, para visitar um casal com filhos. Passei a noite toda com eles. Fui bem recebido, saudado, cortaram um pedacinho de torta e, para nos divertirmos, encenaram o começo da ária de Antonida de *Uma vida pelo tsar* — "Os falcões maus saíram e avançaram voando"... Além disso, obrigaram-me a fazer o papel daquele sobre quem "avançaram", e eles mesmos fizeram os "falcões". Ficou muito simpático graças à bondade dos iniciadores da cena e de sua musicalidade. E por aí tudo seguiu seu curso: tudo arrumado, a criada ia e vinha, a lâmpada ardia e iluminava a mulher cantando. As meninas pequenas escutavam a mãe. Imediatamente ficou claro que era uma professora de russo que cantava — tanto melodia quanto o texto pareciam autênticos. Chegou a hora de dormir, e a menina pediu: "Mãe, conte a história dos filhos da terra!". Imediatamente ficou claro que era uma história "literária", ou, melhor dizendo, uma história "novíssima". Tanto uma quanto outra tinham a marca do moderno e o nível artístico (digo nesse caso em particular) dos botões do sobretudo de uma dama da moda. E que aconchegante:

---

rios ramos da indústria e nos transportes com intenção de derrubar o poder soviético. A organização nunca existiu.

a lâmpada, a mulher, as meninas... A infância no geral. Sinto que uma teia de aranha cinza oprime meus cílios: preciso terminar a noite. Em algum lugar a leiteira rosa canta uma musiquinha; no coração, olhinhos se incendeiam. Como é aconchegante: posso passar os olhos por todos em silêncio, mas não consigo ver com atenção, escutar com atenção. Os filhos da terra, que horror! Migalhas e tracinhos de modernismo! Como é curto e apertado. Impossível passar um tempo, entrar e ficar. O cenário do quarto desenhado com a imagem de uma mesa, cadeiras, lâmpadas. Como elas serão incompreensíveis, essas meninas. Elas terão testas e serão, talvez, testas de Medusa. O que se esconde detrás de seus olhos? Talvez a noção de certo "bem geral" ligado à forma divertida do regalo da mamãe. Seria bom se naquele mundo houvesse um pouquinho de "calor do coração", ou nos últimos tempos eu me esgotei, não consigo entrar no quarto das pessoas — sempre parece que saem farrapos da boca delas. Todos dizem: você se dedica aos negócios, o que faz? Dá aulas? Toma muita energia? Não tem tempo? Ou: e você esteve em tal e tal lugar? Com quem? Meu amigo, você não sabe também, aliás, por que os vencedores (aqui são os assim chamados "bolcheviques") parecem homens duas vezes almoçados? Perdão pela bobagem, não fui longe. Aliás, fui: à noite comecei *O elixir do diabo*, de nosso amigo em comum E. T. A. Hoffmann. Sim, quando voltei para casa osculei na alma as sandálias do apóstolo Paulo.

Ele escreveu: "como elas serão incompreensíveis, essas meninas". Tinha 25 anos. Minha avó, aquela mulher "que cantava", tinha 23.

Ievguêni se sentia desconfortável naquela família. Seu amigo havia entrado no partido bolchevique e participava de brigas de rua com os junker... Contra os seus!

Os bolcheviques "duas vezes almoçados". Assim se sugeriam

as palavras "duas vezes vitoriosos". Um trocadilho. Vitória. Almoço. Desgraça.*

É como se tivessem me mostrado um trecho de um filme.

Minha tia e minha mãe, com três anos e meio, a bebê Vava e a pequenina Liulia, olhando perto da mesa sob uma lâmpada com aqueles olhinhos arregalados para o tio bonito de debaixo de suas testinhas proeminentes...

Esse trecho do diário me foi ditado pela excelente pintora Kátia Grigórievna-Chilling.

Uma vez nos sentamos lado a lado em uma recepção, e fomos apresentadas. Eu disse a ela que na minha infância meu tio Micha tinha um amigo com aquele sobrenome, Chilling. E de repente ela respondeu que talvez fosse o tio dela! Depois descobrimos que morávamos no mesmo bloco. Porque o pai dela, Ievguêni Chilling, e meu avô eram amigos, e Chilling, nos anos 1920, quando meu avô deixou a família, o convidou para morar no apartamento deles! Minha mãe posteriormente também morou lá, depois de Kuibichev.

O linguista Iákovlev e o etnógrafo Chilling iam juntos a expedições no Daguestão, meu avô Kólia de capote e com uma pistola, e Jênia sem nada além de um bloco de notas (ambos eram figuras de outro mundo).

O apartamento número 37 pertencia aos três irmãos de Ievguêni: Konstantin, Nikolai (ambos morreram cedo) e Micha. Nikolai era casado com Natúlia Reformatskaia, irmã de A. A. Reformátiski, um filólogo famoso (também um bom amigo do vovô Kólia).

Nos anos 1920, quando o apartamento dos Chilling na Málaia Dmitróvka número 29 foi "reduzido", ou seja, quando decidiram alojar estranhos ali, Ievguêni Chilling chamou para

---

* Trocadilho com as palavras em russo: *Pobeda. Obeda. Beda.*

viver com ele meu avô já divorciado, Nikolai Feofánovitch, com sua nova família, e se mudou para a casa da mãe, um andar acima. Pessoalmente, em um dos quartos do apartamento dos irmãos Chilling, o menor, antes uma biblioteca, eu e mamãe depois passamos nossa vida (debaixo da mesa).

Meu melhor amigo na infância era justamente o tio Micha Chilling, nosso vizinho, irmão de Ievguêni, radiologista na clínica do NKVD, que na juventude sonhava em ser artista. Diante de mim e da minha mãe, ele, de bom humor e aos tralalás, executava sua célebre dança de bengala e chapéu coco — exatamente como Charles Chaplin. Eu ia vê-lo como quem ia ao paraíso — ia ao seu quarto limpo com reposteiros e relógios de chão, com abajures velhos sobre a toalha de mesa e, atrás de um biombo, uma mesinha de cabeceira com tampo de mármore e uma cama de soldado, arrumada segundo todas as regras. E no armário vazio havia um uniforme militar pendurado. O tio Micha às vezes andava pelo apartamento com a roupa de baixo cor azul-policial em vez de pijama, e ficava muito elegante.

Eu sonhava que, quando crescesse, teria a mesma mesa quadrada com toalha, coberta de relógios e abajures. E ia comer de garfo e faca e usar guardanapo, como o tio Micha (e não de colher na panelinha e com as mãos sujas de jornal, e não ia me limpar com a manga da roupa ou com o punho).

O segundo conto que escrevi na vida era sobre o tio Micha, mas nunca o publiquei.

Ele se casou com a tia Vália, que trabalhava no palco do Teatro Infantil; era bondosa e amável, baixinha, de ombros largos, com um quadril estreito e panturrilhas muito desenvolvidas, o rosto parecido com o de Mark Bernes. Antes disso ela ia à casa dele por muito anos sem ser vista, encoberta pela cortina do mistério, e naquelas noites o quarto do tio Micha ficava trancado. Às vezes, à noite, indo ao banheiro, eu acendia a luz dali e a mão nua de alguém a apagava, em pânico, expondo-se impensadamente pela porta do banheiro. Depois o tio Micha apresentou para todos sua nova esposa! A tia Vália e o tio Micha estavam sempre satisfeitos um com o outro, eram alegres, inseparáveis como gêmeos e fumavam sem parar. Quando posteriormente amputaram as duas pernas do tio Micha, ela o levava para passear no jardim, para o banco...

Um dos sobrenomes na minha peça *Três meninas de azul* é Chilling. Em homenagem a ele. Era o único na casa que era bom comigo e com minha mãe.

Voltando para a vida da família Iákovlev, quero acrescentar que o vovô Kólia botava as filhas para dormir de um jeito original: sentava-se no meio das caminhas e cantava para elas velhas canções cossacas ("Corre o riozinho pela areia-azinha, e a margenzinha ala-a-ga"). Ele era um cossaco do Don. Eu também, por herança, cantava essa música para meus filhos.

Quando depois da Revolução começaram a fome e a miséria, a mãe dele, dona Chura, estava indo pegar comida e objetos (segundo a lenda, joias) em sua propriedade no Don e foi fuzilada na estrada por soldados do Exército Vermelho. Dizem que começaram a pedir explicações a ela maliciosamente, a perguntar o que achava dos brancos e dos vermelhos. Ela não entendeu, confundiu-se e disse a verdade. Foi enterrada ali mesmo, na beira da estrada. Alguém estava por perto, foi quem a enterrou e nos contou essa história.

Eis o trecho de um artigo escrito sobre seu filho, meu avô, o professor Iákovlev, por seus alunos, os professores F. Achnin e V. Alpatov:

> Um nobre, formado na Universidade de Moscou, fundador do círculo linguístico de Moscou, no qual Roman Jakobson começou sua trajetória na ciência, Iákovlev se juntou à Revolução em 1917. Mas depois voltou para a ciência, o que só se podia fazer depois de tirar

a carteirinha do Partido. Nos anos 1920, ele desempenhou três papéis: foi um dos criadores da fonologia estrutural (Jakobson depois disse que Iákovlev havia avançado naquelas ideias, a teoria dos fonemas, antes dele e de Nikolai Trubstskoi); eminente pesquisador dos idiomas tchetcheno, inguche, cabardino e outros; e líder da construção linguística. Em 1928, graças à construção científica de novos alfabetos, ele propôs uma fórmula matemática para a composição de um novo alfabeto. Começou a traduzir as línguas do Cáucaso para o alfabeto latino, já que o cirílico era considerado a língua dos colonizadores. Quase setenta alfabetos foram compostos por ele.

Devo acrescentar que o alfabeto latino nas escritas do Cáucaso foi abolido por Stálin. A revolução mundial, graças à qual foi introduzido o alfabeto latino, foi adiada temporariamente. Primeiro era preciso fuzilar algumas pessoas em casa.

No artigo é mencionado o acadêmico Marr. Na infância eu escutava bastante esse nome em casa. Meu avô brigou com Marr a vida toda. Como é dito no artigo, N. F. Iákovlev se afastou "da construção de alfabetos pela interferência incompetente dos marristas", fazendo isso "em função de hegemonia da teoria não científica do 'novo estudo da língua' de Marr".

Mas, é dito depois, "Iákovlev, em uma série de casos, cedeu ao marrismo".

Em suma, quando Stálin publicou sua "grande obra" da vez, a brochura antimarrista "Sobre o marxismo e o aprendizado de línguas", vovô Nikolai Feofánovitch, eterno e solitário adversário de Marr, "tentou, ao menos em alguns pontos, debater com o guia",* como escrevem os pesquisadores.

Debater com o guia...

Quando todos estavam a favor de Marr, meu avô brigava

---

* Referência ao epíteto de Stálin, "Guia Genial dos Povos".

com ele. Quando Stálin se pronunciou contra Marr, Iákovlev refutou "alguns pontos".

Bem, houve na história certo Giordano Bruno. Lutava pela verdade e não traiu seus princípios.

Meu grande avô passou muitos anos num manicômio. Quem o tirou de lá foi Vera Nikoláievna Iákovleva, minha tia.

Quando o célebre professor russo-americano Roman Jakobson foi a Moscou no período pós-stalinista, ele tentou se encontrar com seu velho amigo. Recusaram delicadamente. Não queriam mostrar o vovô; assim poupavam ambos.

Voltando aos tempos de juventude de meus Iákovlev: eu não sabia nada sobre meu avô ter sido comunista e depois ter saído do Partido. Na família não se falava disso.

Mas sei perfeitamente sob influência de quem ele entrou no Partido.

Conservou-se uma fotografia na qual num dia de verão, num prado, estão num cenário idílico Dêdia (Iliá Serguêievitch) e meu futuro avô Kólia Iákovlev. Adiante está minha futura avó Vália. Ao lado dela, de um lado, a mais velha, Vera, e do outro a adolescente Lénotchka e Jênia, um pouco mais velho.

As meninas trazem rosas nos cabelos e bastões nas mãos — pelo visto era um passeio nos arredores da cidade.

Dêdia está numa posição um pouco belicosa. Segundo me disseram, ele não gostou quando as filhas se casaram. E ali isso está claro, levando em conta a aparência infeliz de Kólia e o sorriso malicioso da jovem Valentina.

Essa fotografia, aparentemente, é de 1912.

Como eu queria não saber o futuro deles...

É impressionante que eu tenha me lembrado do perfil no retrato da minha avó fuzilada, dona Chura, que desapareceu nos porões da Lubianka (provavelmente quando saiu dali foi parar não num museu, mas na parede de algum "deles"). O retrato se foi, e a partir dele começa minha vida, ou seja, minha memória. Uma pessoa é sua memória.

Lembro, por exemplo, uma ocasião em que estava aprendendo a andar ao longo do sofá. Seguro-me no assento e dou passos não muito ágeis. Isso acontece no terraço da datcha, inundado pelo sol do fim da tarde. Aperto os olhos, estou alegre. Aprendi a andar tarde, com um aninho, depois de uma prolongada pneumonia. Estou bem, feliz, e mamãe também, por eu estar andando. A felicidade está ligada ao calor, à luz, ao verde e à mamãe. Era 1939.

E essa imagem no Metropol — estou de pé num quarto enorme, diante de mim as portas para o outro quarto estão escancaradas, na parede há um retrato da dona Chura com pescoço de cisne e cabelos vermelho-escuros, e diante de mim há uma baciazinha. Gritam comigo para não trombar com ela, tenha mais cuidado! (Será que tinham acabado de me segurar sobre a tal bacia?)

... E então eu desabo do baú. Um quarto apertado, meio escuro, abarrotado de coisas. Bati a cabeça. Pessoas enormes e preocupadas, suas sombras. Já não estamos em casa. Não são nossos dois quartos no Metropol. Estamos na casa de outras pessoas. Nosso apartamento foi lacrado. Estamos "vagando". É a palavra da minha vida de criança.

Tenho uma cicatriz na têmpora, perto da sobrancelha esquerda.

O começo da guerra

O início da série ininterrupta de acontecimentos que ficaram gravados na minha memória remonta a 1941, ao começo da guerra. Mamãe me carregava à noite para o abrigo antibombas, embaixo, no metrô Plochad Sverdlova, e era muito divertido; sobre nossas cabeças se passava algo festivo, como numa salva de tiros: os raios dos holofotes, colunas brancas de luz, convergiam no pavilhão, moviam-se e se cruzavam no céu escuro (na verdade, estavam vasculhando em busca de aviões).

Eu não queria descer para debaixo da terra, ficava levantando a cabeça (lembro como espichava o pescoço), alegrava-me e pedia para parar. Mas era preciso ir para baixo. Passávamos a noite na estação do metrô, haviam sido postas tábuas nos túneis. Mamãe sempre levava consigo uma bolsa com uma esteira. Nós nos acomodávamos sobre tábuas duras. Via-se o arco preto do túnel. Era uma aventura!

Em outubro de 1941, eu, Dêdia, minha mãe Liulia, vovó Vália e minha tia Vava fomos evacuados para a cidade de Kuibichev (agora, Samara) num trem de carga.

Nas palavras de tia Vera Nikoláievna Iákovleva, na evacuação encaminharam todos para fora de Moscou muito insistentemente, sobretudo os velhos e as crianças. Minha tia foi para a estação, onde já havia um trem pronto. Chegou na plataforma, olhou. Ali, sobre plataformas abertas engatadas, havia vários trólebus novinhos. E atrás deles um vagão de carga sujo com porta de correr. No chão dele, havia uma gorda camada de algum tipo de pó, talvez giz. Tia Vava entendeu que não iam pôr membros de uma família de inimigos do povo, como nós, num trólebus novinho, e começou a limpar o vagão, juntar o pó. No dia seguinte foram ela e minha mãe Valentina, já equipadas com tábuas de compensado. Passaram muitas horas limpando o giz. E, quando estava tudo limpo, nos levaram — Dêdia, eu e minha avó Vália, mais nossas coisas, principalmente cobertores. Fazia frio, era fim de outubro, começo do frio terrível de 1941. Nossa família estendeu uma manta, cobriu-se com outra e passou vários dias na estação daquele jeito. Depois, logo antes da saída do trem, no nosso vagão já limpo instalou-se o esperto chefe do trem com a mulher e um filho de seis anos. Ele percebeu que nos trólebus chiques faria um frio atroz, e escolheu o vagão de carga adaptado (ainda que ele também fosse gelado).

Mas demos sorte com ele — na primeira estação, o chefe arrumou e trouxe um fogareiro de ferro, parecido com um barril baixo com uma chaminé. Ele tinha reparado claramente que ao longo dos trilhos havia canteiros cheios de carvão de graça, aparentemente para a locomotiva. E arrumou um fogareiro. Nas estações, os adultos saltavam do vagão alto na neve e juntavam carvão, depois o usavam para acender o barril. Ficava menos frio, e além disso ferviam duas chaleiras no fogareiro, ao lado da chaminé.

Esse sentimento de aconchego — quando do nada, da escuridão negra de repente se risca um fósforo, acende-se um foguinho, aparece uma caneca de água quente, aparecem um pedacinho de pão, uma esteira para dormir, um sobretudo para se

Mulheres e crianças se abrigando em estação de metrô em Moscou durante um alerta de bomba em 1942.

cobrir — sempre aparecia quando eu precisava me arranjar num lugar novo. Que haja só um raiozinho de luz, um pouco de calor, algo com que alimentar e cobrir os pequenos — e a vida começa! A felicidade começa. As circunstâncias nunca me assustaram. As crianças ao meu lado e se encontra um cantinho. É o eterno jogo da vida, e o principal: nossa casa.

Minha pátria é pequena
Um círculo de luz de velas
Nesse círculo, a ponta de uma mesa
E uma fila de mãos

Migalhas de pão para os pássaros
Chá para os velhos
Uma fila de rostos de criança
Pelo século dos séculos

Lembro que estava o tempo todo no colo de Dêdia, dentro de seu casaco de pele de lobo com forro de seda (a seda tinha uma estampa oriental, listrada), e, deixando uma janelinha para os olhos, observava o fogo na portinhola aberta do fogareiro. Podia ficar horas focada nas chamas que dançavam. Eu morava em uma espécie de casinha aquecida, como todas as crianças gostam de arranjar. Dêdia era para mim como uma canguru grávida, e só me deixava sair para correr um pouco.

O trem passava noites inteiras parado na estepe. Deixavam passar os trens militares que iam para Moscou. Estavam indo para o front as poderosas tropas soberanas, os reforços, vestidos em *tulup* e com armas. As nossas, tropas não oficiais de Moscou, não tinham nem metralhadoras nem roupa agasalhada, entregavam para eles uns capotezinhos e pronto, e aqueles intelectuais, trabalhadores, estudantes e funcionários de baixo escalão mor-

Linhas de defesa na periferia de Moscou, outubro de 1941.

riam em massa nas antigas regiões de datchas. A chefia não tinha como pensar neles. Em novembro tudo congelou; nevava. Um inverno atroz se aproximava.

Às vezes me desciam do vagão bem longe, nos montes de neve, para passear ao ar livre e fazer minhas necessidades. E me lembro de como minha mãe, aproveitando a nova situação, me dava uma "tortita" — algum pedaço de pão. Pelo visto eu comia mal. Mas ali, olhando para os espaços brancos sob o céu escuro, comecei a me preocupar, como se tivesse um pressentimento do futuro, e peguei toda a "tortita" da mão da minha mãe. Todos estavam preocupados que eu tivesse tuberculose. Recentemente o filho de Dêdia, Liussik, havia morrido da doença (em homenagem a ele recebi o nome de Liussik,* pois meu nome era Dolores, tirado de Dolores Ibárruri, na época muito popular, uma revolucionária espanhola que fugira para a União Soviética. Belo nome encontraram, "Dolores" significa "dores").

---

* Liussik é um apelido de Liudmila.

Circunstâncias familiares

Na juventude de meu pai fora descoberta uma forma de tuberculose. Já mencionei que muitos de sua família no povoado de Verkhina Rogatchi tinham adoecido, alguém já havia até morrido. Ele, ao se instalar na casa de mamãe no Metropol, talvez não tenha ido ver um médico. Quando mamãe, já grávida de mim, começou a tossir sangue, toda a família foi examinada. Diagnosticaram uma tuberculose já avançada em Stefan. Puseram meu pobre futuro pai no hospital, desinfetaram a casa inteira e proibiram de limpar as poças. Vovó mexeu os pauzinhos para que ele fosse operado, o assim chamado pneumotórax. A operação foi bem-sucedida e Stefan Antónovitch teve uma vida longa e produtiva. Mas na época meu futuro pai se ofendeu por terem desconfiado de que ele os enganara, de que tivesse escondido a doença, e parece que se ofendeu para toda a vida.

Bem, antes da guerra Moscou inteira sofria de tuberculose. Era possível contrair a doença em todo canto. Como remédio havia sulfanilamida. Eu me lembro, não sei por que motivo, de que era branca e vermelha. A sulfanilamida vermelha era usada para tingir o cabelo das mulheres. Vava namorava um menino tuberculoso, e no dedicado amigo de Liulia, Volódia, foi detectada tuberculose no último estágio. Numa reunião do Instituto de Filosofia, Literatura e História onde discutiam minha mãe grávida, uma "eme efe", membro da família de inimigos do povo (eu com ela, éramos inseparáveis, inclusive no interrogatório na Lubianka) — e onde Stefan fizera uma declaração pública de que ele recusava a se relacionar com uma "eme efe" —, esse Volódia de repente fez uma intervenção e disse que então ele estava disposto a se casar com Iákovleva. Depois da reunião, porém, meu futuro pai rapidamente se casou com mamãe. Como observou mamãe: "Ele teve que ficar esperto com Volódia".

Porém meus pais se separaram logo.

Ah, esses segredos de família, ah, as ofensas não perdoadas! Essas cartas, declarações! Casamentos e bodas, separações, partidas, ah, esse silêncio que dura uma vida! Ah, dinheiro miserável, ah, aqueles apartamentinhos de gaiola atulhados, divididos por tabiques, todas aquelas evacuações e problemas para voltar, aqueles registros, cantos, metros quadrados! Em toda família que aparecia a gravidez de uma menina em idade escolar... Ah, segredos ainda maiores — as crianças nascidas e não aceitas pela mãe, deixadas em algum lugar... Órfãos expulsos da família, velhos abandonados...

Esses galhos trançados da árvore deviam sofrer terrivelmente quando eram quebrados pelos cães — sem falar das dores dos novos brotos, cortados dos troncos dos pais, privados de suporte. Árvores pequenas, deixadas ao arbítrio do destino... Pinheiros velhos ressecados.

Nem uma palavra a mais.

Kuibichev

Numa estação, Dêdia me tirou de seu casaco de pele, entregou-me para as mulheres, saiu na plataforma e desapareceu — ele foi na frente, num trem de passageiros. Conseguiu chegar rápido. Em Kuibichev deram a Dêdia, como velho bolchevique e herói, um quarto individual no hotel (na guerra civil, ele havia sido algum tipo de comissário quase que da corporação do Turquestão e tinha trabalhado com o famoso Furmanov, depois autor de *Tchapáiev*). Assim, chegamos à casa que Dêdia já arranjara, pois, como um comandante militar experiente, ele sabia que na frente da guarnição de vanguarda iam os responsáveis pelo alojamento. Dêdia nos instalou num quartinho apertado, onde havia duas camas, uma atrás da outra, e uma mesinha. Eu dormia debaixo da axila de Dêdia, e Baba e as filhas se amontoavam as três numa tarimba e em duas cadeiras suplementares.

Apesar da situação, Dêdia todo dia se esfregava com água fria (tendo uma bacia e um pedaço de pano), e fazia ginástica segundo o sistema Miller. Já vovó, filha dele, quase não se levantava. Dizia-se que ficara com uma lesão depois de uma explosão no Comitê do Partido em Moscou. A chefia da capital foi gradualmente se mudando para Kuibichev. Também levaram para lá o Teatro Bolchói e o circo Dúrov, além da fábrica de rolamento de esferas. Depois minha mãe foi encaminhada para essa fábrica, para montar caixas na seção de embalagens, e alocaram Vava ali mesmo como engenheira com formação técnica incompleta. Mamãe fazia bicos, lia nos hospitais versos de Símonov e escrevia sobre arte no jornal *Vóljskaia Kommuna*. Na estação ferroviária municipal havia um quadro onde, numa estepe coberta de neve, se encontravam um lobo e um fascista congelando. Preciso dizer: era uma obra assustadora! Não sei por quê, mas me lembro dela perfeitamente; pelo visto depois disso ficamos mais de uma vez na estação, quando era preciso "vagar". O fascista agonizante despertava sensações complexas, mas de jeito nenhum um sentimento satisfeito de vingança. Antes de mais nada, horror. Mamãe escreveu um artigo inteiro sobre aquele quadro.

Depois deram a Dêdia dois quartos conjugados e separados na casa do quartel perto da Casa de Oficiais, esquina da Krasnoarmêiskaia e da Frúzenskaia. Ainda que os filhos do meu bisavô tenham sido fuzilados, ele era respeitado pelo Partido e até privilegiado, de certa forma. Alguns partidários e alunos leais levavam comida para ele em casa. Tudo era mais ou menos normal, lembro até de uvas num pratinho. Eu estava sempre na casa de Dêdia, ele me dava comida e me educava. Por exemplo, lembro-me de sua frase "não se come trigo com trigo", quando pedi mais um pãozinho para comer com a aletria. Mas quando Dêdia voltou para Moscou, mamãe simultaneamente ingressou no curso do Instituto de Arte Teatral restabelecido; ela havia enviado para lá os documentos para ingresso e fora chamada. Mamãe abandonara os estudos depois daquela reunião memorável no Instituto de Filosofia, Literatura e História de Moscou, e estava no assim chamado decreto, ou seja, em licença-maternidade. Não sei se ela tinha sido desligada do curso, em todo caso, sem saber o que esperar, mamãe enviou seus documentos para o Instituto de Arte Teatral declarando que havia terminado o quarto ano de literatura. Ela escondeu a verdade sobre os parentes — inimigos do povo (ela escondeu isso por toda a vida, até o 20º Congresso do Partido. E não gostava de falar do passado, sempre evitava a palavra "repressão". Quando ela já estava em seu último ano de vida, de cama, eu disse: "Vamos nos lembrar de algo bom de sua vida". Mamãe não respondeu nada, só mexeu os dedos de leve, como se estivesse dispensando algo.

Mas ainda assim houve coisas boas, como essa admissão. Mamãe amava os estudos e sonhava em se formar de toda maneira. Depois de ser chamada, ela tentou conseguir uma passagem para Moscou, mas era impossível. Não sei o que Baba e Vava

Mulheres evacuadas de Moscou trabalham numa fábrica em Kuibichev no tempo da guerra.

achavam dos planos dela, era incômodo perguntar isso para tias velhinhas.

Sei que na época minha mãe chorava com frequência.

Ela foi embora por acaso, só de vestido; um dia os maquinistas a levaram na locomotiva, já que não havia passagens para Moscou. Mamãe passou muitos dias na locomotiva. Não permitiram que viajasse na cabine. Ela só tinha consigo uma jarra com óleo de cozinha, que, imagino, havia conseguido com os cupons, depois de passar um tempo na fila, e o pagamento, que deu ao maquinista. Provavelmente os acontecimentos se desenrolaram da seguinte maneira: no caminho para casa, andando com a jarra de óleo, ela deu a volta, como sempre, para ir à estação sem a menor esperança, para olhar (como sempre) o trem a vapor para Moscou, então se aproximou da locomotiva, como de hábito fez o pedido, estendeu o dinheiro e inesperadamente o aceitaram. E não havia tempo de voltar para casa. Também acho que ela devia ter medo de voltar.

Nem eu sei se era um trem de carga ou de passageiros. A viagem do trem de carga podia demorar uma semana...

Mas ela olhava adiante com muita sensatez e não via nenhuma perspectiva para nós duas ali. Trabalhar na fábrica em Kuibichev, na seção de embalagens? Ficar sem diploma a vida inteira?

E então recebeu o chamado de Moscou, o que naquela época era absolutamente irreal. E minha mãe sempre carregava na bolsa o documento mágico com um carimbo, com sabe-se lá que esperança. Ela sempre levava todos os documentos consigo. Em segredo, vinha conversando sobre conseguir uma passagem para Moscou até com nossa vizinha de apartamento em Kuibichev, o horror de minha infância, a tia Rakhil, porque o marido dela trabalhava na ferrovia.

Rakhil me contou isso muitos anos depois, quando eu estava em turnê com o Teatro de Arte de Moscou em Samara e achei nosso apartamento, e nele a decrépita e vetusta Rakhil, que vivia na solidão de seu quarto. Contei a ela que minha avó e Vava haviam sido reabilitadas — vovó havia recebido uma condecoração, um apartamento em Moscou e ração do Kremlin —, que havíamos enterrado minha mãe e que Vava recebia uma aposentadoria e morava no centro de Moscou num apartamento de dois quartos, e todos nós cuidávamos dela. Rakhil me revelou como um ato de bravura sua que certa vez havia conseguido uma passagem para Moscou para minha mãe. Falei que, pelo que eu sabia, mamãe havia ido na locomotiva sem passagem. E então Rakhil (na presença das vizinhas) retrucou solenemente que na época da guerra eles tinham que esconder toda a comida, tirá-la da cozinha por nossa causa. "Claro, pois estávamos passando fome, e eu tinha cinco anos, não havia o que me dar de comer", afirmei, e de repente comecei a chorar sentada naquela cozinha suja. Os olhos das vizinhas se arregalaram — como assim não dar comida a uma criança que está passando fome?! Rakhil retirou-se para o quarto o mais rápido que pôde, uma velha pobre e fraca.

Assim, mamãe aproveitou o momento para ir embora. No que ela estava pensando quando se meteu na locomotiva, só de vestido na plataforma varrida pelo vento? Provavelmente em mim. Talvez ela tentasse se convencer de que estava tudo bem, de que a criança ia ficar com a mãe e a irmã dela, e a irmã trabalhava, e a menina estava no jardim de infância. Não era nada, iam continuar vivendo. Era preciso se formar e depois levar a menina.
Imagino como batia o coração dela quando a locomotiva começou a andar! Para Moscou, para Moscou! Ela tinha 27 anos.
Quando chegou à casa do pai, Nikolai Feofánovitch Iákov-

lev, em seu quarto de doze metros quadrados na rua Tchékhov, abarrotado de estantes e prateleiras de livros, ela se instalou embaixo da mesa e imediatamente mandou para Kuibichev uma carta e dinheiro, que conseguira como pensão do ex-marido. Ela não tinha o que vestir, para ir às aulas usava o capote do vovô por cima do vestido.

Acho que minha avó e minha tia não encararam o desaparecimento dela com muita alegria. Seu nome não foi mais mencionado. E, no entanto, quantas perdas já haviam tido na vida... Na época acontecia habitualmente — as pessoas sumiam sem deixar rastro. É como o famoso poema de Kharms, "Uma pessoa saiu de casa". Ele mesmo também saiu um dia e nunca mais voltou.

Mas eu esperava por minha mãe obstinada e incessantemente.

Só voltei a vê-la quatro anos depois.

Depois mamãe sempre me dizia que era por mim que ela precisava concluir o ensino superior, ou não teria como alimentar a família. Passou a vida toda se justificando para mim, coitada.

Kuibichev/Modos de existência

Pois bem, ficamos as três em Kuibichev, eu, vovó e titia. E então começou a fome de verdade. Vava, como "eme efe", foi despedida pela fábrica depois de um longo interrogatório à noite na polícia secreta.

Vivíamos com o que mamãe nos mandava — a pensão de meu pai, Stefan Antónovitch, um jovem filósofo.

Na guerra tudo era obtido com cupons. Entre mim, vovó e Vava, tínhamos um talão de criança e dois de dependentes. Com eles comprávamos pão preto, e a vendedora ia pegando os cupons. No fim do mês acontecia de todo o pão já ter sido "retirado"...

Íamos para a fila de manhã, quando ainda estava escuro, no frio. A fila ondulava na neve branca, uma fileira até a padaria, na direção da porta pesada, congelada.

Depois, enfim, nos víamos dentro, no calor, no aperto da multidão, cada um apertado contra quem estava na frente, para não perder seu lugar. A fórmula "Quem é o último? Estou atrás de você" era a salvação no caos da guerra. Encostado em quem estava na sua frente, e sem se desgrudar de jeito nenhum, você estava no mundo da lei, da ordem, da justiça, tinha o direito de viver. E devia defender seu lugar lutando, ou seja, não deixar ninguém passar na frente! Na época não se podia sair da fila.

Na lojinha o cheiro do pão preto saborosíssimo era forte, de virar a cabeça, fazia bater o queixo e dava pontadas de fome. Estendíamos o pescoço, dando passos insistentemente sem nos aproximarmos nem um centímetro do objetivo. A multidão balançava.

Depois vi que era assim que os mímicos andavam nos espetáculos: imitando o passo, mas parados no mesmo lugar.

Nossa vez se aproximava. O peso sempre era menor do que o necessário, e a vendedora jogava no pão cortado um "contrapeso" a mais, de forma que a bandeja de ferro sobre a qual estava a bisnaga de pão descia bruscamente — e então tiravam o pão e o peso. Era a mais pura arte do engano. Mas o contrapeso sempre ficava para as crianças, e era muito valorizado. Eu o devorava ali mesmo.

Depois supostamente dividíamos o pão de modo honesto em três partes. Eu engolia a minha na hora, ficava beliscando debaixo do travesseiro. Em seguida minha tia e vovó iam me dando suas porções...

Quando perguntei a Vava como sobrevivemos, ela levantou os ombros e sorriu de modo bastante desconcertado: "Não sei".

Passei um tempo indo à creche, ali o povo infantil vivia sua vida; comíamos cola em segredo, havia boatos de que era de "cereja", botávamos os dedos na latinha e os lambíamos, na ausência das professoras, quando fazíamos objetos de papel. Também éramos unânimes em achar que Baba-Iagá morava no corredor, por isso não devíamos ir para lá, especialmente quando o chão estava recém-lavado (era o que nos dizia a faxineira). Havia ainda mais um costume: ao ver um avião passando, meus pequenos camaradas proferiam com solenidade os nomes de seus parentes que estavam no front, os quais supostamente estariam voando naquele momento acima de nós. E olhavam com orgulho um para o outro. Mas eu não conseguia dizer nenhum nome. Humilhada, cheguei em casa e perguntei à minha tia de quem eu podia falar. Ela pensou seriamente; não tínhamos nenhum homem no front (Jênia, o tio querido de Vava, fora preso; o marido de sua tia também; meu pai, afastado da família, não fora convocado porque tinha tuberculose). Mas ainda assim Vava desencavou dois nomes. Passei a dizê-los também, todos, alto e com orgulho: "Ali estão voando meus parentes, Serioja e Volódia". Eu não sabia quem eram. Volódia, ao que parece, era o ex-marido de minha tia, mas Serioja era meu próprio tio-avô! Ele era dezessete anos mais velho do que eu, como descobri posteriormente.

(Depois de quase sessenta anos eu o conheci, quando todos nós, descendentes, comemoramos no Hotel Metropol os 140 anos de meu bisavô Iliá Serguêievitch. Serioja era o último filho de Dêdia, nascido quando ele tinha uns cinquenta e poucos e estava no terceiro casamento. E Serioja, isso revelou-se verdade, havia sido piloto na guerra.)

A propósito, certa vez, naquele mesmo jardim de infância, vi no corredor a esperada Baba-Iagá, mas por algum motivo ela estava saltitando debaixo do teto. Uma vez, numa noite de inverno, a eletricidade foi cortada. Todas as crianças corriam pelo corredor como loucas, empurravam-se, berravam, agitavam os punhos para sair para a liberdade. Quando não tem ninguém vendo, a multidão vai à loucura! No corredor estava escuro, escuro, ao longe só uma janela alta brilhava fracamente (é provável que por causa da noite de neve). Havia armários ao longo das paredes. E de repente, na área do basculante naquela janela alta, quase debaixo do teto, apareceu uma sombra arqueada e corcunda, preta como um macaco; ela estendia a mão e o pé, agarrada no armário, e de repente saltou para o lado de forma totalmente silenciosa. Atrás dela balançava ou um trapo ou a barra da roupa. Era mesmo a Baba-Iagá! Eu adivinhei. Meu pavor de toda a infância. A faxineira tinha razão, não devíamos sair para o corredor. (As crianças, claro, escalavam com audácia pelo alto e saltavam no escuro, mas isso eu não tinha aprendido. Alguém havia se encarapitado no armário e pulado para o peitoril da janela.)

E o segundo pesadelo da minha infância era Koschei Bessmertni; falarei sobre meu encontro com ele depois.

As crianças de fato são capazes de ver na realidade aquilo com que os adultos as assustam...

Depois já não havia com o que pagar e com o que me calçar, e eu parei de ir ao jardim de infância.

Sapatos, para os pobres do norte, são o principal. E nas cidades não se trançam sandálias de casca de árvore.

De abril a outubro tudo bem — eu corria descalça à vontade. De uma estação de neve à outra.

Já não se falava de tuberculose; meu nariz nem escorria.

Jardim de infância na época da guerra.

Como fui salva

Éramos toda uma manada de crianças e matávamos o dia no rio Volga. Eu não sabia nadar, mas também não precisava, podia ficar tomando banho de rio na margem rasa o quanto quisesse, e a inclinação para dentro da água era bem suave.

Mas uma vez, quando chegou a primavera e houve uma cheia, essa leviandade em relação à água e a incapacidade de nadar me deram uma rasteira e eu quase me afoguei.

Em maio, o Volga transbordava até chegar às dimensões de um mar, nossa margem rasa submergia e mal se via o outro lado. Eu e uma amiguinha decidimos ir até lá, entramos no barco a vapor sem passagem e atravessamos. Saímos, a margem era igual, mas não era rasa como a nossa, tinha uma espécie de degrauzinho sob o qual a água marulhava. Eu me sentei na grama e baixei os pés nesse degrau, mas não alcancei a água. E queria andar um pouco nela, como fazia na minha margem.

Pulei de lá e no mesmo instante fui para o fundo, fiquei cega e surda, afundei.

Depois abri os olhos e continuei submergindo em plena

vista, notei as bolhinhas tempestuosas, ferventes ao meu redor, umas plantas compridas que ondulavam como penas. Fui ainda mais baixo, a água era clara. Cheguei no fundo, tomei impulso com muita leveza e comecei a subir como uma coluna. Acima já brilhava uma luz forte, o dia branco, o ar estava ao alcance da mão. Consegui levantar a cabeça para respirar — e de novo afundei com uma leveza terrível, fui para o fundo rapidamente. O mais interessante é que eu me via de cima, como uma pessoa curvada que se inclina com o rosto para baixo. Eu diria para mim mesma que parecia um embrião nadando, se conhecesse essa palavra. De novo peguei impulso no fundo. Mais uma vez fui para cima, mas decidi não levantar a cabeça, eu me agitava com as costas para cima, olhando sem forças para baixo, para o fundo irrequieto e escuro. Já entendia que não conseguia levantar a cabeça. Eu era leve e flutuante, mas apenas com a condição de não respirar. Se quisesse inspirar, afundava. Todos os que se afogam depois boiam para a superfície, com o rosto para baixo. É a lei da morte na água. Eu queria muito pegar ar. Meu coração palpitava, batia forte na cabeça. Meus ouvidos estavam cheios de água rumorejante. E de repente vi lateralmente certa sombra, apareceu algo lá em cima, onde estava a luz, pendente como um cachorro curvado, um galho de salgueiro, não sei... Num instante estendi a mão, agarrei aquilo — e voei para fora como uma rolha!

 Acontece que uma jovem fora pegar água no rio com dois baldes em um bastão e notou que ali embaixo havia algo se debatendo, que ela achou que era um cachorrinho. Tentou pegá-lo com o bastão — e surgiu uma mão de criança! A moça até se assustou e recuou. Mas aquela pesca já havia agarrado o bastão com uma força terrível!

 Já minha amiga, assim que viu que eu tinha afundado e não voltava para a superfície, assustou-se e saiu correndo. As crianças sempre se escondem nesses casos, até se escondem debaixo da cama durante um incêndio.

Depois, tremendo de frio, fui me secar em uma casinha meio destruída, acompanhada pela amiga que tinha retornado. E um grupo de pilantrinhas de pouca idade, uns pirralhos, ficou andando em volta da casinha e rindo de mim maldosamente — olha, ela está pelada. Meu vestidinho estava colado no corpo... Apesar da idade que tinha então, sete ou oito anos, eu entendia que não era apropriado. Escondia-me atrás da minha amiguinha. As leis do pátio eram quase uma xaria!

Havia ainda mais uma circunstância — como toda criança que passa fome, em completa desnutrição, eu tinha uma barriga muito inchada. E alguém de outro pátio certa vez tinha apontado para mim dizendo: "Olha, a menina está grávida". Eu acreditei na hora! Não sabia por que aquilo acontecia, quanto tempo durava e como acabava, mas sabia que era uma vergonha e devia ser segredo, e só rezava para meu Deus, meu Deusinho, ter misericórdia. Deusinho, tenha misericórdia. Me salve. Eu não sabia nenhuma reza.

Esse foi de fato um pesadelo de muitos anos na minha infância. Quem estava ali dentro de mim? Às vezes chorava, às vezes resmungava, gorgolejava, um horror. Uma cobra ou uma criança?!

Alguns filmes americanos de terror, como *Alien*, certamente foram escritos ainda na infância.

Subimos de volta no barco, caiu a noite e eu ainda passei muito tempo tentando me secar no parque, batendo os dentes — eu intuía que não podia ir para casa molhada. (E isso apesar de minhas parentes nunca me castigarem! Mas elas não podiam saber que eu nadava. Eu havia sido terminantemente proibida.)

Primeiro parque público de Kuibichev (atual Samara), jardim Strukóvski.

O circo de Dúrov

Passávamos todo o verão ali, no matagal do parque da cidade, na beira do rio. Chamava-se jardim Strukóvski. À noite, e aos domingos também durante o dia, uma orquestra tocava sobre um tablado.

O parque era enorme, o mato parecia uma floresta, e ele descia até o Volga em aleias e encostas. Procurávamos no capim "carneirinhos" e comíamos — eram uns pãezinhos verdes e miúdos que fazíamos com as pinhas.

Acontecia de aquilo ser a única alimentação das crianças durante o dia. Comíamos também flores de acácia, trevo e azedinha. Ali não davam frutinhas silvestres.

Quando o circo ambulante de Dúrov armou sua tenda, a tarefa das crianças era dar um jeito de entrar. Eu consegui! O truque era passar na altura dos joelhos dos adultos, em meio às pernas deles, pelas portas amplas do circo. Os espectadores com ingresso entravam em bando, tropeçavam em nós. Mas a multidão era tão densa que até olhar para os próprios pés enquanto se andava era impossível. Nós, crianças, avançávamos engatinhando.

Era importante não cair para não ser pisoteado. E, depois que já tínhamos conseguido entrar, era preciso se esconder dos olhares dos funcionários entre as fileiras, e isso eu também consegui; era essencial se sentar longe, ao lado de adultos, e começar a conversar com eles. Como se eu fosse sua querida filha despenteada.

E então vi o famoso número de Dúrov com o elefante! Na arena havia uma cama enorme com um travesseiro gigante. O elefante, como uma pessoa, se sentava na cama e pegava um despertador colossal com a tromba, que tocava! O elefante punha o despertador na mesinha de cabeceira. Depois se deitava de lado. Tocava uma música lenta. Mas o corpanzil do elefante na mesma hora começava a se mexer, as gordas patas dianteiras se agitavam, ele se levantava lentamente (Dúrov, é verdade, o encorajava com um pauzinho). Depois, com a tromba, o elefante levantava e afastava o travesseiro, e aí pegava um percevejo do tamanho de uma chaleira! Ele o jogava no chão e pisava nele. O percevejo estourava! O público ria enlouquecido. Dúrov dava

Vladímir Dúrov se apresentando com um elefante em 1941.

comida ao elefante, enfiando algo em sua boca como se fosse uma prateleira alta.

Havia também os macacos. Um, de roupinha, lia um livro grande, folheando-o nervoso. Entre as páginas, imagino que houvesse pedacinhos de comida. Ele os enfiava na boca rapidamente e logo folheava para lá e para cá, atrapalhado mas ávido. De vez em quando piscava, olhava para trás e se coçava. Com todos seus movimentos caóticos, lembrava um menino faminto e piolhento.

Ou uma menina faminta.

Em busca de comida

Perambulávamos em busca de comida por todo lado, como filhotinhos de vira-latas. Uma vez subi na cabine de um caminhão que bufava e levantei a prateleirinha do vidro da frente. De repente encontrei ali três rublos! Na mesma hora, desci, mostrei o dinheiro para o pessoal e disse: "Estava ali, atrás do vidro!".
Todos subiram na hora para ver, mas não acharam nada.
Eu era a vencedora!
Claro, tiraram o dinheiro de mim da maneira de sempre: "Ah, então mostra!" — "Não mostro!!!" — "Ah! Você não tem nada! Mostra!" — "Não mostro!" — "Quer levar um soco na cara?" — "Me deixem em paz, seus bobos!" — "Pessoal, ela não tem nada, essa putinha idiota!" — "Ah, não tenho? Ah, não tenho? Está aqui. Anda, olha só!" (Mostrei o dinheiro na mão aberta.) Levei uma batida na mão por baixo! (O dinheiro caiu, desapareceu.)
Mais tarde, no outono, eu voltava, na expressão de Liérmontov, "para os aposentos de inverno" de minha avó e minha tia.

No frio não podia ficar correndo descalça. Não tinha botas de feltro, não tinha roupa nenhuma. Nem comida.

Eu não ia à escola.

Mas muitas vezes em setembro eu ficava descalça na varanda olhando as crianças passarem com pastas — todo dia passava pela Fruzenskaia uma menina de sobretudo azul bem vivo com grandes botões brancos. Como ela ficou gravada na minha memória!

(Quando meu filho Kiriucha completou dois anos, consegui comprar para ele e para o primo Serioja casaquinhos azul-escuros com grandes botões brancos! Na época era difícil conseguir algo, eram umas roupas simplezinhas de flanela, não sei por que fiquei tão feliz quando as comprei!)

Vava trazia cascas de batata do refeitório da Casa dos Oficiais — os soldados as jogavam fora quando deixavam as batatas de molho. Vovó cozinhava na frigideira sobre um fogareiro, como se faz com batata, sem óleo. Até hoje me lembro do gosto horrível da casca queimada...

O fogareiro ficava no quarto, no peitoril da janela. Não nos deixavam entrar na cozinha.

Também pegávamos comida no lixo dos vizinhos. Era gente rica. No antigo quarto de Dêdia havia se instalado um major, que possuía uma vitrola e um disco. Apoiando o ouvido contra a porta gasta que compartilhávamos, eu decorei *Um brinde*, de Beethoven ("Bebamos mais, graças a Deus") e uma ária da opereta *Silva* ("Belas, as belas, as belas do cabaré"). Em outro quarto vivia a família da diretora da escola dos ferroviários, a mesma Rakhil que, por algum motivo, Vava chamava pelo belo nome de Fúria. Ela tinha duas filhas um pouco mais velhas do que eu, Emma e Alla, e um marido violento, da chefia da companhia ferroviária.

O banheiro do apartamento era aquecido com lenha, que

nós não tínhamos. O machado ficava ali mesmo. Tomávamos banho com água fria no quarto. Uma vez, vovó deu um grito no corredor. Corremos para lá, ela estava numa poça de sangue na soleira da cozinha. O marido de Rakhil, ao surpreendê-la no banheiro, bateu na cabeça da minha pequena avó com o machado, para que não se acostumasse a entrar ali. Graças a Deus, o golpe pegara de raspão. Vava chamou uma ambulância, o médico fez um curativo em sua cabeça grisalha (a única coisa branca que ela usou em todos os quinze anos que meus parentes passaram em Kuibichev). Não prestaram queixa em lugar nenhum, claro. O nome daquele chefe era Kretin, e foi assim que ele me ficou na memória. Chamávamos toda a família de "aproveitadores".

É claro que o major Kretin e a Fúria jogavam fora gordas cascas de batata, carcaças de arenque com a cabeça, folhas verdes de repolho. Cascas de pão queimadas quase não havia.

Era preciso dar um jeito de pegar aquilo, evitando a vergonha e as broncas! Ou seja, quando os vizinhos iam dormir.

Se conseguia querosene, a vovó fazia sopa!

As bonecas

Uma vez, chegou a hora em que habitualmente o apartamento se aquietava, ao anoitecer. A fome já havia devorado por completo nossas entranhas, e, depois de esperar um tempo controlado, por segurança, minhas parentes mais velhas me mandaram olhar o lixo.

Lembrando do machado, eu entrava pé ante pé na cozinha.

Perto da lata de lixo, sobre um banco, estavam jogadas duas enormes bonecas de pano sem vestido.

Elas claramente haviam sido jogadas fora pelas filhas da vizinha, Fúria Iákovlevna.

Tinham a cabeça de papel machê, sem cabelo e com nariz descascado, e tronco, braços e pernas de pano.

Eu tinha minha boneca, mas ela só possuía uma perna e era de celuloide, e ainda por cima pequena. Além disso, tinha um cavalo. Eu o havia cortado de um pedaço de papelão e colorido apenas com um lápis lilás, desenhando um olho nele. O cavalo não parecia de verdade. Aí eu tinha enrolado um paninho em volta da barriga dele, para que ficasse mais volumosa.

E ali estavam duas lindezas tão enormes! Agora eu sei o que são as bonecas para uma menina: são deusas obedientes. E as pequenas deusas provocam tremor, uma avidez selvagem que faz salivar, adoração e idolatria, além de furor, e quando por fim chegam a suas mãos é possível fazer qualquer coisa com elas! As meninas as levam por toda parte, apertando-as forte e ferozmente contra o peito, dão de comer a elas à força, dizendo "aaaah!", e as largam para sempre com o rosto sujo e ressecado. Podem pintar a cara delas, depois lavar tudo até ficar limpo, inclusive apagar as sobrancelhas e a cor dos lábios que vieram de fábrica. Cortar os cabelos. E depois são capazes de ter pena delas e amá-las ainda mais. Nada se compara ao amor de uma menina por sua boneca (só o amor louco pela mãe e pelo pai e o apego sobre-humano pela avó e pelo avô). Ela pode fazer o que quiser com a boneca! Até brincar de médico com ela e, engolindo a saliva, operá-la. A boneca só não pode cair na mão dos meninos! Eles acabariam com ela!

Com a boneca se pode fazer uma casa, uma cama, de preferência debaixo da cadeira, debaixo da mesa.

Mas ali eu parecia petrificada. Não sabia o que fazer. As bonecas estavam jogadas, e eu não acreditava na minha sorte. Sabia que não tínhamos futuro, que eu não tinha o direito de sonhar em costurar vestidos para elas ou onde encontrar retalhos, não ousava nem pensar onde as botaria e que vida poderíamos ter juntas!

Aquelas duas bonecas enormes passaram a ser meus primeiros deuses. Na mesma hora comecei a sentir saudades delas. Teríamos que nos separar em breve. Fiquei de joelhos, sentei-as, pus seus braços pobres e sujos com enchimento de algodão como se deve. Aquelas gigantes gradualmente foram ocupando seu lugar em minha alma, comprimiram-na, preencheram-na (como a criança preenche a alma, o peito e o ventre da mãe quando a aperta). Eu as abracei alternadamente. Depois as peguei nos braços, aconcheguei-me nelas e congelei. Eram imensas, maravilhosas e obedientes.

Não lembro quanto tempo isso durou, talvez até de manhã. Não me atrevi a levá-las para o quarto. Antes de ir para a escola, Rakhil, que era uma mulher de negócios, deu uma olhada na cozinha, e logo saíram as duas meninas, pegaram suas bonecas rancorosamente e partiram.

A vitória

Agora sobre a felicidade, sobre a Noite da Vitória. Justamente, não foi de dia. Naqueles dias na cidade quase não se dormia, pelo visto. De hora em hora se esperava a notícia, todos repetiam alegremente aquela frase incompreensível — "capitulação incon-

Celebração da vitória em Moscou.

dicional". Às quatro da manhã fui acordada por um barulho na rua, como se uma multidão enorme e infinita estivesse correndo e balbuciando, e tivesse gritado algo, como um trem que passa. Ainda estava escuro (não tínhamos relógio, mas acho que eram quatro, porque às cinco já começava a amanhecer).

Dei um salto e como estava, de vestidinho e descalça, saí correndo para a rua, onde também corri o dia todo. Os militares eram balançados, as pessoas jogavam para o alto freneticamente até os vagabundos da Casa dos Oficiais da vizinhança, balançavam com cuidado os feridos dos hospitais, em toda parte tocavam vitrolas, sanfonas e balalaicas, no jardim Strukóvski havia danças, perto da saída vendiam campainhas-brancas.

Começava uma vida nova, e tinha início a grande fome dos anos pós-guerra.

A ODO

Cada vez mais eu escapava de casa.

Da primeira vez que eu fugi no verão já tinha uma idade mais ou menos consciente, uns sete anos. Provavelmente, foi depois do Dia da Vitória.

No começo de junho passei vários dias em liberdade. Não pernoitava nem na rua nem no jardim Strukóvski, onde via uma brecha nas tábuas do estrado e a terra preta, mofada, da qual saíam umidade e estrume humano velho; lá já estava tudo emporcalhado (durante o dia eu rodava, procurava um abrigo para a noite). Encontrei um lugar para pernoitar no gabinete do chefe da Casa dos Oficiais da Vizinhança, a ODO.

Há muito tempo, junto com todo o pessoal do nosso pátio, eu tinha aprendido a me esgueirar para dentro nas sessões de cinema, escondendo-me atrás das portas, tinha aprendido a juntar migalhas do furgão no qual levavam os pães para o refeitório da ODO (quando o motorista e o encarregado de recebê-los saíam juntos pela entrada de serviço com o último tabuleiro de pães e os papéis, o furgão ficava vazio, aberto. O cavalo ficava ali, com o casco traseiro apoiado na unha, e nós, crianças famintas, dávamos um jeito de ir para dentro, onde se sentia um cheiro indescritivelmente gostoso de torrada, e juntávamos migalhas do chão).

A ODO era um lugar querido, avistava-se sua entrada de serviço dos fundos de nossa casa. O próprio pátio e o edifício eram cercados por galpões e garagens. Os soldados da ODO enxotavam as pombas jogando para elas cascas de pão que, quando caíam nos telhados de ferro dos galpões, ressecavam, de modo que as pombas não conseguiam bicá-los; nós, crianças, escalávamos pela lateral do pátio para chegar àqueles telhados em brasa, corríamos sobre os calcanhares e procurávamos cascas por lá.

Só era possível escalar o telhado de um jeito: segurando-se com os dedos dos pés na borda afiada de um enorme barril de piche.

Quem o havia posto perto do galpão ninguém sabia, mas em essência era uma verdadeira armadilha para crianças com fome. Os adultos sabiam que elas escalariam mesmo assim, mas não tiravam o barril!

No calor, o piche derretia e escorria para fora; todos entendiam que podiam cair no barril e afundar até a morte. Ninguém conseguiria tirar, o piche não deixaria. Mas as crianças subiam. No telhado podia ter cascas jogadas! Para mim, a fome era mais forte do que o perigo. Então, eu precisava aproveitar o momento em que os moleques não estavam dando voltas no barril.

Sob o barril, como uma enorme panqueca cheia de saliências, sempre havia uma poça de piche derretido que escorrera para fora. Uma vez me empurraram nela. Eu fiquei sentada naquele terrível lodaçal viscoso e tentei não chorar. Ao meu redor ressoava uma gargalhada incontida. Eu não conseguia sair e só mexia, como na neve, minhas enormes mãos pretas, transformadas em luvas, esforçando-me para desgrudar os dedos, com os quais fios de piche se prolongavam como caramelo. As palmas se vitrificaram, mas eu tinha medo de baixar as mãos de volta no piche grudento e espesso para me apoiar, e era a única possibilidade de me levantar. Algum adulto, dando uma bronca, me descolou e levantou. Sob o riso selvagem do pessoal do pátio eu caminhei para casa com dificuldade, tentando não tocar a cabeça. De algum jeito rasparam o piche. Foi preciso jogar fora minha calcinha. E eu não tinha outra... Dei um jeito de amarrar a camiseta embaixo com um nó.

Aquele mundo não tinha lugar para reflexão. Só correr ou se esconder, ou, se já estivessem me alcançando, gritar e brigar.

Em todo o resto tive uma infância normal para aqueles tempos. Amiguinhas, esconde-esconde, brincadeiras furiosas de cossaco e bandido. Brincávamos de "lugre", de "morto". Nos momentos de tranquilidade fazíamos "segredinhos" na terra — colocávamos num buraco vidrinhos coloridos e cobríamos com um vidro grande, depois jogávamos em cima a terra suja do pátio. E andávamos, procurávamos "segredinhos" dos outros, sem falar onde estavam os nossos. No entanto, claro, as crianças riam do meu jeito moscovita de falar, imitavam os "veja só" e "o negócio é que".

Mas o que havia de mais próximo e querido para mim era minha cachorrinha Damka. Às vezes eu e ela ficávamos preguiçando juntas em algum lugar, e eu a abraçava pelo pescoço magrinho, senão corríamos e pulávamos, ela trazia o graveto que eu jogava, eu gargalhava. Mas uma vez ela saiu em disparada, afastando-se de mim com sebo nas canelas, numa velocidade incrível, e com dificuldade voltou puxando com os dentes uma espécie de pente ensanguentado — pelo visto, os soldados da cozinha haviam jogado fora uma costela de cordeiro limpa. Corri atrás dela, mas Damka preventivamente começou a rosnar enquanto andava, pela primeira vez em todo aquele tempo. Eu me afastei. Ela não estava para brincadeira!

Eu sempre pedia para minha tia e minha avó que parissem "ao menos um gatinho, ao menos um cachorrinho".

Uma vez, no inverno, meu sonho se realizou: levei para o quarto uma gatinha com fome, justamente na noite de Ano-Novo. Ela estava plantada na escada e miava, e eu abri a porta para ela. Na nossa casa, por ocasião da festa, estava acesa a lâmpada de querosene! Estava incrivelmente claro e bonito. Eu me abracei no sofá com minha Múrotchka recém-surgida, que miou timidamente. Esperamos a meia-noite, depois banqueteamos juntas com o que os vizinhos tinham jogado fora. Ela comeu tudo, até as cascas de batata e a cabeça de arenque! Depois de ter comido, eu e aquela Murka cinzinha dançamos roda em torno dos galhinhos de pinheiro espetados numa lata de conserva. A gata andava forçadamente com as patinhas traseiras magricelas, que se trançavam em passos irregulares arrastando-se em círculo; eu a segurava pelas patas dianteiras e cantava "As belas, as belas, as belas do cabaré" junto com o gramofone do vizinho. Estávamos dando uma festa!

Depois ela pediu para sair e fugiu.

Toda a minha vida acontecia durante o verão.

Às vezes eu conseguia mesmo me encarapitar no telhado e encontrar um pedacinho de casca preta. Não havia caminho de volta (justamente porque podia acertar o barril de piche), e era necessário pular escondido do outro lado do galpão no pátio da ODO. Depois eu me esgueirava para dentro da Casa dos Oficiais passando pelos zeladores, não lembro como. Para nós, para todos, havia um chamariz principal na ODO — à noite passavam filmes. Filmes americanos como *O gavião do mar* e *Capitão Blood*, com Errol Flynn. Filmes com Deanna Durbin. *A grande valsa*. *Sun Valley Serenade* (meu filme preferido, tirando o final bobo).

Assim, no verão havia muita alegria. Víamos aventura em tudo, escondíamo-nos atrás das portas e em especial atrás das cortinas nos intervalos entre as sessões, como os espiões nos últimos filmes de guerra (*Missão secreta*, *Agente secreto*, por exemplo), e assim uma vez me escondi já depois do filme. Então, como se estivesse em um sonho, passei voando por corredores completamente vazios e achei o gabinete do chefe, onde poderia ficar aquela noite: ali havia um sofá com revestimento de lã crua que pinicou minha bochecha a noite toda. Depois de pôr o cotovelo debaixo da cabeça, eu me preparei para dormir, mas a noite estava clara, era uma noite de junho, e então surgiu diante dos meus olhos alvoroçados, em pleno brilho grosseiro, um quadro no qual Stálin e Vorochilov, ambos de capote, saudavam uma parada, e diante deles passava a cavalaria (*tatchankas?*). Pela primeira vez vi um quadro e me assustei.

Mais adiante ainda vou contar sobre o medo de minha vida, "O retrato", de Gógol.

Vorochilov e Stálin (segundo e terceiro, da direita para a esquerda), presidindo o desfile de Primeiro de Maio, em 1926.

A linguagem da corte

De dia, como convém a uma criança abandonada, eu mendigava. Ou seja, pedia esmola. Encarava a fome com facilidade, já passávamos fome havia muito tempo, minha avó tinha uma barriga d'água enorme, inchada, ainda que minha tia dissesse que ela às vezes ia ao porto quando estavam descarregando, e em troca de trabalho davam a vovó uma garrafa de álcool desnaturado, que podia ser trocado por pão. Uma vez Vava trouxe, não sei de onde, um pouco de vinagrete; outra vez, uma xícara de geleia de ameixa. Eu me sentei diante da geleia de um jeito, comi depressa como um animalzinho, entendendo que não haveria outra ocasião como aquela na vida. Por décadas não consegui aguentar nem o cheiro de geleia de ameixa!

Cortaram nossa eletricidade por falta de pagamento, mas por muito tempo conseguimos comprar querosene para as lâmpadas e o fogareiro. Na lojinha nos vendiam combustível depois de todos, não sei por quê. Ficávamos longas horas ali paradas, de pé. Até hoje o cheiro de querosene desperta em mim o pressentimento de luz e alegria. Levávamos o galãozinho para casa. Era possível cozinhar algo. Às vezes, acendiam a lâmpada de querosene e, com solenidade, uma luz vivíssima, dourada, inundava nosso quarto da altura do braço do sofá.

Aí está a questão da felicidade da vida, especialmente uma felicidade aguda: ela é conquistada pela privação, não importa quão severa. E só a separação cria a possibilidade de um encontro inimaginável.

Eu suportava a fome com facilidade, mas não conseguia aguentar a falta de liberdade. Temendo por mim (de toda forma ali havia uma menina pequena de uma família honesta, e a cidade é selvagem, cheia de bandidos, enquanto no pátio a vida era livre), vovó e tia Vava me explicaram que na cidade os ciganos roubavam as crianças, e sob tal mote não me deixavam passear. Fugi na mesma hora, apareci em casa depois de alguns dias e, me utilizando da lenda delas ingenuamente, disse que os ciganos tinham me roubado, e a polícia havia me libertado.

Preocupadas, elas conversavam evitando minha cabecinha de vento, usando a chamada "linguagem da corte", o código dos clandestinos.

Elas não sabiam que eu a tinha aprendido, embora o escondesse. Lembro que praguejavam com a palavra *"nejwa"*. Dêdia citava com bastante frequência um verso de Púchkin sobre o príncipe Dunduk (eu o entendia de um jeito infantil): "Por que é que, por que motivo Dunduk tem tanta honra? Por que ele participa das reuniões?". E então Dêdia completava: "Porque é um *nejwa*!". Eu rapidamente entendia a palavra *nejwa*, na rua os moleques, ou seja, o bando, xingavam quase do mesmo jeito.

Vava, minha tia, depois me revelou o segredo daquele código, ou seja, da "linguagem da corte". Dividia-se a lista de consoantes pela metade, então trocava-se a primeira letra pela última, e assim por diante: "b" por "z" e vice-versa, "m" por "n", "s" por "h". Um famoso palavrão soaria como "xu". Ou seja, "fai gonaj mo xu". Parecia chinês.

Por isso eu entendia todas as preocupações delas, todos os medos por mim, escutava todas as menções, previsões, todas as palavras amargas. Mas isso não me fazia mal, eu não esmiuçava aquelas coisas, não acreditava nelas; minha missão era sair para a rua.

Passei assim todos os meses da guerra — corria pela cidade, pedia esmola, fazia-me de vesga e fingia ser uma órfã: "Não tenho mãe nem pai, me ajude".

O Teatro Bolchói

Uma vez eu até me meti no balcão (provavelmente de iluminação) da Ópera, cuja entrada era por uma escada de ferro externa. Vaguei ao redor do lugar, já que não conseguia entrar no teatro, e as luzes brilhavam, o público afluía, escutava-se uma música doce... Lá dentro devia estar quentinho.

De repente notei uma entrada ao longe, virando da esquina, uma escada metálica íngreme. Ela subia até o céu, até a altura de uns cinco andares. Já estava ficando escuro, nuvens baixas pairavam, chuviscava. Subi com as mãos e os pés descalços pelos degraus molhados de ferro, com um medo terrível de olhar para baixo. Escalei com dificuldade, arranhei a entrada, fiz-me de órfã, o medo de voltar por aquela escada íngreme para o abismo pelo visto deu à minha voz um desespero verdadeiro. Eu interpretei todo o texto das crianças mendigas: "não tenho pai, não tenho mãe... Me deixa entrar? Ah, por favor, ah, por favor, estou implorando, tenha pena, seja gentil, estou com tanto friiiiio!!! Queria tanto escutar um pouco de música, deixe nem que seja só por cinco minutinhos!". O vento de fato assobiava. Os pés gelavam no ferro. E de repente a porta abriu no quentinho, no escuro, ressoaram os sons festivos da orquestra, uma tia boazinha me deixou entrar.

Eu me vi na sacadinha da iluminação, perto da tinta dos holofotes incandescentes e fedidos; embaixo, ao alcance da mão, estava algo mágico, colorido, vivaz, um tipo de palácio com um jardim artificial em meio a árvores desenhadas — nele também havia uma sacada, quase embaixo da minha! E literalmente a alguns metros de mim estava a dama rosada que cantava com uma voz suave "Meu amigo querido, eu o estou ouvindo". Naquela noite, escutei *O barbeiro de Sevilha* de Rossini na interpretação do Teatro Bolchói, removido de Moscou na evacuação. Na noite seguinte, subi de novo. Arranhei a porta. Estava congelando com meu vestidinho. Uivei. Mas já não abriram para mim.

Arrastei-me para casa como um cachorro escorraçado. Lá ao menos estava quente.

Vista da Ópera em Kuibichev.

Aquele pedacinho do dueto de Rosina e Almaviva ficou gravado na minha memória para sempre...

Mais tarde, quando voltei, minha tia e minha avó fingiram que estava tudo bem, elas já não ficavam me perguntando, mas eu continuava a contar a elas minhas histórias (que tinham me roubado).

Pelo visto, Baba e Vava estavam felizes por eu existir e não se arriscavam a me desmascarar. Às vezes, elas me alimentavam com sopa de folha de repolho, que Vava juntava no chão da feira. ("Para a cabra? Isso é para a cabra?", perguntavam as feirantes, provavelmente para não deixá-la aflita. Eu via minha tia Vava, que havia pouco era aluna da Academia de Tropas de Veículos Blindados, chorar em segredo ao se curvar sobre as folhas de repolho pisoteadas no chão diante daquelas perguntas.) Tarde da noite, como sempre, eu era enviada com a missão de pegar os restos do lixo dos vizinhos.

Escada abaixo

Uma vez eu, ao voltar, pelo visto contei uma história tão estapafúrdia que minha avó e minha tia ficaram mais sérias e, depois de confabular em sua língua, cochichando, tomaram uma decisão.

Vava foi e trancou a porta à chave!

No geral, não foi sem motivo: cada menininha, ao crescer, devia ocupar sua posição no pátio. E, em regra, devia passar por muitas mãos.

Ali, atrás dos galpões.

As meninas mais velhas não falavam daquilo entre si, mas faziam alusão, indicando com o queixo aquele lado terrível.

Eu não entendia nada de nada. Não sentia que havia perigo. Era magra como um esqueleto. Batiam em mim, mas até então não me usavam para seus objetivos.

No entanto — de uma forma ou de outra — não escaparia daquilo no futuro. Nem que fosse como punição, para que eu aprendesse meu lugar.

E então veio de Moscou a tia Marússia Iákovleva, irmã do

meu avô Nikolai Feofánovitch. Ela era pedagoga, da sociedade teatral, estava inspecionando os teatros provinciais e foi nos visitar com um pacotinho da minha mãe. Tinha trazido um presente para mim — uma caixa de três camadas de marmelada e outra com um jogo de cozinha infantil de alumínio —, ali havia panelinhas com tampa e até um tapetinho, numa cartolina com borracha.

Um luxo absolutamente inaudito e inédito!

A tia Marússia conversou um pouco conosco disciplinadamente, fez várias perguntas e foi embora.

Como atriz e pedagoga, e também como irmã do marido da minha avó (a cunhada má), ela não ergueu uma sobrancelha quando viu como vivíamos.

Mas em Moscou revelou diretamente para minha mãe tudo o que tinha conseguido ver e viver. É o que eu acho.

Naquela época, mamãe estava acabando o curso no Instituto de Arte Teatral e procurava emprego.

Minha avó e minha tia, por orgulho, não escreviam nada a ninguém.

Assim, minhas parentes preocupadas me trancaram.

E uma vez, dançando com meu próprio canto em voz alta, mostrando minha arte para Vava e minha avó deitada, aproximei-me dançando da porta com a chave sobressaindo e consegui girá-la na fechadura, mas mãos amorosas me alcançaram. Depois daquilo a chave não ficou mais na porta. Meu coração batia furiosamente. Mantinham-me sob guarda.

E então eu, tomada por uma sede de liberdade, saí para a varanda. Morávamos no terceiro andar, dava medo de pular. Depois de pensar, com uma preocupação selvagem, passei para a varanda vizinha, e de lá com dificuldade me estiquei até alcançar a escada de incêndio. Ela balançava, era de madeira, carcomida, os espaços entre os degraus me pareciam imensos. Pendurando-

-me pelos braços todas as vezes, pelo tato peguei com o pé o degrauzinho e desci passo por passo para a liberdade. Embaixo, a mais ou menos um metro e meio do chão, a escada terminava. O que podia fazer? Caí ali. Estabaquei-me de costas. Levantei-me de um salto. Viva! Tinha conseguido descer. Era um dia ensolarado e verde. Eu tinha previsto tudo, vestido todas as minhas roupas — camiseta, vestido e um coletinho de lã verde-claro, que tinha ganhado de uma vizinha bondosa de outra prumada. Ela às vezes até me trazia um pãozinho.

Depois, com o coração batendo tempestuosamente, tremendo de felicidade e liberdade, eu ainda assim passeei debaixo da varanda, esperando que aparecesse a cabeça grisalha de minha tia de 32 anos. Eu olhei lá para cima, e ela estava olhando para mim lá embaixo com seus enormes olhos azul-escuros. "Como você desceu?", minha tia gritou, para ganhar tempo e me segurar no lugar mais um pouco (talvez ela tivesse esperança de que minha avó houvesse entendido tudo e já corresse pela escada para me pegar, mas como ela ia fazer aquilo, com suas pernas inchadas?). "Pulei", respondi em todo caso, para que ela não adivinhasse, e mais rápido que um redemoinho me mandei antes que me pegassem.

Ficou claro que eu tinha fugido para sempre. Só as vi outra vez dali a nove anos, e elas não me reconheceram. Eu já tinha dezoito anos. "Quem é?", perguntou minha avó miudinha, mal e mal subindo a escada com suas pernas inchadas. Eu ainda me sentia culpada...

Como entendo agora, depois de ter percorrido o caminho da criação de três filhos, elas também, as crianças, se sentem adultas. Precisam tomar suas decisões.

Qual foi meu passo seguinte na luta pela liberdade?
Não voltar para casa em absoluto.
E qual foi a decisão delas, da vovó e de Vava?

Depois de me pegar, trancar também a porta da varanda.
Porque só quando faz calor uma criança sobrevive na rua.
Logo que fica frio, ela morre. É por isso que as crianças sem teto ficam rodando em torno das estações de trem aquecidas. Mas mesmo assim elas morrem.

Porém, se você não der nenhuma liberdade, elas vão fugir.

A criação é uma luta de contradições insolúveis.

Aliás, quando me perguntaram sobre o que eram minhas peças, respondi às pressas: sobre problemas insolúveis.

Todos são, em essência, insolúveis.

Vou falar mais sobre isso depois.

Hibernações literárias

Agora, depois desse recuo pedagógico, vou voltar para "O retrato", de Gógol.

Pois bem, vovó me criava num espaço fechado, segurando-me em casa enquanto contava magnificamente histórias da literatura clássica. Posteriormente, minha tia disse que a mãe dela acompanhava com facilidade qualquer transmissão de rádio em que lessem Gógol ou *Guerra e paz*. Ela se lembrava de muita coisa de cor. Vovó Vália, antiga "aluna" do curso de Bestújev, distinguia-se por uma memória fantástica. Meu avô Nikolai Feofánovitch, marido dela, era professor e linguista, e sabia onze línguas. Enquanto eu, descendente deles, nem estava na escola porque não tinha sapatos. De abril a outubro, eu corria descalça, e no inverno ficava em casa. Mas mesmo assim comecei a ler com uns cinco anos os jornais que os vizinhos jogavam fora. Meus adultos, por princípio, não queriam me ensinar. Dêdia havia proibido, não sei por quê (e fez certo, uma criança se interessa muuuito pelo que é proibido!). Eu até disparava de cor trechos do *Breve curso de história da VKP(b)*, o livrinho de cabeceira da vovó. Estava todo sublinhado.

Havia ainda duas edições impressas — *Um quarto no sótão*, de Vanda Vassílievskaia, de que eu não me lembro, e o primeiro livro que li, *A vida de Cervantes*, acho que de Frank. Lá havia a descrição de uma jarra de vinho que ficava na mesa de uma espécie de cela de prisão. Os reflexos vermelhos sobre a toalha de mesa branca. Até hoje vejo essa imagem claramente, como se morasse lá. A luz vermelha sobre o branco! Não havia nada parecido no meu mundo. Nem branco nem vermelho. Mas ele existia na minha vida infantil, aí é que está. Eu me lembro daqueles reflexos! Aquele branco como a neve cerrada que acabava de cair, aquela toalha pesada com dobras gordas que desciam pelos cantos. Aquele quarto com teto de madeira. Janelas pequenas e estreitas, atrás das quais ardia o sol da tarde. E campos verdes ao ar livre! Eu imaginava a prisão espanhola assim, não sei por quê.

A vovó também tinha as obras completas de Maiakóvski em um tomo. Provavelmente, como lembrança de que na juventude ele fora apaixonado por ela e a chamava pomposamente de Duquesa Azul, no espírito da Era de Prata. Vovó Vália jovenzinha tinha vergonha de suas declarações sonoras. Quem levou Maiakóvski para o círculo linguístico foi o amigo de meu avô Roman Jakobson, que disse: "Descobri um poeta genial". Eles e minha jovem avó se encontraram mais uma vez — quando Maiakóvski, como se diz, "correu" atrás dela, por ser uma jovem do Partido. Já mencionei isso. Na época eles tinham quinze anos.

Segundo a lenda familiar, Maiakóvski, ao se encontrar com minha avó, com a ajuda de Roman Jakobson, fez uma proposta à Duquesa Azul, que o rejeitou.

Mas, em 1914, Vália e Kólia Iákovlev já tinham tido sua filha Vera, minha tia Vava.

Quando a vovó Vália voltou a Moscou depois da reabilitação em 1956, sua irmã Ássia, que retornou do campo e do exílio, exclamou: "Pois é, não quis o poeta, casou com o professor e deu no que deu!".

A hibernação com minha avó acontecia, claro, no inverno.
Normalmente, vovó Vália se levantava na cama, inchada como uma montanha (com a mesma barriga d'água pela fome), eu me punha ao lado, descarnada como um esqueleto, cobríamo-nos com o que podíamos e ela lia para mim por dias inteiros, depois de por algum motivo cobrir meus olhos, em geral Gógol, *Almas mortas, Noites na granja ao pé de Dikanka*. Ela tinha uma fraqueza: dava muita atenção à descrição dos almoços. E inocentemente punha no cardápio de Gógol torresmo e borche. Eu perguntava o que era aquilo. Minha avó respondia. Eu salivava, como os cachorros de Pávlov.
Ela também recitava para mim de cor "O retrato", de Gógol. Talvez também "Vii", tenho medo desse até hoje.
Assim, o conto de Gógol "O retrato" produziu em mim uma impressão inesquecível (até hoje acho que o tema da venda do próprio talento é o mais atual. Quem serve ao dinheiro serve a todos-sabem-quem).
Nossas hibernações literárias aconteciam porque estávamos fracas de fome.

Meus concertos/O suéter verde

E no verão eu pedia esmolas.
Eu não mendigava estendendo a mão, andava por pátios desconhecidos, parava perto de um galpão em algum lugar (ali em geral corriam as crianças e passavam apressadas as velhas) e começava a cantar. Eram músicas do tipo "Na clareira perto da escola", "Pelo prado orvalhado", "Pela ponte de Berlim". Não cantava tango, e odiava sinceramente "O sol cansado". Era um sucesso batido, toda noite tocavam aquele disco no jardim Strukóvski. Ali perto os feridos do hospital se alongavam nas danças, mulheres vendiam buquês perto do parque, nos céus ardiam prolongados ocasos, o sol cansado se punha atrás do Volga, e depois caíam na calçada botões de dália plantada num arame. Por muito tempo me debati querendo saber para que servia aquele arame. Era assim que amarravam as flores que caíam.
Assim, enjoei de "O sol cansado" de tal forma que o pus no roteiro do filme sobre nossa infância comum do pós-guerra, minha e de Iuri Norchtein, do filme *Conto dos contos*, que já se

tornou parte do repertório televisivo permanente do Dia da Vitória, 9 de maio.

Depois eu interpretava, como um papagaio, o disco do vizinho major: "Bebamos, mais, Betsy, um copo de grogue, juro! O último para a estradaaa-a! Quem não bebe conosco é um tonto!". E, indo para o refrão, finalizava a apresentação com um pot-pourri da opereta *Silva*: "Belas, belas, belas do cabaré! Vocês foram feitas só para a diversão! Não conhecem as dúvidas das belas do café! E elas não são dig-nas... das torturas do amooooor! Be-las, belas", e assim por diante.

Na verdade, era "inacessíveis", mas eu não conseguia falar essa palavra.

Então, eu cantava minhas musiquinhas como uma Edith Piaf, e depois, quando o repertório terminava e eu já estava rodeada de crianças, para não perder os ouvintes, logo em seguida começava a contar "O retrato", de Gógol. Elas ficavam simplesmente pasmas com a história. Lembro que uma vez me levaram um pedacinho de pão preto. Em outra ocasião um menino se aproximou e, envergonhado, me disse que a mãe dele estava me chamando. No começo eu me assustei, o instinto me disse que eu não devia ir atrás de um desconhecido na portaria dos outros. Mas todas as crianças ajudaram a me convencer, elas também tinham ficado curiosas, e nós fomos. Lá, em cima, na escada escura, abriu-se uma porta e uma mulher, enxugando o rosto, estendeu para mim de tricô verde sem botões, como um suéter (e eu a vesti ali mesmo). Todos estavam felizes e me observavam na escada escura, à luz da porta aberta, como se elas mesmas houvessem tido um momento feliz.

Nunca mais, claro, passei por aquele prédio.

Espinosa dizia algo a respeito de como fugimos dos lugares onde passamos por coisas ruins. Mas às vezes também é impossível suportar o bem desmedido feito a você. Dali não há volta.

Alguém disse que só é possível pagar um grande ato de bondade com a ingratidão.

Talvez você suspeite de que nada se repete, de que tudo vai ser pior, e lá se vai a principal felicidade da vida — a lembrança do bem. Aqueles rostos já não encontram você, e não haverá mais suéter verde.

E assim eles estão com você. Aquela multidão de crianças famintas, aquela porta aberta, a mão estendida e a mãe alheia que não pode ser vista e que chora com as costas para a luz.

Joyce chama essas explosões de memória de "epifanias".

Essas epifanias acontecem aqui, neste lugar, agora.

O retrato

E assim, depois de contar pelos pátios "O retrato", de Gógol, tarde da noite, em completa solidão na Casa dos Oficiais, no gabinete vazio do chefe, depois de me ajeitar no sofá e pôr a mão debaixo da bochecha, vi na luz do pôr do sol que não se apagava uma pintura na qual Stálin parecia absolutamente capaz de se voltar e com seus olhos negros me encarar cruelmente. Com um medo selvagem eu me virei para o outro lado e fiquei daquele jeito, petrificada, cobrindo o rosto com as mãos.

Aquela figura emanava uma ameaça monstruosa.

Depois daquilo eu passava a noite em outros escritórios.

Tamanho é o efeito de uma pintura! Sabe-se lá o que sentia o artista quando a pintou. Talvez ela tenha nascido do medo, da esperança de perdão.

Mas o que sente o autor no momento da criação se transmite para o público especialmente sensível.

A propósito, depois de receber o suéter verde, por algum

motivo passei a ter vergonha de entrar nos pátios e fui pedir esmolas na loja.

    Assim, interrompi completamente minha atividade artística até o orfanato.

A história do pequeno marinheiro

Mas pedir esmola na loja é bem mais difícil! Você cutuca as costas de alguém, pede um copequezinho, e o homem sem pensar muito lhe dá um! Você começa a cantar o tema "tio, me dá um pouco mais", e respondem, com razão, que isso era o que você tinha pedido...

Só que a menor porção de sorvete custava três rublos!

A fórmula "me dá um copeque" provavelmente está no repertório dos mendigos desde os tempos pré-Revolução, quando um copeque valia algo. Por assim dizer, "do antigo regime", como diziam as avós contrarrevolucionárias.

Minha estreia ocorreu numa grande mercearia.

Lá, os mendigos ficavam ao lado do caixa como se fossem uma guarda de honra, cochichando baixinho suas súplicas num corredor. Os compradores passavam por uma fila de pedintes ao ir pagar, e no caminho de volta a fileira quase se fechava, e os pedintes, famintos, infelizes, órfãos e doentes, sem pernas, cegos, estendiam as mãos tímidas para pedir um trocado, formando um apertado túnel vivo.

Agora eu lembro que se comprava pouco naquela loja, não tinha fila para o caixa.

Tetos altos, vazia.

Na época as mercadorias não ficavam nas prateleiras, às vezes eram trazidas e "largadas", e os compradores corriam, faziam fila "na ponta" e como resultado "conseguiam".

Ocupei um lugar bem no fim da fila dos mendigos, longe da janelinha. Não havia esperança.

Porém, a situação mudou de repente. A funcionária estava farta de toda aquela guarda de honra ao lado do caixa. Ela começou a gritar do caixa, e os mendigos, como cachorros espancados, docilmente se afastaram e se foram para a parede mais distante. Fiquei sozinha no mesmo lugar. E mais: junto do caixa. Perto da janelinha do caixa havia uma cornija, um balcão para que, imagino, o montinho do troco não caísse no chão.

Naquele nicho, debaixo da cornija, escondi-me dos olhos da caixa. Mas eu não cabia inteira ali, então inclinei a cabeça para o lado e fiquei daquele jeito.

Foi então que começou! As pessoas se puseram a me dar dinheiro sem parar. O bolsinho do meu vestido debaixo do suéter se inflou rapidamente. Eu não estava conseguindo entender nada. Era uma chuva de esmolas!

Tive medo. Havia acontecido algo incompreensível. Por que todos estavam me dando esmolas?

E então entendi tudo: era minha cabeça inclinada para o lado, virada desconfortavelmente sob a cornija do caixa. Eles achavam que eu era doente. Uma inválida!

Agora, suponho que no meu rosto bastante vivo havia se congelado uma expressão de sofrimento desumano, já que ficar numa só pose, e ainda mais torta, é o castigo mais terrível para uma criança. Eu era totalmente sincera no meu tormento. Mas ir embora, quando já tinham expulsado todos e você estava escondida, ainda mais com tanto sucesso, eu não podia. Então aguentava e sofria. Devia estar com um rostinho vermelho e infeliz, as sobrancelhas tragicamente arqueadas. Como uma criança mártir e santa, com o pescoço torto. As pessoas ficavam com o coração partido de pena.

Todos os mendigos talvez já fossem familiares, talvez fossem vistos como pessoas sem tragédia — bem, ali era o lugar de trabalho deles. Iam para lá como quem vai ao serviço. Não tinham o que fazer.

Então apareceu uma menina nova, e ainda por cima inválida, com uma desgraça evidente!

O golpe final foi quando se afastou da parede um menino mendigo, mandado por seu pai mendigo e perneta. O menino mendigo, encarando-me com olhos arregalados, deu-me uma moedinha e com solenidade, depois de realizar uma boa ação, voltou para seu lugar ruim perto da parede.

Assim que entendi tudo, fiquei verdadeiramente horrorizada de vergonha. Meu coração saía da boca. Seria uma desonra se soubessem que na verdade eu não era doente! Eu seria escaldada em água quente. Devo ter ficado ainda mais vermelha. As pessoas começaram a se inclinar na minha direção e, ao dar esmola, perguntavam algo. Era preciso sair correndo. Mantendo a cabeça voltada para o peito, e virando ainda mais, afastei-me do caixa e percorri o caminho para sair da loja (entre alguns de meus colegas mendigos). Durante algum tempo mantive minha pose torta na rua. Assim que entrei em algum pátio, escondendo-me nos arbustos, sentei contra a parede e contei minha riqueza. Tinha recebido catorze rublos!

Podia comprar sorvete. Custava três rublos o menor, nove a porção um pouco maior e doze a maior de todas. Mas eu sonhava em ter uma boneca! Imaginava aquela boneca enorme! E saí correndo a toda a velocidade para a venda, a lojinha que comercializava artigos de papelaria e brinquedos, que eu sempre visitava sem motivo e ficava parada como um dois de paus debaixo do balcão. Por ali já me conheciam e me expulsavam regularmente — mas agora era outra coisa, falei que eu tinha dinheiro. Encaravam-me de sobreaviso.

Atormentada, juntei todas as moedinhas sobre o balcão. A vendedora contou severamente. Gelada, apontei para a boneca atrás das costas dela. Mas no fim das contas meu dinheiro só era suficiente para o que havia de mais barato naquela loja. Sob o vidro da vitrine havia um boneco de pano com a cabeça de celuloide vestido de marinheiro. Para a boneca mais cara meu dinheiro não bastava. Com lágrimas contidas, depois de perder todas as esperanças, peguei meu boneco e o escondi dentro da roupa, atrás da gola do suéter verde que havia ganhado. Pensei um pouco e o apertei contra meu corpo. Ele era meu! Meu

Panorama de Kuibichev no pós-guerra.

próprio boneco. Corri a toda a velocidade pela rua, saltitando alto de felicidade. Eu tinha um menininho!

Quando entrei correndo no meu pátio, meu bonequinho já não estava debaixo da roupa, eu o havia deixado cair.

Assim se acabou minha sorte. Entendi que tudo fora justo. Eu havia enganado a todos, e Deus havia me punido. Meu marujinho ficou pouco tempo junto ao meu peito.

É surpreendente, mas isso acontece na vida, o castigo vem depois do crime. Só os facínoras muito grandes escapam da punição, mas eles são protegidos (supervisionados) por forças completamente diferentes, é o que me parece.

Outra vida

Logo depois dessa dor começou minha outra vida, aconteceu um milagre.

Naquela época, começo de junho de 1947, depois de descer da varanda, passei muito tempo vivendo na rua, ou seja, no pátio; já tinham conseguido até me adotar como filha. Era uma mulher de um pátio vizinho que havia perdido sua filha. Ela morava numa casinha de um andar, debaixo de uma árvore, numa sombra espessa. No quarto da mulher reinava a penumbra, em cima de uma caminha estava pendurada uma fotografia ampliada de uma menina morta com fitas pretas afixadas nela. Aquela mulher me deu um banho numa tina, o que era cruel e absurdo. Mãos de outra pessoa me tocando, eca. Eu não lembro, mas possivelmente ela passou querosene no meu cabelo. Passei pouco tempo dormindo debaixo do retrato, e uma noite fugi correndo para meu pátio. Retrato, retrato, sempre um retrato com olhos que me fitavam! E a mulher, sempre vestida de roupa escura, pequena e preocupada, quase não olhava para mim. Na penumbra, ela tirava do armário as preciosas roupinhas de sua filha e, hesitando, olhava para meu lado. Era claro que ela queria se acostumar comigo, e por enquanto não tinha pressa em revelar todas as suas riquezas, mas fui passear no pátio e não voltei. Não sei por quê, mas eu esperava minha própria mãe, que tinha ido embora quatro anos antes para estudar em Moscou, e por enquanto não havia voltado, só mandava um pouco de dinheiro com o qual comprávamos cupons para pão e, de vez em quando, querosene.

Eu, livre como um pássaro, desgrenhada, me coçando toda por causa dos percevejos e piolhos, já cheia de poeira depois do banho (naquela época não havia espelhos, e eu não me via, como todos os vagabundos), corria pelo pátio sem conhecer meu futuro, mas chegaram aos pulos os filhos crescidos dos vizinhos de cima da nossa prumada, filhos dos nossos inimigos e eles mesmos meus inimigos, porque sempre me perseguiam e batiam, um rapaz e uma moça, irmão e irmã: eu tinha medo deles e me escondi na esquina. De repente, como amigos, eles começaram a gritar de longe alegremente para eu ir com eles para casa, porque minha mãe estava me esperando!

Eis o que acontece na vida! Seus oponentes e atormentadores de repente se transformam em rostos absolutamente amigáveis, radiantes, bondosos. (Depois observei isso mais de uma vez.)

Eu embirrei e não acreditei. Ir para a casa dos meus inimigos? Que mãe? Aquela mulher de preto com o retrato na parede? Mas eles gritavam: "Sua mãe, sua mãe chegou! De Moscou!".

Era incrível! Minha cabeça começou a girar.

Mas crianças de rua não devem confiar em ninguém.

Queriam eles me enganar para me levar de volta para casa? Trancar-me à chave? Ou me entregar a um orfanato? Duas mulheres de algum departamento andavam me perseguindo para me mandar para o orfanato, e eu as temia como o fogo. Uma vez eu tinha dado de encontro com uma delas — raspei a unha nas costas de alguém dizendo "me dá uma moedinha" e de repente

na minha frente, ao se virar, surgiu aquela mesma mulher, como se viesse de um pesadelo, e disse: "Aí está você!".
Como corri dela daquela vez!
Mas fui com meus inimigos. Subimos, passamos pela porta de nosso apartamento, abandonado por mim, atrás da qual me esperavam em vão as pobres vovó e Vava. Subimos um andar a mais e me levaram para o quarto, onde estava sentada à mesa minha própria mãe!
Engasguei e caí no choro de felicidade, parecia que eu tinha explodido. Não via minha querida mãe havia quatro anos. Aquele rosto amado sorria para mim, mas apareceram também umas covinhas embaixo dos olhos (elas apareciam quando mamãe queria chorar de emoção, como quando me viu depois da separação; agora, minha filha tem as mesmas covinhas). Minha mãe me sentou e começou a me alimentar de colherinha, como se eu fosse pequena, com mingau de semolina, que ela havia cozinhado especialmente para mim enquanto esperava — com leite, óleo e açúcar. Vomitei. Depois lembro que mamãe me limpou e me carregou no colo até a casa de banho, eu fiquei terrivelmente envergonhada por estarem me carregando diante de todos, uma meninona saudável, mas mamãe havia me deixado aos cinco anos e estava acostumada a carregar a filha. Na casa de banho rasparam meu cabelo, deixando só um topetinho, e depois passamos a noite nos leitos de madeira e lona chamados de "boleia", em lençóis brancos e limpíssimos, no salão enorme do aeroporto, entre dezenas de pessoas que dormiam como nós. Eu não conseguia dormir. O cheiro da roupa de cama fresca, seca ao sol no pátio! Mamãe dormiu ao meu ladinho, segurando minha mão!
Era 9 de junho. Lembrarei a data por toda a vida. No fim da noite nos acordaram e nos puseram num avião com bancos de ferro que se estendiam ao longo da cabine, como é o metrô ago-

ra. Passamos muito tempo voando; o avião balançava, caía em buracos no ar, a alma vinha até a boca.

Chegamos de manhã. Eu usava sandalinhas marrons novas, com meias, calcinha, camiseta e um vestido vermelho-vivo! E ainda tinha um grande sobretudo de xadrez marrom. Eu me sentia como Cinderela no baile, completamente mudada. Começava uma nova vida.

Avançando um pouco, direi que nela não havia lugar para mim.

O Metropol

Em Moscou, onde chegamos de ônibus, era um começo de manhã nublado, e um calafrio me correu. A leve névoa escondia a praça Sverdlov adiante, quando estávamos esperando no farol do Teatro Máli, em frente ao Metropol. Ou o sol ainda não havia saído. Eu não tinha dormido bem, fazia frio, e mamãe me segurava pela mão de um jeito que, ao primeiro olhar, dava a impressão de que tinha medo de me perder.

Eu não permitia que mais ninguém me desse a mão.

Lembro que diante de mim se estendia o Okhotni Riad vazio, que precisávamos atravessar para chegar ao Hotel Metropol, onde meu bisavô Iliá Serguêievitch, Dêdia, nos esperava — fiquei impressionada que houvesse tão poucos carros no cruzamento. Eu havia sido criada com filmes americanos do tipo A *irmã do mordomo*, na querida ODO, e esperava que eu e mamãe desembarcássemos no mínimo em Nova York, com suas torrentes de carros!

Mas desembarcamos em Moscou.

Entramos no apartamento do meu bisavô no Hotel Metropol. Era para lá que tinham me levado da maternidade, ali eu havia passado os primeiros anos da minha vida. Era como minha casa.

Mas eu já era uma criança totalmente ingovernável e selvagem depois da guerra, depois da separação, quase um Mogli. Como diriam agora, eu era insocial. A vida que levávamos em Kuibichev era uma vida de renegados, párias, loucos. "Inimigos do povo" não era uma expressão vazia, éramos inimigos dos vizinhos, da polícia, dos chefes, dos zeladores, dos passantes, dos habitantes de todas as idades naquele prédio. Não nos deixavam entrar no banheiro, lavar a roupa, nem sabão tínhamos. Nos meus nove anos eu não sabia o que eram sapatos, pente, lenço de nariz, escola, o que era disciplina, por exemplo. Eu não sabia como ficar sentada sem me mexer, lia quase sempre de quatro, devorando os volumes com uma rapidez furiosa. Comia quase num instante, principalmente com as mãos, enfiando na boca pedaços enormes, e me lambia até ficar tudo limpo. Eu andava o ano inteiro descalça (no inverno, sem sair de casa). Não sabia o que era lençol. Piolhos e percevejos roíam minhas mãos do ombro até o cotovelo, e de tanto coçar não sobrava um lugar vivo. Meus pés e minhas mãos eram cinzentos, com fendas ensanguentadas, pus, rachaduras e arranhões, e as unhas eram pretas como as de um macaco.

Só os cabelos e os olhos eram, talvez, como antes, de criança. Mas haviam raspado meus cabelos.

Essa era a menina que minha mãe recebeu.

Claro, eu incomodava meu bisavô no Hotel Metropol, ele só tinha um quarto ali, e quem gostaria da presença da natureza desenfreada de nove anos descrita acima naquele ninho de altos funcionários do Partido, como o Metropol?

Mamãe ia trabalhar, Dêdia ia cuidar de suas coisas. Eu ficava entediada, precisava agir.

Principal rua de Moscou, vista depois da guerra.

Deixada sozinha, comecei a fuçar a escrivaninha e descobri na gaveta de Dêdia uma lata com moedas de cinquenta copeques de prata. Eram tão bonitas!
Subi no parapeito.
Embaixo, no pátio, os meninos corriam e gritavam como desesperados.

Do alto da minha posição comecei a jogar as moedas para eles regiamente, e me divertia horrores, olhando como se alvoroçavam, corriam atrás das moedas e se engalfinhavam!

Cada nova moeda provocava neles uma explosão de atividade furiosa e bofetões.

Eles já olhavam para cima com esperança, e eu, satisfeita, me escondia.

No dia seguinte, fui para o corredor com um cavalinho de madeira de brinquedo do meu bisavô. Mais precisamente, era um cavalo do Serioja, o piloto que havia partido, meu jovem tio. Para completar, enterrei na cabeça a pesada e desmesurada *budionnóvka* de Dêdia (toda uma armadura, um capacete de feltro com longos protetores de orelha que pinicavam, um elmo!). O ângulo da pala chegava quase até meu queixo, e era preciso levantar a cabeça para ver o chão. Além disso, surrupiei um sabre pesado que pendia pacificamente da tapeçaria na parede de meu bisavô, empunhei e assim comecei a sulcar o longo corredor do Metropol sobre o cavalo, empurrando os tacos do chão com os pés e gritando a galope: "Viva, camaradas! Para a batalha!".

O que houve entre os adultos depois de meu ataque de cavalaria eu não sei. O sabre se revelou pesado demais, no fim das contas ele ficou pendurado por algum trapo atravessado sobre meu peito; imagine essa visão no corredor de altos funcionários do Metropol, saltitando, gritando e arranhando o piso decorado e encerado, juntando as perninhas, avançava uma enorme *budionnóvka* sobre um cavalo de brinquedo, e atrás dela se arrasta também um sabre, retinindo. Eu era muito magra e pequena; no orfanato, depois, meu apelido era moscovita-palito.

Lénotchka Veguer

Por isso, certamente, mamãe me tirou do Metropol com urgência. Em suma, os parentes do meu bisavô pediram que fôssemos embora. Na primeira ocasião mamãe me levou para Serébriani Bor, para a datcha de nossa quase parente, a velha Mamacha (esse era seu apelido). Eu era sua sobrinha de segundo grau do filho fora do casamento de um homem, Serioja Sudin, a quem Mamacha em outra época oferecera um leito em Kazan, quando ele fora trazido de uma cidade pequena para ingressar no primeiro ano do ginásio, o que na época se chamava "papa-jantar". Ali, sob os cuidados de Mamacha, ele foi criado.

Serioja Sudin era o filho preferido de Mamacha, incluindo seus próprios filhos. Ele se tornou um revolucionário. Casou-se com Lénotchka Veguer, de dezesseis anos (que, já postumamente, foi minha tia-avó). Lénotchka, boazinha como um anjo, foi morar no quarto do marido sozinha, já que ele estava ocupado com o trabalho. Naquela época ela também trabalhava, administrando um lar de crianças (que era como chamavam as creches). Lénotchka entrou, baixou a cabeça e viu que faltavam botões em sua blusa (na época os botões eram forrados com tecido e iam muitas vezes do colarinho à saia, em duas fileiras). Lénotchka disse: "Meus botões caíram". Mamacha já estava apaixonada por ela e disse: "Não faz mal, eu prego outros".

Recentemente escutei a seguinte história, datada de 1925. Aconteceu no Metropol, na família de vovó Válìa. Certa vez, numa manhã de domingo, a pequena Liulia ficou doente, provavelmente com escarlatina, e foi preciso isolar a segunda filha. A mãe mandou minha futura tia Vava (que estava com onze anos) para ficar com sua irmã Lénotchka no Hotel Natsional. No Natsional, Lénotchka Veguer, que comandava o secretariado de Kalínin, ocupava um quarto no segundo andar, a primeira porta no bequinho à direita da escada principal. Era domingo de manhã. Lénotchka não tinha nada para comer no quarto, nem pão. Todos os funcionários do Kremlin almoçavam no refeitório do trabalho, e eles ainda recebiam uma ração seca para levar, um pacote com provisões para o jantar. (Posteriormente tudo o que distribuíam para o "contingente" no curso de muitas décadas nos chamados refeitórios do Kremlin — em essência, nas lojas fechadas da cidade — era considerado "ração seca". Frango, frutas e legumes, caviar e peixe seco, até um pão muito macio e um leite especial.)

A pequena Vava ficou ali, onde a mãe a deixou, e então, sem dar nenhum aviso e sem bater, Mikhail Ivánovitch Kalínin entrou no quarto de Lénotchka. E ali mesmo, sem olhar para os lados, foi para a esquerda, para onde ficava a alcova e, nela, a cama. Lénotchka falou alto com ele que tinha uma sobrinha visitando — que, aliás, estava parada como uma coluna e olhava com olhos arregalados para o sapato de Kalínin, pois ele estava usando umas botas rústicas sem cadarço, mas com fivelas e laterais de borracha. Kalínin usava uma roupa cinza e urbana com jaqueta, mas calçava uns sapatos estranhos. Quem andava com aquelas botas eram os camponeses que vinham para a feira. É verdade que as botas dele eram envernizadas, o que também provocou um interesse enorme na criança. Ela literalmente não conseguia desviar os olhos das botas do chefe da União Soviética. Kalínin perguntou da alcova se a menina gostava de Moscou. Ele tinha muitos filhos no campo, como Lénotchka explicou depois, e eles sempre vinham. Lénotchka então pegou uma cadeira, virou-a com o assento para a frente, colocou-a atrás das costas e começou a literalmente puxar o velho barbudo, tirando-o da alcova e proibindo-o de ir até o quarto dela. Enquanto o fazia ela comunicou que a menina morava em Moscou, no Metropol, e não viera do campo.

Lénotchka deu um jeito de pôr Kalínin para fora e depois disse para a irmã na presença das filhas: "Se vocês soubessem como é difícil". Kalínin tinha 25 anos a mais que ela. Ao que tudo indica, os titãs do Krêmlin não se continham nem um pouco em relação a suas funcionárias. Kagánovitch, cujo sobrenome será mencionado mais para a frente, também apareceu para a bela Lénotchka diante de Vava, mas foi expulso. O tímido Bill Clinton, que assediou sexualmente uma estagiária da Casa Branca, em comparação à chefia soviética fica pianinho no seu canto, como se diz quando querem afirmar a superioridade de alguém.

Mamacha

Mas vamos voltar a Mamacha. Ela nunca abandonou Serioja Sudin, do primeiro ano do ginásio até seu fuzilamento. Depois ela viveu com a segunda esposa de Sudin, Fira. Lénotchka foi fuzilada mais ou menos na mesma época que seu primeiro marido, em 1937.

E todos aqueles anos Mamacha ganhou a vida costurando para os círculos de damas. Ela sabia fazer o que desse na telha. Mas em especial "costurava" sutiãs cortados à maneira francesa — alguma cliente sua foi a Paris a trabalho e Mamacha logo tirou o molde.

Na época, Mamacha ficou muito amargurada porque a esposa de dezesseis anos de Serioja, Lénotchka, não comia nada em casa e ficava "balançando as pernas". De onde veio essa expressão? Lénotchka era a mais nova e a órfãzinha mais amada de sua família de origem, depois que a mãe a deixara com pouco mais de dois anos. Entre os judeus, uma órfã pequena é objeto de adoração geral. E por quase nada Lénotchka tinha um ataque histérico, caía no chão e esperneava. "Balançava", na expressão de Mamacha. Como resultado, aos dezesseis anos Lénotchka já era membro e dirigente do Partido em Kazan.

Eu e Mamacha ainda tínhamos mais um parentesco — por outro lado, pelo lado dos Iákovlev. Serioja Sudin, grande chefe militar, depois teve um romance com a bela atriz Maria Iákovleva, irmã do meu avô Nikolai Feofánovitch. Marússia Iákovleva, como todos os parentes, chegava a um metro e oitenta. Por isso seus parceiros em qualquer elenco eram baixinhos para ela, que se tornou professora de teatro. De seu romance com Sudin nasceu Serguei Serguêievitch Iákovlev, ator de cinema de nível nacional que participou do filme *As sombras desaparecem ao meio-dia*. Serioja era como um filho para meu avô Kólia, que havia sido seu professor na faculdade, no VGIK. Eis como eu era aparentada de Mamacha! Por todos os lados. Sobrinha-neta da primeira mulher de Sudin e sobrinha de segundo grau de seu filho ilegítimo.

Ainda assim, a bondosa Mamacha me recebeu. Miúda, velhinha, totalmente entrevada e corcunda, ela me aceitou, uma criança estranha, sem uma só palavra. A casa estava cheia de gente. Corriam por ali seus netos e bisnetos, mas eu não os conheci. Não queria saber deles. Não tinha tempo. Queria escutar o que minha mãe estava falando com Mamacha, mas elas entraram na casa.

Depois minha mãe, pelo que parece, combinou tudo com Mamacha, me beijou (debaixo de seus olhos apareceram as covinhas que prenunciavam o choro) e foi embora. Antes eu guardei na memória cuidadosamente de onde tínhamos vindo, primeiro do metrô até o trólebus, depois saindo do trólebus (por pouco eu não deixara um caminho de pedrinhas brancas, como o Pequeno Polegar). Esperei um pouco, escapei pela porteira da datcha, corri até a estação e fui no mesmo trólebus de volta para minha mãe. Calculei que podia chegar até o metrô, e ali todos saberiam qual era a estação Kaganóvitch. Mas ela não existia! Lembro-me do rosto condoído das pessoas que respondiam reunidas numa pequena multidão, curvando-se na minha direção, que todo o sistema de metrô se chamava Kaganóvitch! Começava o poeirento verão moscovita. Isso aconteceu de tarde, o sol pendia baixo, os raios batiam no meu rosto, cegando-me.

— Não — tentei convencê-los. — Lá, perto de casa, estava escrito Kaganóvitch!

— Todo o sistema de metrô se chama Kaganóvitch! — a multidão me respondia numa só voz.

Até me levaram para a estação de metrô Sókol para confirmar. De fato, li num edifício completamente desconhecido exatamente a mesma palavra, "Kaganóvitch".

Ou seja, era como na história de Aladim, em que ele marcava todos os portões com o mesmo sinal! Maldito seja esse Kaganóvitch! As pessoas me perguntavam onde eu morava. E eu lá sabia o endereço? Acho que elas já estavam a ponto de me entregar para a polícia ou para um orfanato!

Então achei uma saída e tirei da memória as palavras "Hotel Metropol". Graças a Deus! Todos começaram a sorrir aliviados e me levaram para o metrô, e alguém até convenceu o bilheteiro a deixar a pobre menina perdida entrar de graça! (Acho que eu já havia dito algo, mentido a meu respeito para aqueles moscovitas crédulos, dizendo que era órfã de pai e mãe, que não comia fazia seis dias.) E depois de certo tempo eu apareci lá, no Metropol! Como o Pequeno Polegar perdido, então vitorioso! Mamãe soltou uma exclamação ao saber que eu estava de novo na casa do meu bisavô. A madrasta dela, ex-esposa de Dêdia que morava no mesmo apartamento, também soltou uma exclamação, aparentemente. Então me tiraram da casa de Dêdia e me mandaram logo para um acampamento de pioneiros.

O acampamento

De lá eu não tinha como fugir, levaram-nos num barco a vapor, depois desembarcamos e fomos conduzidos à tarde por muito tempo pela grama úmida, por um pasto enorme, diante do sol que já se punha, no crepúsculo vespertino. Lembro o cheiro da grama amassada, o som dos mosquitos, o bando de gente com malas e sacos, muitos deles mais velhos do que eu. Escurecia e dava medo. Podiam bater em mim. Era inútil decorar o caminho!

Pela primeira vez na vida eu me vi num espaço cercado sem possibilidade de conseguir me libertar.

Ali, o coletivo tinha suas próprias leis, e verificou-se que eu não as conhecia. Não eram as leis do pátio selvagem (corra, procure, agarre, engula na hora, esconda-se, responda um golpe com outro, não confie em ninguém, se chamarem você não vá por nada).

No acampamento, fiquei impressionada acima de tudo com as quatro refeições (eu ainda guardava pão, deixava na mesinha de cabeceira), os lençóis limpos, a toalha pessoal, a casa de banhos para todos uma vez por semana, que vergonha, e o banheiro era uma fila de buracos em vez de correr para um canto, e além disso havia uma longa calha de metal para lavar os pés toda noite, e era preciso andar em fila para todo lugar! Era preciso ir ao refeitório quatro vezes por dia, ao quarto duas, formar fila duas vezes em dia de semana e nos feriados uma terceira. E ir para a floresta daquele modo.

Logo se viu que eu não era pioneira, era uma menina de nove anos que não era do Partido, e me aceitaram. Puseram uma gravata em mim. É verdade que bem rápido me expulsaram com a mesma solenidade, sob o rufar de tambores na formação em fila, não lembro por quê. Talvez pelas brigas constantes, ou por minha completa selvageria. E eu nem tinha dito que não estudava em nenhuma escola!

Perdi todas as minhas coisas logo. Ficaram só a saia com suspensórios e a camisa branca (a parte de cima branca e a de baixo escura, esse era o uniforme de gala dos pioneiros). Devem ter ficado como reserva na minha mala, e assim se salvaram. Mas o botão de um suspensório eu perdi imediatamente, e era preciso enfiá-lo na saia. Ele ficava balançando debaixo da barra como uma cauda longa, muitas vezes molhado, já que no verão chovia sempre. Claro que riam de mim.

Lembro que em outra dessas dificuldades que me consumiam eu montei um ídolo nos arbustos, com um galhinho espetado na terra debaixo de um pinheiro. Eu o saudava, punha-me de joelhos à sua frente, fazia uma casinha com as mãos e rezava ardentemente para ele. Já acreditava em Deus desde Kuibichev, entendia que Ele existia. Minha fé se expressava no fato de que eu fazia o sinal da cruz em segredo sobre a boca depois de bocejar (tinha visto uma velha fazer aquilo no bonde). Enfeitei meu Deus de madeira, um pauzinho rústico, com florezinhas, e montei ao redor dele uma coroa que rapidamente murchou.

Minha vida anterior me ensinara a ter uma prudência cruel em relação aos alimentos, e eu guardava atrás do espaldar da cama pães de mel petrificados que minha mãe havia me dado para levar, guardando-os para tempos difíceis e como relíquia, como lembrança dela; uma vez veio uma comissão para o quarto e, com vergonha, tirei-os do saco. Mamãe havia improvisado aquele saco com minhas calças de flanela bege, costurando as pernas. Aquilo os surpreendeu e lhes causou nojo.
Meu Deus, como fui infeliz ali!

O acampamento gerou em mim um ódio às verificações, ao controle, ao coletivismo, e ao mesmo tempo um êxtase que me leva às lágrimas ao andar em fila numa marcha militar. Mas também humildade pessoal, falta de amor e desprezo por qualquer elogio, desejo de me esconder mais um pouco e o contrário também, um ímpeto de participar de todos os círculos: desenhar, cantar, dançar, atuar em espetáculos, declamar poemas, fazer para mim mesma fantasias e perucas de ataduras e estopa (eu conseguia estopa nas paredes dos barracões de madeira). Eu imaginei assim: enrolamos a cabeça com uma atadura e, espetando uma agulha a esmo, sem espelho, costuraríamos a estopa diretamente na cabeça. Depois tirávamos o gorrinho que dava a forma e terminávamos de costurar nos lugares calvos.

Dessa forma fiz para mim uma fantasia de palhaço em um Carnaval no acampamento — uma peruca desgrenhada, nariz vermelho pintado com beterraba e uma concha de cozinha como se fosse uma sombrinha; tinha a esperança de ganhar o prêmio — havia dito que deixariam tomar todo o *mors* que eu quisesse! Mas simplesmente não me notaram. Então parti para buscá-lo por conta própria (devia estar em algum lugar) e na escuridão, debaixo da parede da cozinha, descobri um barril inteiro da bebida! A concha veio em boa hora: tirei o líquido de cor avermelhada e

Verão de 1949, acampamento. Um dos
suspensórios ainda está preso.

bebi com toda a alma, alegre porque estava sozinha com o barril e ninguém ia me perseguir, expulsar e dizer: mas você não ganhou o prêmio, por que está bebendo?

Naquele barril havia água do molho das beterrabas e cenouras, talvez das batatas. Tinha um gosto asqueroso de folha suja. Fora uma lição de coletivismo para toda vida: não procure individualmente por coisas de graça! E depois: se ninguém se amontoa ao redor daquilo, quer dizer que não presta. Onde não há multidão, não há o que procurar.

Além disso, o acampamento desenvolveu em mim uma atração doentia pela justiça, pelas greves, e a obstinação de me afastar da minha própria posição, a tendência ao protesto e aos pequenos delitos, como roubar o pepino comunitário. As leis infantis também proibiam se expor, ser sovina, delatar e roubar objetos pessoais (o que era de todos se podia pegar, contanto que todos fizessem isso).

Devolveram-me para minha mãe com a mala vazia, usando uma saia com dois rabos, os botões todos perdidos no fim do verão; como se viu, mamãe tinha arrumado para mim três mudas de roupa.

Rua Tchékhov/Vovô Kólia

Nosso abrigo seguinte foi na casa do pai da minha mãe, Nikolai Feofánovitch Iákovlev, vovô Kólia, na rua Tchékhov número 29, apartamento 37. Ali também havia uma madrasta, uma mulher divorciada, agora já esposa do vovô Kólia, que tinha uma filha. Elas empenharam todas as suas forças em expulsar minha mãe e eu. Uma bruxa enrugada de 45 anos, a mulher era um verdadeiro pesadelo para nós. Todo mês chamavam minha mãe para uma audiência judicial por causa de um pedido da madrasta para que nos tirassem do apartamento.

Meu avô, como meu bisavô, tinha um quarto pessoal, mas duas vezes menor, de vinte metros quadrados, ainda que com o teto muito alto, de mais de quatro metros. A biblioteca dele (com 5 mil livros) estava acomodada em armários que se amontoavam um em cima do outro até o teto. Havia um armário separado só para volumes da Bíblia. A maior delas era impossível de levantar, de couro claro de porco com fivelas prateadas. Havia uma primeira edição de *Boris Godunov*. *Ievguêni Oniéguin* estava num estojo envernizado de cartolina, que continha livrinhos finos com capas de papel verde, cada capítulo separado. Segundo disseram os avaliadores de livros usados, o exemplar havia pertencido ao general Iermôlov. Minha mãe vendeu aquele livro em segredo por um motivo: havia muito tempo eu estava doente, com dor de garganta e sinusite, e ela decidiu me levar para os países bálticos, para a praia. Vovô tinha o único livro que eu conseguia ler, do século XVIII: *Descrição da terra de Kamtchatka*, de Krachenninnikov; tinha um cheiro especial de papel velho, azedo. Não era possível ler os 4997 livros restantes, já que todos estavam em línguas estrangeiras, inclusive as obras completas de Goethe em alemão, com as gravuras de pesadelo de Doré (umas pessoas com chifre). Meu avô era professor, e eu já mencionei que ao conhecimento de onze línguas ele adicionava o conhecimento aproximado de setenta dialetos dos povos do Cáucaso, tanto que consolidou um alfabeto para elas, e para algumas vilas fortificadas isoladas ele recriou a escrita. As línguas do Cáucaso, que tinham a escrita árabe, foram todas passadas para o alfabeto latino.

Vovô também é considerado o criador da teoria dos fonemas (1923) e do método matemático na linguística. Ele está nas enciclopédias. Recentemente li no *Jornal Independente* outro título dele: "pai dos alfabetos". Ainda nos anos 1920 estava disposto a passar o alfabeto cirílico para o latino. Os eslavistas, linguistas russos e orientalistas o conhecem.

Vovô Kólia era um homem enorme de um metro e noventa, que usava galochas número 46 (ali dentro cabiam meus dois pés). Era muito calado. Às vezes, sua ex-mulher, para incutir no vovô o pensamento ruim de sempre, batia com o osso do dedo do meio nas costas dele: "Kólia, posso entrar?".

Sua ocupação preferida passou a ser olhar velhos atlas geográficos da Europa. Isso aconteceu depois, quando ele já havia sido expulso de todos os lugares — era vice-diretor do Instituto de Estudos Orientais. Ficou sem um tostão, passava seus dias numa poltrona na antessala baforando Belomor. Os cientistas e companheiros o haviam abandonado. Ele escrevia com uma letra ideal, graúda, alguns textos em rolos de papel cinza, ou folheava seus atlas preferidos em línguas estrangeiras — ali estavam assinaladas até as aldeias, e ele parecia andar mentalmente por velhas estradas.

Expulsaram o vovô porque ele não havia aprovado imediatamente o artigo de Stálin "Sobre o marxismo e o estudo de línguas". Já falei sobre isso.

Depois de perder o trabalho, ele parou de dormir à noite, ficava deitado na cama com uma camisa reforçada, batia em si mesmo no joelho com força e xingava, gritando palavrões: "Béria canalha! Vinogradov canalha! Tchikobava canalha!".

V. V. Vinogradov e A. S. Tchikobava eram seus oponentes científicos e, ao que tudo indica, haviam tido um papel em sua expulsão. Quanto a Béria, direi que mais tarde, quando foi preso, os vizinhos reconheceram meu avô como um profeta e passaram a ter um respeito supersticioso por ele.

Naqueles anos da expulsão do Instituto, vovô fumava numa noite dois maços de Belomor, murmurando e às vezes gritando suas maldições impotentes. A fumaça formava uma parede no nosso quartinho. Aprendi a dormir pondo o cotovelo em cima do ouvido.

Vovô perdeu tudo.

Ele já havia sido promovido a membro correspondente da Academia de Ciências. Vivia como um professor normal, alimentava a ex-mulher e o filho, e a filha que tinha a doença de Basedow-Graves, e ainda mantinha uma família, uma tia gorda e ruiva chamada Fania, que morava com a filha no nosso prédio. Ele ia almoçar na casa delas aos domingos e dormia lá depois do almoço. Eu o seguia para almoçar (lá eles tinham primeiro prato, segundo prato e compota!), depois o cobria com o cobertor no sofá. Uma vez comi tudo, era a primeira vez que via um tesouro daqueles:

uma lata inteira de compota de cereja. A amável Fania não disse nem uma palavrinha, e eu comia e comia. Nunca tinha sentido aquele gosto e engolia as frutas doces e geladinhas de colher e sem mastigar, com caroço e tudo. Naquela mesma noite me arrastaram para o hospital com febre alta e um diagnóstico de "apendicite aguda", puseram-me numa mesa de operações, começaram a puxar conversa comigo enquanto amarravam meus braços e pernas à mesa e colocavam no meu nariz e na minha boca uma máscara de onde, em vez do doce ar, saía éter venenoso, que dilacerava meus pulmões. Como uma condenada à morte, comecei a berrar e a tentar me soltar, pedi para respirar mais uma vezinha. Deixaram. Depois puseram de novo aquela máscara de éter impiedosamente, e então a execução foi levada até o fim. Asfixiaram-me. De novo perdi o ar, debati-me, lamentei-me, vociferei, chorei, mas já estava firmemente amarrada e precisei me acalmar, perder as forças, involuntariamente amolecer e morrer, então bem rápido me percebi voando num grande túnel, cortado com frequência obliquamente por uma luz que parecia chuva, venenosa e escaldante, cortava o nariz e a laringe com o cheiro daqueles raios agudos, que batiam de ponta a ponta, e eu voava por entre as cordas oblíquas e vivas da luz pungente, nos ouvidos ressoava um assobio nauseante ou um som como a frequência atual, no fim do túnel estava ofuscantemente claro, e eu me aproximava sem parar, mas longas agulhas envenenadas, imóveis, ressoando, finíssimas, afiadas, me atravessavam. Ou seja, um quadro completo de uma morte clínica como costuma ser descrita.

 Além dos livros, meu avô tinha naquele quartinho uma cama de tamanho grande com uma tela reforçada e esferas niqueladas na cabeceira, uma escrivaninha enorme de madeira vermelha, uma poltrona, um armário para manuscritos com pastas móveis, cada uma com fitinhas, em uma grande mesa de jantar quadrada.

Tentando caber

Desde 1943, quando ingressou no Instituto de Arte Teatral, minha mãe dormia debaixo daquela mesa. Ela tinha uma enorme falha: a quinze centímetros do chão passava por seu perímetro uma gorda placa de madeira, e só se podia dormir ou com as pernas em cima dela, o que era terrivelmente desconfortável e doloroso, ou enfiando com dificuldade as pernas debaixo dela. Por isso mamãe improvisou para mim, no cantinho atrás da porta, no corredor comum, um leito num baú. Eu queria dormir lá, completamente sozinha (o que era raro para mim), e escutava o murmúrio de diferentes medidores (cada quarto tinha o seu). Mas isso só durou dois dias. Os vizinhos, sob liderança da minha madrasta, tiraram o baú do meu avô e no lugar puseram um armário grande. Fui dormir no chão debaixo da mesa, ao lado da minha mãe, absolutamente feliz. Era nossa casinha. As crianças adoram ficar debaixo da mesa. Na parte de cima ficavam as panelinhas da minha mãe, a frigideira, os grãos, livros, a tigela de vinagrete, os talheres: tudo o que tínhamos. Nossas coisas ficavam ao lado do colchão.

Mas a madrasta de mamãe não nos deixava em paz. Uma nova ideia lhe veio à cabeça para ajeitar nossa vida. Logo chegaram uns carregadores e começaram a tirar a mesa do quarto (a madrasta precisava dela urgentemente para a datcha). Mamãe chorava e pegava as coisas espalhadas. Eu me aferrei à perna da mesa, como uma criança guerreira, e não a soltei por muito tempo. Nosso mundo estava desmoronando. A madrasta da minha mãe dava ordens rispidamente, parada na porta. Os vizinhos satisfeitos andavam inocentes pelo corredor. Por fim levaram a mesa. Ficamos no vazio. Todos os nossos bens estavam no chão, como depois de um bombardeio.

Mamãe, um soldadinho de estanho, não se curvou diante desse golpe do destino. Depois de chorar e secar suas lágrimas e as minhas, ela de repente pousou os olhos em um novo espaço, começou a medir algo com uma cordinha e a escrever num papelzinho, e como resultado logo comprou uma pequena escrivaninha e uma cama! E tudo cabia! É verdade, a cama tinha uma malandragem: de dia ela diminuía (a indústria sabia que produtos lançar para espaços apertados), e de noite a partezinha abaixada era erguida de novo. Ou seja, de dia eu podia me sentar à mesa na beira da nossa cama, comer e fazer o dever de casa, e à noite dormiríamos decentemente. Sim, era meio apertado, oitenta centímetros de largura para as duas, eu já não era pequena, e ainda era inquieta. Mas à noite, de felicidade por finalmente estar deitada, eu obrigatoriamente precisava girar para lá e para cá, rolar na cama, bater com a cabeça no travesseiro, agitando as mãos e soltando gritos de felicidade. Isso se chamava "loucura". Pare de loucura, dizia minha mãe. À noite, pelo visto, eu também dava voltas, mamãe reclamava dos meus cotovelos pontudos. Ainda dormi na mesma cama que ela por sete anos, até eu crescer definitivamente. Então mamãe comprou para mim uma cama dobrável, e ela também coube ali! Minha felicidade foi infinita, eu tinha minha própria cama!

Das façanhas da madrasta da minha mãe, vou mencionar uma só. Uma vez fiquei doente e me deitei na cama do meu avô com febre. Não havia ninguém no apartamento, só aquela madrasta. Num belo instante me pareceu que o teto e as paredes estavam se juntando e vindo na minha direção. Saí de um salto daquele quarto horrível, com febre e suando, corri à toda pelo corredor para procurar alguém, e dei de cara com a madrasta da minha mãe. Reclamei para ela do teto e do chão. A mulher pegou meu ombro com sua mão ossuda, levou-me para o quarto, cuidadosamente me fez deitar, saiu e deu a volta na chave do outro lado! Trancou-me! Não lembro o que fiz, debati-me contra a porta, talvez. Chorei, gritei? E quantas horas isso durou, quem abriu para mim?

Meu terror só era comparável à impressão que tive de um espetáculo infantil no teatro de Kuibichev. Eu devia ser bem pequena. Lá estava Koschei Bessmertni. Por um tempo ele ficou atrás do palco, do outro lado de alguma porta, que depois se abriu — e na luz verde, horrenda, ele apareceu inteiro, um velho esqueleto, coberto de musgo, tinindo correntes. Ele se levantou de baixo da terra, cresceu... Comecei a gritar desesperadamente para todo o teatro. Ele me apareceu em sonho várias vezes. Uma vez (num sonho), eu estava andando pela calçada de uma rua vazia; o céu era como o da aurora, as casas eram amarelas e baixas, e na janelinha sobre a porta de uma vi uma conhecida luzinha esverdeada e sinistra. A porta logo ia se fechar. Alcancei algum passante e disse engenhosamente: "Moço, vamos interromper esse sonho horrível". Então acordei.

(Quando vi o filme de Buñuel *O discreto charme da burguesia*, notei que nele acontece o mesmo, com o sonho do soldado — ele está andando por uma rua vazia com casas baixas, mas é uma cidade morta, abre-se a porta de um prédio e do teto cai terra. Mais tarde escrevi um conto sobre uma cidade de mortos, "Sobretudo preto", no qual uma menina corre pela rua e é a única viva ali.)

O orfanato

Era preciso me enfiar em algum lugar, mandar-me estudar pelo menos. (O principal era que eu não conseguisse fugir de lá.)

Chegou o momento, e mamãe, depois de assar biscoitos para comer na estrada, mandou sua filhinha com alguma companheira de viagem para a Bachkíria, para uma casa para crianças debilitadas.

Era outono. Viajamos alguns dias, pela estrada eu insistentemente compartilhava com todos os biscoitos amolecidos de mamãe. Depois foi preciso atravessar da estação até a cidade a pé. Lembro-me da floresta dourada pela qual andávamos para o orfanato, do parque, do cheiro de folhas caídas fermentando, da fumaça e, na margem, do cheiro de frescor do limo do rio. O orfanato era um palácio de veraneio de dois andares, ficava na margem alta do rio Ufimka, perto de Ufá.

(Na época, usavam palácios de verdade para os orfanatos e acampamentos de pioneiros. E os mosteiros como hospitais psiquiátricos, colônias e prisões.)

Lá me puseram imediatamente no segundo ano, depois de

O rio Ufimka no outono.

constatarem que eu sabia ler e escrever. Entregaram-me um caderno. Pela primeira vez na vida segurei uma caneta, molhei-a na tinta e solenemente comecei a fazer as letras.

A professora se aproximou e disse:
— Por que você começou a escrever no meio da página?
Tem que escrever do começo.

Então arranquei a folha despreocupadamente e na seguinte escrevi a data e as palavras "Trabalho de classe", novamente no meio da página. Como a folha de rosto de um livro. Mas era preciso escrever na primeira linha...

A professora se aproximou, olhou, mandou escrever de novo. Comecei da metade de novo. A paciência dela se esgotou — e me mandaram para o primeiro ano...

Lá, rapidamente me tornei uma ótima aluna. O que não me impedia de me comportar exatamente igual ao verão no acampamento. E, como eu já era pioneira, fui expulsa dos pioneiros de novo!

Lembro que tive dor de garganta e me puseram no hospital. Ainda se chamava "isolamento". Fiquei deitada, delirando no leito branco e limpo, acho que trancada, absolutamente sozinha. Tive muito medo. Fiquei feliz quando vi um ratinho debaixo da cama vizinha. Na mesma hora dei a ele o pão guardado sob o travesseiro. O rato pegou com as patinhas da frente, sentou-se sobre a cauda, como um esquilo, e começou a comer!

Ali, no orfanato, preparamo-nos para o Ano-Novo. Nossas educadoras eram todas de Leningrado, sem exceção, e tinham sido tiradas do cerco com as crianças. Com elas, organizamos um verdadeiro concerto de Ano-Novo — um teatro! Fantasiaram-me de cigana, eu cantei, sentada no chão, "liai-liai-liai" em coro, de saia florida e lenço, enquanto no meu peito esquálido pendia um colar de contas de vidro! Depois dancei agitando a saia.

Todo ano víamos a vida de um acampamento cigano assim que baixava a água do Volga. Eles acendiam fogueiras na nossa margem e cozinhavam um caldo negro, o que nos atraía. As fogueiras crepitavam; havia um urso com um anel no nariz, preso por uma corrente, e a criançada imunda corria desvairada, vestida com um macacão com uma fenda (a criança se abaixava, o buraco abria, ela fazia suas necessidades, pulava e saía correndo). Não lembro como eles dançavam, mas eu dançava igualzinho no orfanato.

Depois daquilo, o primeiro cavalheiro da minha vida começou a me seguir fielmente, o filho bem-criado da professora, um loirinho do segundo ano. Eu o tratava com severidade, como condiz a uma senhorita de boa família, e não brigamos nenhuma vez.

Infelizmente, eu não tinha roupa para ir passear, e congelava. Escrevi uma carta para minha mãe pedindo para me mandar um sobretudo e botas de feltro. E foi um milagre: mamãe me mandou um pacote enorme com um sobretudo quente de veludo e botas de feltro! (Herança da minha prima de segundo grau, Marichka Veguer. Era um sobretudo americano de pele falsa com um grande borrão de tinta à direita.) Vesti aquela roupa magnífica e agasalhada (com ela eu podia rolar na neve), depois em êxtase comecei a correr e girar no lago congelado. Fiquei louca com as botas! Como eram agradáveis e gostosas nos pés! E então enfiei o pé num pequeno buraco que não havia notado. O pé com a bota afundou irremediavelmente. Fui forçada a me sentar no gelo, estendi a bota livre e não sei por que gritei: "Viva, camaradas!". Por isso começaram a me puxar imediatamente. Não notaram que eu só tinha um pé da bota. Quando conseguiram me tirar, a bota havia afundado...

Na primavera, o número de crianças diminuía, porque elas eram devolvidas para suas casas; em maio mandaram as últimas. A casa para crianças debilitadas entrou de férias, talvez para ser totalmente dissolvida. Os anos depois da guerra eram de fome e colheitas ruins. As professoras se dispersaram. Levaram meu amigo. Levaram Mania, uma menina de catorze anos, tão fraquinha que mal conseguia segurar a pena, por isso eu me sentava com ela no primeiro ano. Ela era alta, magrinha e andava mal. Tinha enormes olhos pretos.

Nossa casa grande sobre a margem escarpada do rio Ufimka se esvaziou e foi fechada. Só sobraram uma guarda e um homem. Eu morava numa casinha com eles. Falavam em basquir. (Daquele tempo me ficou na memória a contagem em basquir: *bir, ike, ich, durt, bich, olte, jigue, sigues, tsudes, un. Un bir, un ike* etc. Perdão, senhores basquires, se há algo errado. Antes, eu sabia sua língua.)

A guarda e seu marido colhiam campainhas-brancas na floresta para vender. Eu ia com eles e ajudava. Tentava participar de alguma maneira daquela vida agora incompreensível.

Colhíamos flores em enormes clareiras orvalhadas, cercados por árvores altas, na sombra da manhã, quando o sol estava baixo. Colhíamos flores, cestas inteiras, ao amanhecer. Ali, até a grama tinha certa densidade azul, sobre a qual pousavam as estrelinhas brancas e graúdas das campainhas-brancas. Era preciso arrancar os botões que não se abriam.

Eu já entendia o que os basquires falavam. (Eram oito meses entre a população local! As crianças adoram conhecer outras línguas e facilmente as assimilam para entender tudo e explorar. Elas não conseguem ficar sem informação. Crianças são exploradoras natas.)

O casal basquir falava que provavelmente iam me transferir para outro orfanato, mas para onde ainda não sabiam. Não havia chegado a ordem. Porque minha mãe não ia me buscar. Ela tinha me abandonado.

Eu não acreditava naquilo. Depois entendi que simplesmente somos todos assim, estamos sempre atrasados para qualquer lugar. Até quando a família Veguer, do meu bisavô Iliá Serguêievitch, devia se batizar na igreja luterana (depois disso os jovens Iliá Serguêievitch e Ássia, que já tinham uma ninhada de filhos fora do casamento, inclusive minha pequena avó Vália, pretendiam se casar, legitimar os descendentes e colocá-los na escola) — pois bem, até para essa ocasião importantíssima os Veguer se atrasaram catastroficamente. No entanto, o disciplinado pastor, um alemão, esperou por eles, e só perguntou educadamente: "*Warum so spät?*". Por que estão tão atrasados?

De dia eu passeava sozinha na floresta. Lá havia algo atraente — a caverna de Pugatchov. Via-se sua entrada, uma fresta estreita e torta, no alto de um despenhadeiro íngreme. Diziam que ali havia espaços enormes. Por muito tempo tive a intenção de subir lá e entrar ali, mas algo não me deixava. Um instinto me dizia para não ir aonde era apertado. Em compensação descobri uma casinha na floresta, uma espécie de datcha pequena. Havia uma mulher sentada na janela, fumando. Ela me deu um cigarro e fogo. Imitei uma fumante de forma totalmente profissional, e não tossi. A mulher me olhava com interesse. De onde surgira aquela bela dama da floresta?

Acho que se eu tivesse ficado naquela floresta ela também me adotaria. Menti de novo, disse que não tinha ninguém no mundo, que eu era uma órfã.

Quero viver

Depois, apesar de tudo, uma mulher foi me buscar e me levou — eu, que tinha educação equivalente ao primeiro ano (isso com uns dez anos!), mas que só tirava a melhor nota. E me levaram dos Urais para casa. Ao longo da estrada as companheiras de viagem mudavam. Por um tempo morei na casa de uma mulher desconhecida, dormi no chão. Acho que ela tinha pena de mim, já que também expressou o desejo de adotar como filha aquela órfã excepcional que inventava sabe Deus o quê. De fato, o que eu contava sobre mim para pessoas desconhecidas era do arco-da-velha (pelo visto).

Mas eu não me deixava adotar. Imediatamente perdi o amor por aquela mulher que tentou assumir o papel da minha mãe. Eu pertencia completamente à minha mãe. Eu a idolatrava. Sua imagem milagrosa, para dizer de uma forma poética, não me abandonava nem por um minuto. Confortava-me, órfã na casa para crianças debilitadas (apesar da existência de pai, avó, avô, tia e todo um coletivo de avós, tios e tias de segundo grau vivos). Eu tinha um objetivo na vida — viver junto da mamãe!

Levaram-me para Moscou e fui imediatamente passar três meses num acampamento de pioneiros. Era mais um processo dificílimo de reeducação. No orfanato já me respeitavam por ser boa aluna e artista. Já ali, novamente me excluíam — no começo me tiraram do cargo de presidente do Conselho do Destacamento, para o qual tinham me escolhido imediatamente pela incrível atividade e pelo comportamento exemplar nos primeiros dias (acho), e depois, como era tradição, me expulsaram dos pioneiros durante a formação da fila. O motivo eram, claro, as brigas, indisciplina etc. Eu não via na minha frente minhas meias, sandálias, lenços de bolso, pentes e fitinhas desde os primeiros dias no acampamento. Logo me transferiram para um destacamento mais novo como punição. Lá, desde o primeiro momento, muito empolgada, participei de uma briga generalizada, fui espancada com força e continuei a existir como já estava acostumada.

Meu único consolo era a arte. Eu me inscrevi no coral, no grupo de teatro, no grupo de desenho, no grupo de dança. Tinha esperanças de, com meus talentos, obter reconhecimento naquela sociedade campista, naquele coletivo de filhos da guerra criados em condições de fome total e disciplina escolar.

Mas não me lembro daquelas crianças respeitarem quem quer que fosse por cantar ou desenhar. Pelos atores e cantores elas sentiam desprezo, como na antiguidade se sentia em relação aos palhaços. As crianças valorizavam o que se valoriza em geral entre as pessoas de qualquer época: a força, o desprezo, o silêncio, a concentração, a vontade para o que quer que seja, enfim, o caráter. O amor-próprio também era bem cotado, mas acima de tudo estava a simples e grosseira força física.

Minha reputação se mantinha apenas por uma coisa: à noite, quando já haviam apagado as luzes, eu contava casos assustadores na cama!

Lembro que no meu amado orfanato, aos nove anos, eu havia contado histórias até o ponto em que todos já estavam dormindo, mas não conseguia pegar no sono e de repente caí num pânico terrível, pela primeira vez na vida entendi que um dia ia morrer, e comecei a rolar na cama e gritar palavrões: "Não quero morrer, não quero morrer! Não quero morreeeer!!! Quero viver! Aaaah!". Todos acordaram, acenderam a luz, os adultos vieram correndo, pegaram-me no colo, eu saí correndo para algum lugar gritando terrivelmente.

Eu já tinha visto a morte uma vez — da varanda de Kuibichev. Bem em frente parou um caminhão, e na carroceria, sobre almofadas azuis, não sei por quê, estava deitada uma menina morta, vestida como uma boneca. Depois daquilo, berrei a noite toda.

Da vez seguinte, inconsolável e escondida, chorei — por algum motivo, não muito alto — no outono de 1949 quando voltei do acampamento. Mamãe acabara de me dizer que Dêdia havia morrido fazia um ano.

Dêdia morreu em 1948, quando tinham se passado dez anos da condenação à morte de seus filhos Lénotchka e Jênia (os mesmos dez anos sem direito a correspondência). Ele passou várias vezes na Lubianka, grisalho, com uma barba branca como a neve (as crianças pequenas sempre achavam que ele era o Papai Noel e o rodeavam sorrindo). Escreveu uma declaração na qual frisava que haviam se passado dez anos. "Onde estão meus filhos?" Antes de cada ida à Lubianka, ele se despedia. Escreveu uma série de cartas para Stálin, nas quais censurava Abakumov, o chefe do NKVD, pela "fidalguice". Depois foi com um galãozinho para a rua Górki pegar leite, parou com a multidão no semáforo, na esquina em frente ao Natsional, enquanto passavam os carros, recebeu um empurrão forte e foi parar debaixo da roda de um furgão de pão (a motorista disse no julgamento que o senhor havia se jogado sozinho debaixo da roda). Nos papéis escreveram

Última fotografia de Iliá Verguer, meu bisavô, em novembro de 1948. As crianças achavam que ele era o Papai Noel.

que ele não estava sóbrio. Invenção dos desgraçados do NKVD. Dêdia não bebia nunca.

Eu me despedi de Dêdia como podia, choramingando baixinho, quase sem lágrimas. Como se executasse alguma cerimônia importante. Fiquei parada no corredor escuro e chorei por ele. Nunca mais vou ver você. Nunca mais vou ver você, como pode? Dêdia, meu Dêdia.

Parecia que ele estava escutando.

HISTÓRIAS

Necessária para ninguém

A história das relações dentro das famílias — em quase toda família — tem os mesmos esqueletos no armário. Minha mãe não foi uma criança amada, esperada ou desejada por toda a posteridade, ela nasceu um ano e meio depois da irmã mais velha. Esperavam ao menos um menino... Sua querida mãe — e em especial a irmã — a desprezava basicamente porque já na adolescência, como era alta, despertava muita atenção do sexo masculino... Era acompanhada direto até a porta de casa. Quase sempre chegava com um acompanhante. Era extremamente ingênua e continuou assim por toda a vida, ainda que fosse uma pessoa de alta formação, com duas faculdades nas costas.

Minha mãe fugiu da família em Kuibichev, como já escrevi, por causa de uma convocação para estudar no Instituto de Arte Teatral, em Moscou. No questionário ela escondeu que era membro de uma família de inimigos do povo. O que era crime. E o que por toda a vida foi para ela fonte de medo. Além disso, contava mais um pecado — ao ir embora em segredo para estudar, ela de certa forma me abandonou. Mas não deixou a filha nas ruas, e sim com a mãe e a irmã; a mãe, como não trabalhava, podia cuidar da neta, e a irmã era engenheira, recebia um salário e ração na fábrica de rolamento de esferas, no departamento de construção.

Uma questão muito diferente é que fui deixada com elas à força. Furtivamente.

Quando eu sofria como enjeitada, minhas parentes, vovó e titia, em sua língua (a língua dos clandestinos, a chamada "linguagem da corte", que eu já entendia, mas não havia admitido para elas) falavam sobre isso com bastante raiva, e diziam que era motivo para minha mãe mandar dinheiro. Minha tia já não trabalhava, havia sido demitida por seus atrasos, e ainda bem que não a prenderam (ela se escondeu no hospital psiquiátrico, acho). Mas eu, apesar de todas as conversas, continuei uma filha leal e devotada de minha mãe desaparecida, sobre quem só escutava coisas ruins. Pelo visto, minhas parentes tinham ficado bravas porque junto com ela sumiram da família seu salário e a esperança de uma pensão alimentícia, que mamãe a propósito não recebia, pois toda aquela família era intelectual, tímida, incapaz de se mover para conseguir o que lhe pertencia e terrivelmente inadaptada, era preciso abrir um processo de Kuibichev para Moscou, e assim por diante. Como eles se defendiam — o tempo todo escreviam cartas para Stálin!

De toda forma, em Moscou, mamãe, pelo que entendo, abriu um processo e começou a receber essa pensão por mim, a respeito da qual vovó e titia já vinham tratando antes, e escreveram para ela uma carta sobre a atribuição do meu (seu) dinheiro, dizendo que eram elas que deviam receber a pensão e que minha mãe devia mandar a totalidade da quantia para Kuibichev (mas minha própria mamãe, estudante sem bolsa, não tinha o que comer). Ela honestamente transferia a pensão para Kuibichev, guardando apenas o suficiente para comida e transporte. No inverno, usava o capote do pai.

Mamãe mandou dinheiro para elas por muitos anos, mesmo depois de ter me levado. Ela amava muito a irmã e, em particular, a mãe. Nunca disse uma palavra contra elas. Sempre soube a culpa que carregava.

E como era minha vida com minha avó e minha tia? No verão eu só ficava em casa à noite. O que era bom — em casa havia percevejos, piolhos, vovó deitada como uma montanha, calada. Minha tia ausente, tentando ganhar algum dinheiro no cais.

Por isso quase todo o tempo em que fazia calor eu ficava na rua, entre as crianças da minha idade — mas não conversávamos. Elas falavam em outra língua, com palavrões. É verdade que muitas vezes simplesmente me expulsavam do pátio com xingamentos e, se me alcançavam, com socos e pontapés. Era preciso fugir para o parque, para o enorme jardim Strukóvski. Eu era uma pária entre as crianças do nosso pátio, não falava como elas, e, bem ou mal, ao menos uma vez por semana elas eram alimentadas, vestidas, lavadas e vestidas novamente com roupa limpa. Mesmo entre aquele pessoal nada rico eu parecia uma mendiga. Estava sempre — inclusive de abril a outubro — descalça. Desgrenhada, piolhenta. Suja. Molhada de chuva, ou depois de chegar correndo do rio. Eu nem tinha o que tomar.

Porém, ficou claro que eu tinha algo que os adultos podiam usar. De repente uma menina mais velha que eu, Rimka, ficou minha amiga, aproximando-se inesperadamente. Começou a conversar comigo, corríamos juntas para o jardim Strukóvski, ela frequentava nossa casa. Não sei quantos anos Rimka tinha. Por que brincava comigo, uma maltrapilha faminta, desprezada por todo o pátio, eu não sabia, mas ficava lisonjeada, ainda que sem jeito. Sua influência sobre mim era tão grande que eu, uma pessoa livre, me transformei num ser completamente obediente. Isso costuma acontecer com crianças que têm amigos mais velhos.

Então aconteceu que, porque ela estava comigo, talvez, comecei a fazer amigos. Rimka dizia que se eu fosse para trás do galpão com os meninos eles sempre me defenderiam, não deixariam que ninguém batesse em mim. Eles seriam meus maridos. Entendi que estava falando de alguma coisa feia; eu tinha vergonha, recusei por muito tempo, não concordava, mas de repente minha amiga me comunicou que um dos moleques gostava de mim. Gostava de mim! Ninguém gostava de mim, sempre batiam em mim e me perseguiam, vovó e titia viviam bravas comigo, especialmente na linguagem da corte. E eu fiquei como que desconcertada e com vergonha. Rimka disse que outro menino gostava dela, e que os dois seriam nossos maridos. Uma vez ela me levou para trás do galpão, e lá nos esperavam dois meninos (dois garotos, como se dizia por lá). Como todos os meninos, eles estavam de cueca; minha amiga estava de calcinha e vestido, enquanto eu usava uma camiseta amarrada debaixo das pernas e um vestidinho. Aquilo provocou algumas conversas entre minha amiga e os garotos, e no fim das contas me ordenaram tirar tudo. E me deitar. Não concordei e quis ir embora. Quem ali gostava de mim? Era tudo mentira. Aqueles dois garotos me perseguiam e batiam em mim no pátio como todos os outros. Então, Rimka permitiu que eu ficasse com o que estava, mas era preciso afastar a camiseta com a mão. Depois ela tirou a calcinha, os maridos tiraram a cueca, e ela se deitou primeiro. Embaixo da barriga dos maridos, dava vergonha de olhar, pendiam umas coisinhas. Os meninos claramente estavam envergonhados e se protegiam com as mãos. Rimka mandou que eu também me deitasse. Não havia o que fazer, eu sempre obedecia, e me deitei. Um dos garotos deitou em cima dela, e o outro deitou sobre mim. Eu deveria afastar a camiseta com a mão, mas não dava. Só me ficou na memória que meu marido cheirava muito mal, "a mijo", como diziam no pátio. Ambos ficaram deitados sem se mexer. Era pesado e nojento. Depois, um deles meio que começou a dar uns pulinhos em cima da Rimka, não entendi por quê. Aí nossos maridos trocaram de lugar. Aquele casamento não foi longo. Então, como sinal de confiança, de que já éramos marido e mulher, todos fizeram xixi e se separaram. Eles primeiro, e nós um pouco depois.

Quando saí para o pátio já no dia seguinte, um grupo de moleques grandes se voltou para mim e me olhou de longe, falando palavrões, cuspindo e acenando (na época, todos cuspiam em Kuibichev, mascavam sementes). Ou seja, todos eles já sabiam de mim! Fiquei terrivelmente assustada e com vergonha. Mas Rimka veio me dizer que ninguém mais bateria em mim no pátio.

E então, literalmente alguns dias depois, minha mãe veio me buscar. Ela me salvou. Era o que eu sentia.

Já em Moscou, anos depois, eu não conseguia me desfazer da ideia de que estava grávida.

Era o pesadelo da minha vida. Quando minha barriga resmungava eu achava que ali vivia uma cobra ou uma criança. Não entendia nada. E Rimka não estava ali para explicar tudo.

Mesmo antes de casar, até os vinte anos, eu estava convencida de que o mais terrível havia acontecido. Até falei para meu marido que eu não era como todas. Mas meus medos se revelaram infundados.

Tudo o que aconteceu atrás do galpão foi uma brincadeira, como um ensaio antes de algo que deve ocorrer mais tarde. Provavelmente, por meio daquele ritual inocente com os meninos, os rapazes adultos davam a entender que não havia nada de terrível se alguém deitasse um pouco em cima de você. Até dois ou mais. Em compensação, não bateriam em você. E a menina — pequena, é preciso notar, nove ou dez anos — devia ir sem qualquer receio, talvez a contragosto, porque era entediante, desconfortável, fedia, mas já sem medo, aonde lhe dissessem. Em compensação, diriam, não vão bater em você. E vão lhe dar algo. Isso às vezes terminava em morte. Então a menina desaparecia. Se sobrevivia, eles mesmos a usavam ou tentavam alugar e ganhar dinheiro com ela.

O pátio e a família são a caverna primitiva onde a criança do sexo feminino é a vítima inicial. Às vezes, aos dois, três anos. Não há virgens nos orfanatos.

Por isso o destino de moças e rapazes é tão diferente depois dos internatos e orfanatos.

Por que minha mãe, depois de me levar com ela para Moscou no outono, depois do acampamento de pioneiros, me mandou para um orfanato? Primeiro: se era perto de casa eu fugia de todo lugar para ficar com ela. Segundo: dormíamos debaixo da mesa na casa do meu avô, e quando ele vinha passar a noite (nosso quarto tinha doze metros, e dentro dele 5 mil livros, da biblioteca do vovô Nikolai Feofánovitch), não havia onde ficar. Era preciso mergulhar imediatamente debaixo da mesa.

Debaixo da mesa eu lia deitada de bruços ou de quatro. Havia a luz de um abajurzinho, e o teto tinha uma altura de quatro metros... Era meio escuro. Logo arrumei uma miopia e tive que usar óculos.

Já o orfanato para onde mamãe me mandou no outono de 1947 fora criado por decisão do Comitê Central do Komsomol para crianças debilitadas. Propunha-se a oferecer uma alimentação reforçada, e para lá eram levadas crianças distróficas. Em 1947, havia uma grande fome, a colheita fora ruim e o dinheiro estava sendo trocado. Talvez as crianças do orfanato estivessem morrendo porque cozinheiros e funcionários também precisavam alimentar a família. Sempre houve roubo das instituições infantis por parte do poder soviético — isso continua acontecendo agora. Mas na época a mortalidade de órfãos deve ter aumentado acima da média, se existia aquilo. Do orfanato (onde terminei o primeiro ano) fui imediatamente para acampamentos de pioneiros. Depois, no outono, mamãe me pôs na escola florestal em Bikovo (era um tipo de sanatório para crianças com uma forma encoberta de tuberculose); ela combinou lá que não me botariam no segundo ano, eu iria imediatamente para o terceiro, pois já tinha dez anos. E aí começaram os problemas com aritmética. Um ano inteiro de divisão e multiplicação de grandes números perdido! Na hora: dividir 150 por quinze. Mas como? Com o cantinho! O que era aquele cantinho? E, claro, nem fitinha (eu usava trancinhas), nem penteado, nem uma meia inteira paravam em mim por muito tempo, os botões voavam, sem falar do eterno catarro e do cabelo desgrenhado. Batiam e zombavam de mim o tempo todo. Chegou ao ponto de minha professora suspeitar que estava acontecendo algo anormal. Eu devia ter uma aparência totalmente abatida. E ela falou para toda a turma: "Não mexam com essa menina, ela é um gênio". (Referindo-se ao fato de que eu havia pulado um ano, indo do primeiro direto para o terceiro.) Quando a aula terminou e devíamos ir para o refeitório em fila, todos os meus inimigos, amansados, esperaram que eu me levantasse da carteira, saísse e encabeçasse a fila. Eu saí e encabecei, conduzindo aquela coluna de inimigos para almoçar, mas não sei por que comecei a mancar, talvez para dar mais solenidade. No entanto, durou pouco. Não me perdoaram pelo "gênio". As brigas começaram naquela mesma noite, logo na escada — deram-me um bom golpe na nuca, de cima. Pulei em cima do ofensor com um grito selvagem e o derrubei (acho que ele ficou aturdido por causa dessa reação, normalmente eu tentava fugir), arrastei-o para baixo, subi nele e baixei o sarrafo, enquanto soluçava alto. Por que eu, a vencedora, estava chorando? Eu mesma não entendia. Mas isso me ficou na memória por toda a vida.

Minhas notas eram baixas, apesar de minha mãe (ela me salvava o tempo todo, era seu objetivo de vida) estar convencida de que eu devia estar na melhor escola de Moscou; ela deu seu jeito — por ordem do Departamento Regional de Educação Popular, fui aceita na escola 635, instalada na rua Petróvka. Era um estabelecimento educacional modelo — com piso encerado e reluzente cor de cereja, flores nas janelas limpas, meninas decentes de famílias da *nomenklatura* (inclusive do Comitê Central do Partido).

Mas da minha parte ficou tudo como antes — catarro, meias rasgadas e comportamento selvagem (Elizaveta Gueórguevna, minha professora das turmas de primário, me deixava na primeira carteira para me cortar na hora, ali mesmo, no lugar, com um grito cruel ou diretamente com a mão, se não adiantava).

Eu nunca fazia as lições, ficava lendo na biblioteca até as oito da noite, e depois no centro de propaganda, aberto até as nove: lá havia um armário de livros e revistas *Ogoniok* e *Krokodil*. Isso no inverno. Quando começava a primavera, sem passar em casa e largando a pasta no asfalto, eu brincava com o pessoal no pátio de corrida (ou circular), de *laptá* e de cossaco e bandido — ou depois da escola corria para o monumento a Dolgoruki, para pular corda: ali se reuniam todas as meninas da praça Púchkin. Eu esperava minha mãe sair do trabalho. Não queria ir para casa. Lá estava meu solitário avô, expulso do trabalho. Às vezes ele gritava impotentemente, xingava.

Eu quase só tirava notas dois. Só recebia nota cinco em canto, leitura e desenho.* Mas mesmo assim dava um jeito de

---

* O sistema de notas russo vai até cinco.

passar de ano. Lembro que me perguntaram sobre o artigo de Lênin "Tarefas das Uniões da Juventude", no quarto ano, na aula de história. Comecei a inventar e tanto inventei que descolei um três. Disse que era "estudar", mas para acertar eu devia ter repetido a palavra três vezes, como Lênin. Eu fazia os deveres de casa nos recreios. Copiava as tarefas. Nos ditados tirava quatro (por causa da sujeira).

Mas, na primeira aula de canto na nova escola, a professora, uma linda mulher russa com o cabelo preso em coque na nuca e xale de renda, perguntou: "De quem é essa voz de rouxinol?". Na época eu desenhava como agora, primeiro foi uma jarra de vidro. Fazia retratos. Estava sempre no jornal mural. Cantava em todos os espetáculos liderando nosso coro de gatos, todos miavam como podiam, e eu me esgoelava por eles. A situação não havia mudado, eu era desnecessária como pessoa. Tinha uma amiguinha, mas era considerada a última em seu séquito. Além disso, sempre me lembrava de que tinha uma cobra na barriga, ou estava grávida.

No que se refere aos parentes que tínhamos, eles não falavam muito conosco. Eu e mamãe éramos os parentes pobres, a família de inimigos do povo. Quando puseram minha mãe no hospital, quem me pegou foi uma tia dela, Vera Ilínitchna; eu a amava muito (é a Lika na peça *Coro moscovita*). É um eterno problema, viver entre pessoas que não precisam de você.

Meu pai, esse eu só vi de verdade aos treze anos, e só uma vez... ele nos convidou para ir a um restaurante, deu-me uma caixinha de balas Krasni Mak e pediu a minha mãe que retirasse o pedido de pensão alimentícia. "Eu mesmo vou lhe pagar, senão pega mal com os outros, sou secretário de uma célula do Partido." Dois meses depois passamos a receber uma pensão duas vezes maior, meu pai foi dar aulas na China...

Ele tampouco precisava de mim.

Restava cantar, desenhar, dançar, atuar em espetáculos, escrever poemas e redações. Porém, isso não era valorizado na sociedade das crianças.

Campainha-branca

Eu andava atrás de Govorova, isso foi no quarto ano. Govorova tocava "Campainha-branca", de Tchaikóvski, no piano. Ela representava meu sonho encarnado, sabia tocar, estudava música. Eu, como um peixinho feroz, seguia por toda parte aquele peixe gordo e maravilhoso que era Govorova, uma menina com trança cor de trigo e olhos claros e azuis, apesar de pequenos.

Era uma espécie de psicose, e ainda por cima contagiosa. Depois de mim, quem quis fazer amizade com Govorova foi Lenka, uma criatura também gorda, mas com cabelos pretos e exuberantes. Lenka se sentava atrás de Govorova, e eu, duas carteiras à frente. Lenka a distraía o tempo todo. Para falar a verdade, Govorova não estava pronta para aquela adoração, era do tipo menininha da mamãe, sempre com boas notas, tranquilamente rosada, branca e rosada como uma maria-mole, com aquelas tranças que ela jogava com um movimento suave ora uma, ora outra atrás das costas. Aquele modo de existir da menina e de suas grossas tranças amarelas era especial. Enlaçando com os dedos gordinhos aquele açoite de trigo, Govorova mexia um ombro para a frente e com muita tranquilidade punha sua trança atrás dele. Todas as meninas andavam assim, balançavam para trás e para a frente ora um ombro, ora outro, e voltavam a cabeça orgulhosamente ora para um lado, ora para outro. Lenka também tinha tranças (assim como eu), mas elas estavam sempre meio eriçadas: seus cabelos pretos e ásperos caíam por todo lado. Eu tinha trancinhas simples, finas e clarinhas, presas como uma cestinha atrás das orelhas. Eu ainda era pequena. E Lenka já era crescida. Sua boca era uma caverna de fogo, um instrumento especial, rodeado por lábios grossos, eternamente rachados, ressecados até formar uma casca, ardendo; sua boca estava sempre aberta, com o queixo inferior pendente.

Lenka respirava pela boca, também como um peixe, como uma espécie de peixinho dourado, e seguia Govorova com os olhos onde quer que ela estivesse.

Minha terrível atração por Govorova possuía apenas um objetivo prático: sentá-la ao piano no salão do quarto andar para que ela tocasse "Campainha-branca"! Eu era louca por Tchaikóvski, por aquela "Campainha-branca", e ainda gostava muito de "Troika", também de *Quatro estações*. Govorova tocava com seus dedinhos gorduchos, não muito longos, dedilhava as teclas. E eu ficava de pé ao lado, petrificada, como um cão de caça, olhando a partitura. Para mim, as notas eram inúteis, mas ali também havia texto impresso, e eu tentava cantá-lo: "Flor da campainha--branca, azul e pura, ao lado da brisa da última neve" — ou seja, eu considerava aquilo a letra da música, mas Govorova me repreendia dizendo que não, não era a letra. Eu dizia "Mas veja só", e Govorova sarcasticamente crispava os lábios em seu tranquilo rosto surpreso e parava de tocar. Então começava a verdadeira tortura. Eu via impotente enquanto ela fechava a tampa com cuidado, levantava-se, jogava as tranças uma atrás de um ombro, outra atrás do outro, e depois levava a mão gorducha para baixo das costas, conferindo se estava tudo bem com a parte de trás do vestido (ela tinha esse hábito), para então sair com sua partitura.

Todo o meu plano de cantar "Campainha-branca" estava implicado na palavra "ensaio". Como de hábito, planejávamos para o fim do ano algum espetáculo com os melhores da classe, e Govorova, como a melhor pianista, devia sem falta tocar. Já eu devia cantar, e o truque estava em que o canto e o acompanhamento acontecessem ao mesmo tempo. Eu tinha o direito de ensaiar, por isso arrastava Govorova para cima, para o salão de apresentações, para o piano. Minha amiga Natacha Korovina, com o resto dos esportistas da turma, sob a ordem de "Fa-ça!", formava a chamada "pirâmide", ou seja, escalava com joelhos e ombros os que estavam de pé embaixo e iam se empilhando, e todo aquele ajuntamento de pernas e braços congelava por um instante em alguma apoteose assimétrica. Lariska Móreva lia uivando "Você conhece a noite ucraniana?", de Gógol, eu interpretava em francês a fábula de La Fontaine "O corvo e a raposa". Depois, em coro e totalmente descoordenados, berrávamos o hino revolucionário A *Marselhesa*, também em francês ("Toda a turma canta!", proclamava a condutora Lariska, também uivando. Ela fazia aulas de declamação artística no acampamento dos pioneiros, e eu a desprezava por sua maneira de ser.)

Graças a isso, decorei para a vida toda os dois textos em francês, e uma vez, inesperadamente, decifrei uma linha do diário secreto de Púchkin, muito tempo mais tarde, em Koktbel. Fora escrita abreviada e em francês, e nela havia uma palavra de que eu me lembrava bem de minha infância dividida. Mas tudo bem, é um segredo de Púchkin, vou guardá-lo.

Mas naquela época estava marcada por Tchaikóvski, provavelmente porque para mim ele era inalcançável — eu não estudava música e não tínhamos piano em casa. Que piano o quê!

Eu e minha mãe não tínhamos nada além de um colchão. Mas eu era obstinada em minha vontade de cantar "Campainha-branca" com a letra — uma iniciativa ousada, aliás.

Govorova, uma menina prática que, na escala de patentes, estava bem mais para cima (ótima aluna e filha de um trabalhador do Comitê Central do Partido Comunista, e ainda por cima monitora), reagia negativamente a meus pedidos. Ela se sentava bem no meio da sala, ao lado de outra ótima aluna, Mílotchka. Era um posicionamento justo, e a lâmpada central iluminava aquelas duas cacholas trabalhadoras — Govorova tinha uma testa de bezerro, proeminente, com duas saliências, e a de Mílotchka era clara, como uma cúpula brilhante sobre as sobrancelhas — agora eu diria que tinha leves entradas.

Eu me sentava em frente à mesa da professora, na primeira carteira, como alguém que precisa de controle constante, e ao meu lado encontrava-se uma menina quietinha, sem sal, com tranças cor de linho, a Vália. Era uma cópia pálida e desnutrida de Govorova, e na família dela havia uma infinidade de crianças. Elas moravam nas alas de um palácio incrivelmente belo, quer dizer, era um palácio de verdade, dividido em quartos. A família de Vália morava em um quarto, num pedaço isolado de um enorme salão com duas filas de janelas. O pé-direito chegava a uns dez metros, e no alto o inventivo pai da família havia construído uma escada e uns leitos de madeira; de lá sempre pendiam cachos de mãos e pés de crianças, olhando para baixo, como nos forros das casas no campo (crianças parecem gatos, adoram se enfiar num lugar alto e ficar lá, ou embaixo, sob uma mesa, e também se encaramujar, como já falei).

Agora é de novo um palácio no começo da rua Petróvka, à direita, descendo dos portões Petróvski, para quem vem do bulevar.

Eu e Vália não tínhamos sobre o que falar. Ela era muito quieta. Não sabia tocar piano. Não tinha nenhum valor para mim. Era uma aluna mediana com cabelos cor de linho e olhos azuis como campainhas-brancas. Vália tinha tranças, mas também eram murchas, de linho, sem cor, castanho-claras, e não grossas e cor de trigo como as de Govorova.

Todas as minhas intenções estavam concentradas naquela maldita pianista, nossa monitora, que não queria de jeito nenhum me acompanhar.

Por isso, muitas vezes eu me voltava e olhava para Svetlana Govorova ameaçadoramente. Mandava para ela bilhetinhos dizendo: "Vamos ensaiar no intervalo". Ela inclinava calmamente a testa clara e proeminente como a de um bezerro sobre os cadernos e em resposta nunca fazia uma careta, não apertava os olhos. Não reagia. Em geral, em seu rosto ou havia uma infinita tranquilidade ou florescia um sorriso discreto, quieto, claro. Não se observava nenhuma outra mímica. Que criatura estranha! Além disso, ela só tirava as melhores notas. Ou seja, para ela não existiam dificuldades.

Eu tirava dois e nunca fazia o dever de casa. Dois em aritmética, dois em história.

Eu e minha mãe às vezes não dormíamos à noite, e em vez disso simplesmente saíamos para a rua quando o vovô estava gritando demais.

Na escola era tudo limpo, com pisos vermelhos reluzentes e encerados, flores nas janelas, meninas com aventais limpos. Em casa, como já escrevi, dormíamos debaixo da mesa, em companhia de multidões de percevejos ferozes que, assim que a gente pegava no sono, saíam dos livros...

Mas quando uma pessoa tem um objetivo, nada mais existe para ela. Eu delirava com Tchaikóvski. Porém, aquela maldita Svetlana só tocava "Campainha-branca", nem "Troika" ela queria tocar.

Nossa professora, a linda Elizaveta Gueórguevna Orlova,

parecida com a atriz Vera Maretskaia, sempre seguia a turma vigilantemente, controlava a todos com severidade e me disciplinava, tentando me conter ao menos um pouco. Eu me sentava debaixo do nariz dela. Quando todos deviam escrever, eu era a que mais precisava ser vigiada: Elizaveta Gueórguevna prestava uma viva atenção ao meu caderno.

Eu a amava com devoção. Eu a idolatrava. Às vezes, sonhava que já tínhamos terminado o quarto ano e ela ia embora. Acordava com lágrimas nos olhos.

Acho que, à sua maneira, ela também me amava. Mas nunca demonstrou.

Acontece que os professores rígidos deixam marcas muito mais importantes na alma do que os brandos e bondosos.

Em dezembro, os ensaios se tornaram mais frequentes. Nossa escola de destaque estava se preparando para o Ano-Novo. Teríamos que prestar contas com o espetáculo da turma. Os melhores foram empregados naquilo. Agora, eu era acompanhada por nossa professora de canto, uma linda mulher, gorda, com a trança em volta da cabeça e um xale branco de renda. Ela era tão cheia e lenta quando Govorova, porém muito mais altiva. Olga Mikháilovna perguntou para mim, a primeira cantora do coro da turma, o que eu ia cantar. Falei "A pátria está escutando", apesar de querer dizer "Campainha-branca". Certo.

A pátrrria está escutando,
A pátrrria sabe,
Onde nas nuvens voa seu filho...

Eu me derramava nos ensaios.

Depois das aulas eu não ia para a casa na rua Tchékhov, e sim para a travessa Stolechnikov, onde, depois de algumas noites insones (vovó esbravejava) mamãe havia alugado uma cama na casa de um alfaiate decente e sóbrio.

Ele tinha uma área habitacional separada: uma cozinha e um quarto, com uma enorme janela de vitral em todo o apartamento. Parecia que antes da Revolução era o estúdio de um artista, foi o que depois entendi ao passar repetidas vezes muitos anos depois debaixo daquele lugar maldito. Mas, naquele momento, numa cama grande, exatamente em frente à janela, dormia o alfaiate com a mulher e o filho, na caminha infantil à direita da janela, e perto da porta dormia a filha do alfaiate, que tinha tracoma, uma doença contagiosa nos olhos; suas pálpebras ficavam cheias de pus e como que cortadas, machucadas. Por isso eles haviam comprado uma cama separada para ela.

Eu e mamãe passávamos a noite numa tarimba estreita ao longo da parede em frente à menina, com os pés virados para a família do alfaiate. Eu via perfeitamente tudo o que acontecia ali. A mulher do alfaiate às vezes resmungava de manhã: "Me deixou toda esfolada". Então tirava das calças algum trapo ensanguentado e examinava. A velha Lídia sempre ia visitá-la, era uma prostituta vizinha, pequena, seca e beberrona. Quando eu aparecia na cozinha, ela, não sei por quê, sempre falava cuidadosamente a mesma coisa, "14 mil". Lidka e a mulher do alfaiate cochichavam algo naquela cozinha atrás do vitral belo e embaciado, iluminadas pelas cores dos desenhos da janela pré-revolucionária, então escondiam uns pacotes leves, apesar de densos; levavam uma forma de vida oculta de mim.

O próprio alfaiate costumava receber o cliente, tirava as medidas de forma altamente profissional, anotava tudo, pegava um adiantamento e o corte para "três peças", ou seja, tecido para um terno com um colete, e assim que o cliente saía ele levava o corte para algum lugar, vendia, bebia nos primeiros dias até perder a consciência, depois se escondia e ia se desembriagando. A esposa habitualmente chorava. Os clientes davam medo, batiam na porta, só faltavam vir com um machado. Tínhamos recebido ordens de não abrir.

Era sempre a mulher do alfaiate que recebia de nós o dinheiro pela cama.

Stolechnikov era havia séculos um ninho de libertinagem. Ali, secretamente, como nossos percevejos, se escondiam aos montes nos pátios traseiros famílias de prostitutas, em que todas — das velhas às meninas — ganhavam dinheiro rastejando para fora à noite. O poder soviético não podia fazer nada a respeito. Não havia artigos sobre prostituição já que, segundo as estatísticas, ela não existia em nossas terras.

Mamãe ficava no trabalho até a noite. Eu ia da escola para o apartamento do alfaiate. E então começaram a acontecer várias situações desagradáveis.

O filho do alfaiate era mais velho do que eu, pequeno e ágil, e em sua cabeça, pelo visto, surgiam diversas possibilidades. A menina ainda era pequena e ficava brincando em silêncio com a boneca, levantando a cabeça de tempos em tempos e olhando através das cicatrizes dos olhos que se juntavam. A mãe dela havia saído para cuidar de suas coisas, continuava levando os mesmos pacotes, que nunca desembrulhava. Acho que ali havia maconha. Às vezes, ressoando as botas, a polícia subia até nós, no terceiro andar, recebia algo da mulher do alfaiate e, retumbando ao descer, desaparecia. Já o alfaiate, provavelmente alertado por eles, havia passado para o último estágio da vida e picado a mula, escondendo-se dos clientes em outros lugares. Lidka, bêbada, sempre aparecia e conversava comigo carinhosamente. Eu tinha uns onze anos.

Uma vez, não sei por quê, não havia ninguém em casa. De

Travessa Stolechnikov no fim dos anos 1940 ou início dos anos 1950.

repente chegaram duas meninas e um monte de rapazes junto com Iurka, o pequeno dono da casa. Estavam conversando alegremente e então me propuseram ir com eles para a casa vizinha, para olhar algo.

— Você vai ver — disseram as meninas mais velhas. — Ah, vai ver! Lá tem passarinhos, sabe?

Fiquei lisonjeada com aqueles quase adultos me convidando.

Fomos amigavelmente num grande grupo, as meninas me seguravam pela mão dos dois lados, como minhas melhores amigas. Eu nunca andava daquele jeito, de mão dada. Ríamos.

Era uma espécie de vida nova, completamente diferente. Era a primeira vez que eu os via. Mas achava que ia fazer amizade com eles, que iríamos para todo canto juntos... Até então, nunca ninguém havia cuidado de mim daquela maneira.

— Para cá! Vamos para cá! Traga-a também! Deixe-a ver! Venha, venha! — diziam, olhando para trás, os meninos grandes, entre os quais às vezes surgia Iurka, baixinho e usando um solidéu bordado.

Eles precisavam de mim!

Saímos na rua Petróvka e ali mesmo viramos à direita na primeira portaria da esquina, atrás do restaurante Krasni Mak.

Era uma escada apertada, meio escura.

Eles subiam em bando, quase sem olhar para trás, mas rindo baixinho um para o outro. Uma risada que saía sem querer e meio abafada. Atrás deles íamos eu e as meninas. Uma me levava pela mão, outra fechava o cortejo.

Enquanto isso os da frente chegaram ao último andar e foram ainda mais alto, para a plataforma na frente do sótão.

Comecei a tirar a mão devagarinho.

— Para cá, para cá — disse a menina me tranquilizando. — Já, já.

— Você! Vamos! — Um rapaz debruçou-se no peitoril, dirigindo-se a não sei quem. Talvez à menina que vinha atrás.

Fiz um aceno para ela com a cabeça e abri caminho; ela subiu acima de mim no degrauzinho. Estava escuro. A luz vinha só de baixo, da plataforma.

Em cima gargalhavam grosseiramente.

A menina de cima ainda segurava minha mão.

Então comecei a ter dúvidas, a sentir que estava abafado e apertado, até fiquei meio enjoada, escapei da mão suada da moça e me mandei para baixo.

Por algum motivo eles não me perseguiram, provavelmente ainda não tinham pensado o que fazer em casos como aquele, e saí para a rua livremente.

Já estava escurecendo.

Não podia voltar para a casa do alfaiate antes de minha mãe voltar.

Caminhei para a rua Stanislávski, virei à direita no pátio de passagem, dobrei na entrada alta.

Subi para o segundo andar por uma ampla escada de mármore.
E me sentei num degrauzinho debaixo da porta.
Era o apartamento onde morava minha amada Elizaveta Gueórguevna Orlova, a professora, com o marido oficial do Exército e dois filhos.
Escondi-me ali por muito tempo. Graças a Deus, ninguém saiu do apartamento.
Cheguei na casa do alfaiate já perto da noite. Mamãe estava sentada na cozinha, esperando. Comemos e entramos com cuidado no quarto, quando todos os senhorios já estavam deitados. Iurka, como sempre, perto da porta. Ele estava encolhido e não levantou a cabeça.
Como todas as crianças pequenas, eu tinha medo de contar para minha mãe meus medos secretos. Mas passei a noite chorando e a convencendo a voltar para a rua Tchékhov.
Eu sabia que eles não me deixariam em paz.
Agora entendo que aquela tribo crescia sempre treinando novas pequenas fêmeas no ofício. Não era à toa que as duas meninas estavam indo para cima, para o sótão.
Quem nos esperava no sótão, não sei. Quem pagou estava esperando. Lidka não ia nos visitar sem motivo, e, ao me ver, reafirmava a senhoria dos 14 mil. Era uma quantia enorme naqueles tempos.
Eu e mamãe voltamos com os lençóis, o cobertor e a mala, e subimos no trólebus como refugiadas. Chegamos, tocamos a campainha. Depois de um longo silêncio, o tio Micha Chilling, nosso vizinho, saiu ao ouvir a campainha, baixando a trava de madeira da porta. Trocamos cumprimentos, seguimos quietas pelo corredor, com medo dos vizinhos, abrimos sem ruído nossa própria porta e entramos no quarto repleto de fumaça de Belo-

mor. Vovô fumava, cuspindo às vezes, calado. Uma luzinha ardia no escuro.

Muito recentemente ele fora demitido de todo lugar. Gritava em fúria à noite, batia com o punho na parede. Não tinha pelo que viver, para onde ir.

Bem quietinhas nos esgueiramos para nosso lugar debaixo da mesa, e ali, curvando-nos, estendemos os lençóis e nos deitamos... Era bom estar em casa.

No Ano-Novo tínhamos o espetáculo da escola, e eu, com laços marrons (havia lavado as fitas e enrolado num cano do aquecimento), subi ao palco do salão de apresentações diante de todas as turmas de quarto ano. E não me preocupei nem um pouco.

— A *pátrrria está escutando!* A *pátrrria sabe!*... Com que dificuldade seu filho triunfará!

Depois Govorova tocou "Campainha-branca", e eu, obsti-

Início da primavera (detalhe de cartão-postal antigo).

nadamente, ainda que em voz baixa, de toda forma cantei minha música principal, parada de lado nos bastidores:

— *Flor da campainha-branca, azul e pura, ao lado da brisa da neve primaveril... As últimas lágrimas de uma dor passada e os primeiros sonhos de outra felicidade...*

E ali estava toda a questão. Os primeiros sonhos. É disso que falava. Eu não conseguia me controlar, sufocava em lágrimas, engolindo o muco. Primeiros sonhos. Nossa vida miserável.

Groselhas verdes

A mãe levou a menina para um sanatório para crianças debilitadas e a deixou lá.

Era outono, e a casa de troncos, com dois andares e galerias ao longo dos quartos do segundo andar, ficava na margem de um grande lago, como várias propriedades senhoriais.

Ao redor se estendia um parque outonal com aleias, clareiras e casas. Depois da fuligem da cidade, o cheiro das folhas caídas era embriagante. As árvores estavam justamente adornadas de dourado e cobre sob o céu azul-escuro e denso.

No quarto das meninas havia um piano, um tesouro inesperado; as felizardas que sabiam tocar o faziam, e as infelizes que não sabiam tentavam aprender.

Essa menina era eu, uma criatura de doze anos, e literalmente obriguei Betti, que sabia tocar, a me ensinar. No fim das contas consegui decorar a musiquinha "As senhoras andam de bicicleta", a mão esquerda oscilando entre duas teclas afastadas uma da outra na exata distância dos dedos abertos — o polegar e o mindinho (entre o dó e o sol) —, e a direita, sob a batida rítmica (dó-sol, dó-sol), criava a melodia, o brilho.

O piano era a primeira coisa sobre a qual nos atirávamos no *dortoir*.

A menina havia ido parar justamente numa propriedade com colunas, teto alto, e o *dortoir* havia sido montado num salão. Parece que depois da Revolução aquela propriedade fora dada para os filhos dos trabalhadores, os filhos tuberculosos dos trabalhadores, mas no momento em que a menina chegou ao quinto ano tudo já estava misturado havia muito tempo, e todas as crianças eram filhas de trabalhadores, moravam igualmente em apartamentos comunais, andavam de transporte lotado e comiam em refeitórios onde faltava lugar, de forma que era preciso fazer fila para cada cadeira com alguém comendo. Saíam filas, entrecruzando-se, de todas as mesas, quatro raios de quatro cadeiras, que se trançavam entre si; filas famintas que seguiam cada colher, orientadas para a queda dos que estavam sentados como num bar, e aqueles convivas, depois de finalmente conseguir se sentar, não tinham nenhuma pressa. Todos eram trabalhadores, todos faziam fila para pão, batata, botas, calças e muito raramente por algo luxuoso como um sobretudo.

Era preciso esperar na frente da porta do apartamento fosse para ir ao banheiro, fosse para tomar banho; no ponto de ônibus também era preciso esperar, e ainda por cima com uma multidão, e não necessariamente os primeiros entravam no transporte recém-chegado, às vezes os de trás se revelavam mais fortes e pisavam nos pés dos outros, privando os fracos, que haviam chegado antes, da pequena vantagem dada pela fila justa.

A fila é a justiça encarnada, e a fila havia chegado até a menina inscrita pela mãe num dispensário de tuberculose, a admissão na escola florestal (era assim que se chamava o sanatório).

E eis que, depois de deixar as esfumaçadas ruas de Moscou

Isso é 1948, logo depois do meu retorno do orfanato. Estou vestindo uma blusa nova com botões de vidro! Minha mãe trançou meu cabelo e pagou um estúdio de fotografia. Mas nós continuávamos sem teto.

e a escola do bairro, a menina, acompanhada pela mãe, foi de bonde elétrico com sua mala para a escola florestal, onde o quarto com piano se chamava *dortoir*, onde no refeitório havia toda uma fileira de colunas dos lados e, acima, coros, ou seja, galerias (era um salão de baile).

Não vou começar a descrever como era essa menina de doze anos externamente. Como se sabe, a aparência mostra muito, mas não tudo; pode mostrar, por exemplo, como uma pessoa come, anda e fala, e o que ela fala, como responde ao professor ou como corre no parque, mas não pode, de jeito nenhum e para ninguém, dar a conhecer como transcorre sua vida interna; ninguém consegue adivinhar nem tem poder para julgar uma pessoa por sua manifestação externa. Por exemplo, um criminoso também mantém uma conversa interna constante consigo mesmo, uma conversa para se justificar, e se alguém a escutasse, se a escutasse! Dentro daquela menina normal, comum, de doze anos, a conversa acontecia de maneira incessante, o tempo todo era preciso decidir o que fazer, literalmente a cada minuto — como e o que responder, onde ficar, para onde ir, como reagir. Tudo com um objetivo muito importante: salvar-se, não apanhar, não se meter em briga, não ser substituída.

Uma criança de doze anos não tem forças para dar conta de sua natureza desenfreada, cuidar de si e ser um exemplo de comportamento, organização e silêncio. Faltam forças, e a criança perde os freios, corre, grita, a meia se rasga, as botas se molham nas corridas pelo parque outonal já molhado, a boca não se fecha, um grito sai de sua caixa torácica porque está acontecendo uma brincadeira de pega-pega ou de cossaco e bandido. Na escola também, no recreio, a correria pelos corredores, os cabelos desgrenhados, o nariz escorrendo, as brigas, uma beleza.

Uma criança sem a mãe deve ela própria cuidar de si — ao menos não perder os objetos, vamos começar por aí, para ter com o que atravessar o parque para chegar à escola, e não acontecer de uma meia estar num lugar e ela ter que ficar procurando e procurando a outra por todo o *dortoir*. Sumiam primeiro os lenços, a luvinha (direita), o cachecol; ela passava muito tempo procurando o gorro, sem falar de lápis, régua e borracha, sumidos. Em pouco tempo ninguém na turma tinha tais objetos.

A menina até fazia planos de escrever uma história sobre o país das coisas perdidas, sobre para onde vão todos os pentes (sim, ela também perdia pentes), fitinhas de tranças, grampos, canetas-tinteiro, lápis e assim por diante. Daquele país não havia volta, assim seria a história.

Mas eis que a menina, depois de espalhar por ali todas as suas coisinhas, não conseguia viver sem lápis, borracha e régua, sem pente, fita e grampo, e escreveu uma carta para a mãe, querida mamãe, como vai?, eu estou bem, mande para mim: e toda uma lista.

Assim a criança, como Robinson Crusoé, devia se abastecer do que era necessário, mas na administração dos pertences ainda havia uma lacuna: ela havia perdido uma galocha. Galocha é coisa séria, sem ela não se podia ir ao prédio das aulas pelo caminho molhado, entre poças de barro, não se passava, e não deixavam entrar no refeitório com botinas sujas. Por enquanto, a professora Galina Ivánovna lhe dera uma galocha grande, e, batendo e arrastando, a menina andava atrás de toda a turma como uma renegada, uma alma pecadora, com galochas diferentes. Enquanto a mãe não mandava um par novo.

Eu era uma menina de beleza mediana, e ainda tinha aquela panela colossal que ficava batendo, com a qual era preciso escorregar no barro por duas semanas, para lá e para cá, para o edifício da escola, o dormitório e o do refeitório.

Para mim era muito importante ter uma aparência decente, para uma menina de doze anos isso não é brincadeira! Na turma mais velha, do sexto ano, havia o pequeno Tólik, da minha idade, meia cabeça mais baixo e de uma beleza extraordinária. Olhos pretos abrasadores, como estrelas, um nariz pequeno, com sardas no alto, cílios volumosos e um riso constante — malicioso, como um sedutor.

A menina era alta para ele, mas a atração daquele jovem Hermes, deus dos ladrões, distribuía-se igualmente por todos. Ele irradiava sua energia como um pequeno reator, sem um sentido definido, um endereço, por cem metros ao seu redor. Acima de tudo, Tólik parecia um diabinho com o rosto dourado, um resplendor o acompanhava por todo lugar, e ele também vivia rodeado de meninos da turma, sempre no centro, perigoso como uma flecha venenosa que queimava todos os olhos. Basta dizer que, quando ele aparecia no refeitório, a parte do salão onde estava sua mesa se iluminava, a menina ficava extraordinariamente feliz, Tólik chegou; os olhos dele se ampliavam como se estivessem sob uma lente de aumento, esquadrinhavam aquele reino onde Tólik era o príncipe, todas as cabeças se voltavam para ele, como girassóis para o sol, ou era só o que achava a menina alta de doze anos, a menina de uma só galocha, que arrastava pela aleia a segunda galocha, de outra pessoa, como se estivesse acorrentada, regularmente, para lá e de volta, para o café da manhã, para as aulas, o almoço, o *dortoir*, o lanche e assim por diante. Uma lesma cuja sola do pé se arrastava, eis o que era aquela menina que havia recebido um espinho bem no coração, no coração em volta do qual crescera um inchaço do tamanho de uma groselha graúda.

Em todos, todos os meninos e meninas mais velhos do sanatório infantil, do quinto e do sexto ano, crescia aquele inchaço, e certa vez no vestíbulo do prédio principal onde ficava o refeitório, nas portas altas, quando eu estava tirando a segunda galocha, a normal, apareceu para mim o raio claro de Tólik; ele entrou, e sobre ele avançou ali mesmo algum amiguinho e sem querer empurrou seu peito com as mãos.

— Ai, ai! — começou a gritar Tólik de um jeito bobo e lânguido. — Ai! No peito dói, idiota!

Ele mantinha a mãozinha sobre o mamilo esquerdo. Em seu rosto resplandecia um sorriso diabólico.

"O dele também, o peito dele também dói!", gritou para si a menina. "Quem diria?! Não é só o das meninas! Não é só o meu!"

Tólik claramente voltou sua atenção para mim, algo se manifestou no fato de que o raio de sua atenção se fixou nos meus olhos. Eu devia estar olhando para ele, e era possível ler claramente em meus olhos o que eu estava pensando, algo importante; Cupido quis ler aquele pensamento e já o interpretou em seu proveito. Mas os meninos que haviam avançado num instante arrastaram seu ídolo para o refeitório. Foi assim que nossos olhos se encontraram da primeira vez.

Meu pensamento podia ser lido simplesmente assim: "Será que o peito DELES também inchou e está doendo?".

O fato de que Tólik sofria me levou ao êxtase. Fora revelado que ele era simples como eu! Tinha o mesmo organismo! Passava pelos mesmos estágios! Éramos como girinos!

A menina pôs-se a caminho do refeitório como que fascinada, sendo que toda a escola já estava almoçando (era preciso arrastar aquela galocha, e ela acabava ficando muito para trás em relação a todos).

O coletivo não gosta quando alguém se comporta de forma isolada, estranha, atrasa, não se veste direito. O coletivo — e a menina fora educada em coletivos desde o jardim de infância — pune severamente. Zomba, bate na cabeça, belisca, dá uma rasteira, tira o que pode dos fracos, provoca. Dá um soco direto no nariz, faz sangrar. Ri com selvageria ao ver uma galocha grande. Rouba tudo (o país das coisas perdidas!).

Com o coletivo, a hidra dos cem olhos, é preciso ser cuidadosa, ter muitos recursos, saber como evitar armadilhas. Não se pode confiar seus pensamentos a ninguém. Se alguém os reconhece, é o fim, conta para os outros imediatamente. Todos riem de você pelas costas.

Não se podia nem comer em segredo sua encomendazinha de casa, da mamãe, uns pães de mel endurecidos. Sua fominha! (Os outros não eram fominhas.) O sentimento de propriedade fora eliminado dela para sempre. Entregue tudo!

No verão, no acampamento de pioneiros, era ainda pior, porque nenhum dos adultos observava as brigas. Alimentar todos, pôr para dormir e acordar, essa é a lei de quando há muitas crianças, não se cuida de detalhes.

Já na escola florestal as turmas eram pequenas, não havia muitas crianças. O parque, as colunas, os pianos e o isolamento da tuberculose tornavam os educadores cuidadosos com as crianças. Os educadores também estavam doentes, mas não corriam risco de vida. Vários andavam de colete por causa da tuberculose óssea. Por isso muitos eram professores ali, longe das pessoas, ao ar livre. Pedagogos estranhos, inteligentes, incomuns, retirados do mundo para ficar naquele parque, em palácios com colunas, numa região de céu cristalino, escuridão à noite, raras luzinhas por entre os troncos das árvores altíssimas.

Por causa da galocha havia ocorrido uma desgraça, a menina se tornara uma pária, a última da classe. Ela arrastava os pés atrás de todas as meninas, ficava para trás sozinha, riam dela abertamente.

No fim da segunda semana, numa noite de outubro, quando depois do jantar um grupo se demorava no parque a caminho do *dortoir*, a menina se retardou muito em relação às outras, corria com as galochas muito atrás, ali já vinham os meninos, e sem a professora.

A menina se viu entre os meninos.

Como lobos instintivamente cortam o caminho de uma criatura, juntam-se num nó em torno da vítima, eles de repente pararam em frente à menina no mato crescido da trilha, barraram o caminho, sombras indistinguíveis no escuro.

A menina virou e viu que mesmo os que estavam atrás, como que movidos por alguma adivinhação, se concentravam e diminuíam a velocidade, aproximando-se lentamente.

Como se eles todos tivessem sidos tomados pelo mesmo sentimento, o raciocínio grupal de caçadores que faz de todos um organismo único, mistura-os num bando sobre um cadáver.

É uma breve adivinhação instantânea, frenética, próxima, que não olha adiante, não reflete sobre o futuro. Há uma presa agora, ela se move, é preciso detê-la, agarrá-la. Todos intuíam a mesma coisa.

O que se passava por suas cabeças de doze anos, por seus corações ainda vazios, por seus organismos imaturos, por suas groselhas verdes ao redor dos mamilos era o mesmo: um sentimento de acuamento coletivo, tinham de agarrar!

A menina estava na escuridão das árvores, no círculo, no centro da orla do bosque. Ao longe, muito distante, na beira do campo estavam as luzes dos dormitórios, ali ainda cintilavam as figurinhas das meninas que saíam. Sãs e salvas, em completa segurança.

Comecei a gritar para elas. Soltei um berro selvagem. Eu gritava como um clarim, como uma sirene. Era um ganido de terror, ininterrupto, ainda que as lágrimas inundassem a garganta.

Os meninos, os que estavam na frente, aproximavam-se, davam risadinhas. Seus rostos, com um sorriso tonto, eram visíveis. Eles erguiam os braços, preparando-se para agarrar.

Eu estava parada e enviava meu grito para as meninas.
Vi que as figurinhas distantes começavam a olhar para trás: as meninas correram para a frente.
Os meninos se juntavam. Depois — por toda a vida — reconheci aquela máscara do sorriso sem sentido, pérfido, de um risinho involuntário e furtivo, para si, quando ninguém vê.
Os dedos deles se agitavam. É possível que naquele momento suas groselhas estivessem inchadas.
Gani ainda mais alto. Estava disposta a vender caro minha vida.
O que eles podiam fazer comigo?
Eficientemente, como um grupo de cirurgiões que se orienta pelo sentimento de necessidade ou apenas pelo instinto ao ver uma vítima, eles, como resultado, precisariam despedaçá-la literalmente com as mãos e enterrar os restos, já que depois seria preciso esconder o resultado da caçada. Depois de ter feito tudo o que podiam fazer com uma pessoa viva que se tornara sua propriedade. Em suma, isso se chama "escárnio".
Por enquanto, o desejo deles era tapar minha boca com o que fosse.
Mas algo impediu todos à distância de dois metros. O círculo não se fechou mais. Eles estavam esperando. Saí em disparada e, gritando loucamente, corri a toda a velocidade através do círculo deles para a liberdade, para o campo.
Perdi a galocha, voei como um turbilhão e alcancei a última das meninas ainda perto das portas do prédio.
Ela andava, com o mesmo sorriso sórdido, e teve que se virar ao ouvir meus passos. Entrei correndo na casa, banhada em lágrimas, nariz escorrendo, mas ninguém perguntou por que eu berrava tanto. De alguma maneira elas haviam entendido, também haviam passado pelos tempos sombrios das cavernas, cada uma era descendente de uma captura e uma caçada daquelas. As

165

crianças entendem a vida e aceitam com facilidade suas regras simples. Elas estão prontas justamente para a existência nas cavernas. Elas se corrompem com uma facilidade terrível, voltando para aquela antiga forma de vida, sentadas em bando na frente do fogo, com a comida coletiva em partes iguais para todos, mais para o líder, menos ou nada para os últimos e mais fracos. Com fêmeas coletivas. Sem cama, sem louça, comer com as mãos, dormir onde estiver, fumar juntos, beber também, uivar juntos, não ter nojo dos outros, de sua saliva, de suas secreções, de seu sangue, usar a mesma roupa.

Naquela noite todas as meninas ficaram caladas, ninguém me falou nada. Como se tivesse acontecido algo importante, necessário a todos, justiça tivesse sido feita, todos estavam aliviados.

Elas ainda não sabiam que eu tinha escapado.

O que aconteceria se o círculo houvesse se fechado sobre a menina, se ela tivesse ficado deitada ali, debaixo das árvores? O bando teria se amontoado. Teria olhado com avidez. Estaria disposto a devorar o cadáver com os olhos.

O que teria acontecido se ela tivesse voltado viva, mas pisoteada, despedaçada como uma presa comum? Para esses casos existe a palavra "caída". Todos sabem desde os tempos ancestrais que se pode usar um caído como der na telha, pode-se bater à vontade, pode-se até comer de colherinha, humilhar, e todos ao redor podem obrigá-lo a fazer o que quiserem.

Isso naqueles tempos se chamava "não dar passagem".

Na cidade e no pátio havia umas crianças cuja passagem todos os rapazes dos arredores bloqueavam, como se tivessem esse direito.

Estavam sempre bloqueando o caminho delas, prendendo, empurrando contra a parede diante dos olhos de todos, perseguindo em dois, três. Ao vê-las eles riam e corriam ao seu encontro com gosto.

Os perseguidos tinham uma cara indiferente, paciente, eram criaturas com um sorriso estranho.

Só os adultos podiam salvá-las, mas onde procurá-los o tempo todo, em todos os caminhos?

No dia seguinte tudo estava como antes, nem melhor nem pior. Achei a galocha no caminho do refeitório, pus minha bota suja nela e comecei a andar com velocidade triplicada, tentando não ficar para trás. Os meninos se comportavam como sempre, sem deixar passar uma possibilidade de bater no pescoço, segurar pela trança, dar um chute.

As meninas acompanhavam gradualmente e não descobriram nada.

Se os meninos rissem, gargalhassem, se eles tivessem me recebido de forma especial, então teriam compreendido tudo.

Mas por alguns sinais as meninas entenderam que eu tinha escapado.

Tudo voltou ao seu lugar. Só uma pessoa de todo o sanatório farejou o que havia acontecido comigo; haviam contado para ele indiretamente, pelo visto. Era o mais desenvolvido entre as crianças, o mais armado para a caça — Tólik.

Ele passou a barrar meu caminho, e além do mais nunca andava sozinho, com Tólik sempre estavam dois ou três amigos.

Ele barrava meu caminho, vasculhando com seus olhos radiantes, pretos e exuberantes, meu rosto, meu tronco, minhas pernas. Ria de forma meio boba, e seus lacaios, sempre a certa distância, guardavam o território sombriamente. Não estavam interessados em rir. Não eram eles que estavam caçando.

É assim que os holofotes vasculham o céu da noite, procurando uma infração.

Eu sempre saía ilesa, aprendi a usar os adultos, qualquer escapatória.

Meu coração batia terrivelmente quando eu descobria uma emboscada adiante.
Não era o que se costuma chamar de "correr atrás dela".
Era algo diferente.
As meninas não conseguiam entender nada e davam de ombros.
Só eu sabia que Tólik estava me perseguindo, numa alusão à minha vergonha daquela vez.
Porém, na sala de aula pouco a pouco pararam de mexer com a menina. Ela como que se defendera com sua garganta poderosa e sua inflexibilidade. A menina, como se revelou, tinha o talento de gritar terrivelmente, tinha uma voz forte, incomum, do uivo grave ao ganido agudo. Esse talento havia aparecido no momento necessário.
Era, pelo visto, o talento dos gatos que, antes de entrar numa briga, se medem pelo grito.
Além disso, eu era fortemente inquieta e só tirava cinco.
Ali não era o acampamento de pioneiros, ali era a escola florestal, e as crianças não eram medidas apenas pela capacidade de se levantar rápido e chegar na hora.
Não se podia tirar um cinco com um empurrão, não era fácil zombar de um cinco, não dava muito certo rir pelas costas da redação que fora lida pela professora como exemplo.
Já um dois, especialmente em matemática, atraía uma cuspida no chão, um excesso, passeios fora da escola; o medo antes da prova leva à insurreição — a impossibilidade de entender fração, à cadeia.
Nas condições de minha infância moscovita, naquelas filas para sentar na cadeira do refeitório (mamãe sempre comprava cupons para o almoço no trabalho), na cozinha coletiva do apartamento comunal, a menina não precisava de cinco, pois era defendida por sua mãe amorosa.

Ali, sozinha, uma entre tribos estranhas congregadas, a menina se defendia escrevendo uma redação sobre o outono. Ardendo como se tivesse febre, ela amontoava descrição sobre descrição, cristal sobre púrpura, ouro sobre cascatas que caíam, turquesa sobre entalhes, cristais e corais, e a professora de russo espantada, até mesmo estupefata — era uma bela mulher com um colete de couro que rangia —, deu minha redação para todos os professores lerem, e depois a leu em voz alta na classe. Naquela classe que por pouco não me pisoteara. Depois veio mais, escrevi um poema. Para o feriado da Constituição, no jornal mural. Não eram poemas de verdade, dos quais os outros riam e que explodiam da forma mais inclemente de dentro de uma pessoa enfraquecida, como a erupção tempestuosa de uma doença. Escrevi um poema que não estava sujeito a zombarias. Um poema que inevitavelmente resultava em respeito generalizado. Somos o povo soviético, hoje somos fortes — e cuidamos da paz de todo o mundo. Três estrofes.

— Foi você mesma que escreveu? — perguntou, rangendo o colete e rindo, a linda professora.

O sol baixo de inverno batia na enorme janela, delineando uma cabeça escura, envolta pelas tranças, um contorno claro, o brilho dos cabelos levemente crespos.

Dessa forma me firmei naquele caminho onde ninguém podia me barrar. Mamãe mandou para mim botas de feltro com galochas.

À noite eu ia para o banheiro vivamente iluminado e, de pé junto ao peitoril da janela, terminava o dever de casa, resolvia as tarefas e aprendia a regra do "ji e chi escreve-se com i".

"Jo e cho escreve-se com o", riam os meninos que tiravam dois, acho.

Eu cantava com minha forte voz nova, fazia o solo no coro. Puseram-me para dançar com as meninas uma dança moldava, nós girávamos, marcávamos o compasso com o pé, voávamos, cruzávamos as mãos aos pares.

O sanatório estava se preparando para o Ano-Novo.

Depois nos mandariam para casa, era o fim.

Eu não veria mais meu torturador, meu pequeno deus Tólik.

Tólik, Tólik, Tólik, eu delirava, um nome como leite fervido, doce, cálido.

Seus olhos são como estrelas.

Como estrelas são suas sardas.

Sua voz é como cristal.

Brilham sobre mim seu rosto, seus cachos pretos, seu olhar insolente e lânguido.

Ele literalmente me encurralava no canto toda vez, proferindo de forma insolente e nítida umas palavras selvagens, e além do mais ria. E ainda por cima era muito mais baixo do que eu. Mas era fortinho, direto como uma flecha, com a cabeça erguida alto.

Não era o bebê gordinho Cupido, não era o feminino Apolo — era um menino ríspido, encurvado, tenso e tuberculoso. Como se estivesse orientado em certa direção. Ele sabia seus direitos.

Eu me escondia dele. Encontrava-o em todo lugar, como uma alucinação. Tinha saudade dele, e ao vê-lo sentia um tremor no peito, como um golpe de vento.

Todos viam havia muito tempo e já não se espantavam ao encontrar aquele casalzinho estranho apertado contra a parede, a menina alta e o menino pequeno com as mãos apoiadas bem ao lado da menina, repetindo algo insinuantemente.

Todos, era o que me parecia, estavam apaixonados por Tólik.

Sua estatura baixa como que dava a ele uma majestade, já que seus criados e escudeiros eram mais altos, todo o séquito.

Tólik andava entre eles como um fosso, como um hiato.

Como um vazio que abria passagem em todo lugar, andando sozinho naquele espaço.

Meus sonhos eram tomados por seu rosto.

Quando começou a preparação para a festa, a menina estava como que febril, ensaiavam ora uma coisa, ora outra, e a última data, 28 de dezembro, se aproximava impetuosamente.

No fim, a menina achou um lugar onde chorar — no vestiário, apertando-se contra o sobretudo dos outros.

Eu sabia que nunca mais veria Tólik.

A menina de doze anos com duas groselhas no peito. Uma ótima aluna, com sabe-se lá que aparência, mas tudo em ordem, botas de feltro com galochas, mamãe também havia mandado um pente, fitas, grampos. Assim, chorava de antemão por sua futura vida, que se passaria inteira sem o deus Tólik.

A menina se vestiu e, depois de encontrar as botas de feltro e as galochas novas, caminhou para fora do *dortoir*, para o parque nevado, a rodovia congelada num dia de sol, para encontrar sua mãe — pois já era o dia da partida, a festa havia passado.

A menina olhou para trás, para o castelo mágico onde reinava Tólik pelas últimas horas, e chorou sob o céu turquesa-claro entre os entalhes do inverno, sob as cascatas de cristal que caíam das árvores, pois o vento soprava gélido e tudo congelava, inclusive as lágrimas. Sob nosso céu, os diamantes da neve.

Já havia chegado o Ano-Novo, eu havia cantado diante do coro como solista, depois dançara uma dança cigana selvagem, a *moldoveniaska*, com colar de contas e saia colorida, sapateara com chinelos e meinhas brancas no turbilhão da música pelo salão de baile. Tudo para você.

Era preciso dizer que Tólik também havia cantado ao piano, ele tinha uma voz pura, forte e alta: A *pátrria está escutando... A pátrria sabe... Onde nas nuvens voa seu filho...*

Ele mostrou seu ponto fraco, como todo artista dependente.

Foi saudado de uma forma estranha, aplaudiram surpresos. O rei não pode se preocupar com aplausos!

Depois vieram o jantar e o principal, as danças. Dança húngara, *pas de quatre*, *pas d'Espagne* ("Menina Nádia, do que você precisa?"), *pas de patineurs*. Eu estava na multidão, e Tólik, já de volta a si, travesso, ria com sua eterna patrulha. Ria de mim.

Anunciaram a dança das damas.

Eu me desloquei e fui até ele.

Era o *pas de quatre*, um estranho minueto com reverências.

Eu não o via.

Demos as mãos com dedos gelados e passamos toda a dança duros, fizemos a reverência, ele me girou com a mão erguida, erguendo levemente na ponta dos pés.

Era o começo dos anos 1950, as crianças aprendiam as danças solenes do Instituto Smolni de Donzelas Nobres.

Aquele Tólik solene havia congelado, não ria, não estava para brincadeira, aquilo fora longe demais, todas as suas zombarias haviam sido confirmadas. Eu já não tinha o que esconder. Chorava, meu nariz escorria.

Tólik tinha respeito por mim, por meu estado, até me conduziu para a coluna e depois voltou para a dele.

Fui para o *dortoir* e chorei até as meninas chegarem.

Em minha relação com Tólik começava um novo período, aberto, no qual ele já não sabia o que fazer, não era o mesmo de antes, quando simplesmente, com facilidade, parava diante de mim, apertava-me contra a parede e repetia cinicamente: "O que foi, está apaixonada, diabos? O que foi, está apaixonada, diabos?".

Mamãe chegou tarde, eu e ela nos pusemos a caminhar com a mala, sob o céu preto na estrada branca, rumo à estação de trem, e as luzes do *dortoir* acompanhavam nossa pobre caminhada. Mamãe sempre me pegava por último. Todos já haviam ido embora. Como e quando levaram Tólik, eu não sabia.

Nunca mais o vi.
Mas depois o ouvi, sua vozinha.
Ele começou a me telefonar já em Moscou.
Quem me chamou ao telefone foi Iulinika, que morava no quarto vizinho, filha do segundo casamento do meu avô. Era aluna do VGIK, artista.

— É para você — disse, arregalando os olhos como de hábito —, algum rapaz.

— Algum rapaz, como assim? — comecei a resmungar, deslocando-me para a antessala. — Alô!

— É Tólik, é Tólik quem está falando, reconhece? — cantou uma voz metálica. — Oi.

— Ah, oi, Lenka — falei significativamente, olhando para Iulinika. Minha mãe também veio para a antessala. — Lenka Mitiaieva — falei para minha mãe.

Por causa da aglomeração, também abriu a porta o solteirão tio Micha, radiologista na clínica da KGB. Não entendeu nada, mas a porta ficou aberta.

Supostamente todos estavam esperando o telefone ser liberado.

Meu amado tio Micha até afastou sua cortina preta, como de uma cabine de raio x, e ficou de pé usando uma roupa de baixo de caçador, bem agasalhada, entre as cortinas, como um príncipe entre as tapeçarias.

— É Tólik quem está ligando — soou uma voz de mosquito.

— Oi, oi — respondi.

Como se um ímã compusesse aquele fone preto de ébano, todos se deslocaram para a antessala. Só faltavam a família Kalinóvski-Starkóvski, a segunda esposa do meu avô, meu próprio avô, que estava fumando Belomor na cama, e a foguista tia Kátia.

— Ah, Lenka? Não, Lenka. Não dá. Não posso — eu balbuciava. E disse para minha mãe, tapando o fone: — Eles vão ao cinema.

— Essa é nova! Está tarde! — comentou minha mãe, e tio Micha e Iulinika pareceram esperar por algo.

Eu estava conversando diante dos olhos de parentes e vizinhos com o maior segredo da minha vida!

— Mas por quê, Lenka? — perguntei inexpressivamente, justo porque Tólik com sua voz de cristal e aço me convidava para ir ao cinema Povtorni.

Eu estava a ponto de desmaiar de fraqueza.

— Lenka, por quê? — eu dizia, desmoronando em pensamento.

Aquele que havia me abandonado para todo o sempre, aquele que havia sumido num mundo de cascatas e entalhes no bronze, um mundo de felicidade, de grandes feitos, salvações milagrosas e um grande amor — aquele mundo não podia existir nas condições de Moscou, no apartamento comunal, entre vizinhos, no nosso quarto atravancado por estantes de livros, no qual os percevejos infames se escondiam, e onde só se podia dormir no chão sob a mesa.

Cristais e turquesa, a pátrrria escuta, *pas de quatre*, meu choro, os dedos gelados — tudo havia ido embora, desaparecido, tudo ficara lá, no paraíso, aqui era outra coisa. Aqui eu era uma aluna do quinto ano com rinite crônica (nariz escorrendo) e meias marrons que se rasgavam todo dia.

Tólik, um anjo, o filho do rei, o pequeno príncipe, não podia ficar no frio, no escuro, perto da máquina suja do cinema Povtorni.

Toda a minha alma, porém, gemia e doía, quem estava falando comigo era meu amado, perdido para sempre.

Tólik havia se esforçado para conseguir meu número de

telefone e agora ele mesmo me convidava para dançar não sei qual dança.

Eu não acreditava na minha felicidade, não entendia que era felicidade, repetia enfadonhamente qualquer bobagem para todos aqueles ouvintes atentos: minha mãe, Iulinika e o tio Micha. Eles já haviam entendido tudo havia muito tempo e acompanhavam com interesse minha lenda partisan.

— Não, Lenka, não vai dar. Minha mãe não vai deixar. Certo, mãe?

Mamãe fez que sim com a cabeça, baixando os olhos.

Eu não acreditava nem um milímetro em Tólik e fazia bem, pois ele começou a dizer para alguém numa voz reprimida "Você termina", e alguém gargalhou em surdina, de forma grosseira e impaciente.

Ao redor de mim o círculo de risos bobos e caras tensas ia se fechando.

Mas eu estava longe deles.

— Os vizinhos aqui estão precisando do telefone — falei, indiferente (com um nó na garganta). Pus o telefone no gancho depois de dizer educadamente: — Tchau, Lenka.

Tólik ainda ligou várias vezes, convidava-me para o cinema ou para patinar no gelo, eu sempre balbuciava: "Por que isso, Lenka?".

— Porque sim — respondia, rindo um pouco, Tólik, menino insolente.

Estava claro que Tólik, um gênio, criança-prodígio, havia achado uma aplicação para o amor infeliz de outra pessoa, tinha intuído como usá-lo na situação — mas aquele círculo de animais sorridentes, o círculo de dedos prontos para sufocar, não havia se fechado sobre a menina, ficara lá, na floresta, lá, no reino encantado das groselhas verdes.

Gorila

Quem a notava? Ninguém. Era uma menina normal, brincava de *laptá* e até jogava futebol com os meninos, corria na brincadeira de cossaco e bandido ao mesmo tempo que floresciam no pátio as belas Albina, Olga e sua irmã Irina, todas da casa dos fundos do prédio grande, onde muitos anos antes havia ocorrido um assassinato: haviam atirado de pistola contra um homem, ele tinha aberto a porta para alguém. Albina não era filha dele?

Em todo caso, para nós era a famosa casa de dois andares com um porão profundo, que se estendia através da rua Tchékhov para o outro lado, todos falavam isso, mas tinham medo de conferir (depois a menina conferiu, passou sozinha pela completa escuridão e deu do outro lado, numa escola diferente, saindo de algum galpão através da parede, obstruído com um pedaço de ferro galvanizado enferrujado).

Schenik atravessava o pátio, um menino da escola de música com seu acordeão, bonito estilo Elvis Presley — mas na época ainda não conhecíamos nada do tipo. Era belo, tinha suíças minúsculas e quase que um topete na cabeça bonita. E nossa menina jogava futebol, e se tinha algo com alguém (no sentido de estar sempre fugindo de alguém), era com o terrível Gorila, Garik, de nariz bem arrebitado e peludo: um gorila. Ele tentava agarrar a menina o tempo todo, puxava-a pela trança, dava rasteiras. Uma vez, arquejando, ela estava esperando o elevador e então ressoou um estrondo; para dentro da portaria saltou Gorila, suado, que com dois saltos agarrou a menina e começou a arrastá-la para o canto do lado do elevador, um quartinho trancado. A ascensorista havia ido embora. Um horror. A menina começou a berrar com uma voz horrível "Ma-mãe!", mas não havia esperanças — quatro andares para cima, quem escutaria? Ela não conseguia gritar, mais parecia estar guinchando e, como uma lebre aprisionada, tentava se soltar. Gorila a apertava atrás do elevador, trabalhando com o corpo, como um aríete.

— Ma-mãe!!!
— Sim, sim! — de repente respondeu a voz de minha mãe. — Estou indo, estou indo!

Já podia vislumbrar seu querido rosto ali perto.

Gorila sumiu na hora.

Mamãe! Como ela adivinhou? Como ela escutou? E como em um instante desceu do quarto andar para o primeiro, feito um turbilhão? Não podia ter escutado! Não podia!

Ou seja, estava olhando pela janela. Chamou a filha, observou o que ela estava fazendo. Viu que ao longe atrás dela vinha Gorila correndo. Imaginou tudo e voou para baixo imediatamente.

Era com esse tipo de companhia agradável que a menina crescia no pátio, mas, como todo peixinho que conhece seu nível de água, ela devia residir naquele enquanto não começava a grande mudança de alma, o grande movimento de peixinhos para os níveis que o casamento preparava no futuro.

Uns iriam para baixo, outros para cima, e alguns ficariam eternamente no plano do pátio, para sempre voltar do trabalho e passear ali com os filhos.

A menina corria na *laptá*, e no inverno ia com as amiguinhas para a pista de patinação Dínamo; mas costumava patinar lá (perto dela) um pilantra, um bandido de terno cinza, meias pretas (idiota). Aquelas calças de pilantra iam sempre na mesma direção que ela, ele usava um *uchanka* preto de pele de cordeiro, e ainda por cima tinha dentes de ouro.

E até mudou de pista de gelo, passaram a ir em outra, na TSDKA, mas uma vez, enquanto esperava na fila do ingresso, puxaram da mão dela (bruscamente, para baixo) os patins, agitou-se uma mistura de gente em volta, e pronto.

Chorando, ela e a amiga Nina, filha da nossa zeladora Gránia, se arrastaram para a delegacia de polícia, ali anotaram o que havia sido roubado, e elas receberam instruções de voltar depois de uma semana. As duas voltaram. O policial cansado olhou para Nina e disse:

— Encontramos seus patins.

E entregou um par velho, dois números maior, e ainda por cima eram de outro modelo: os meus eram *gagui*, aqueles eram *kanadi*.

— Esses não são os meus!
— Não?

Então ele abriu um armário repleto de patins de gelo.

— Procure aí.

Ela procurou por uma hora:

— Os meus não estão aí.

Ele se levantou e falou:

— Não? Bom, é isso. Então não estão.

A menina começou a chorar. Mamãe não compraria outros

patins, tinha juntado dinheiro para aqueles a contragosto. Uma catástrofe! Acabou!
O policial perdeu a paciência:
— Pois pegue! Pegue aí o que tiver! Esse pessoal é fogo... Escolha!
(Como depois ficou claro, ele precisava fechar o caso.) Paralisada por seu próprio crime, ela praticamente roubou do armário patins que não eram seus, maiores, e patinou com eles até o décimo ano. Depois entendeu que era um armário inteiro cheio de coisas tiradas dos ladrões, e de fato se podia escolher as melhores, tudo isso graças a Nina. Todos os policiais viam nela sua filha querida. Zeladores e policiais são melhores amigos. Além disso, ela era tão ajuizada, trabalhadora e bonitinha que todos a recebiam com amabilidade e a escutavam com atenção. Com Nina tudo era simples, podia passar na casa dela, descer no seu porão, onde havia um corredorzinho bem apertado e paredes cor-de-rosa sujas, e onde no quarto (uma janela debaixo do teto) morava toda a família — a mãe Gránia, a filha Nínotchka, o amante de Gránia, o jovem bandido Ivánov (com sobrancelhas grossas e pretas como as de um macaco) e a filha de quatro meses, Galka. Podia só passar na casa de Nina — e isso não acontecia com mais ninguém. A menina não podia ir à casa de mais ninguém. Mas na casa de Nina passava de forma absolutamente normal, e uma vez foi lá mas a vizinha, também zeladora, a tártara Raia, falou preocupada: "Não vá para lá". E desapareceu cautelosamente no corredorzinho apertado, onde duas pessoas tinham dificuldade de se separar, um corredorzinho horrendo nas profundezas da terra, pintado de um rosa infernal, sempre vivamente iluminado, rosa, horrível.

A menina entrou no quarto. Lá, sobre a mesa, estava deitada Galka, sem roupa, mexendo as meias, o chão molhado, não havia ninguém ali. Sentia-se algo especial naquele quarto. A menina saiu. Depois (no pátio, nada ficava em segredo), a menina soube que Ivánov, bêbado, havia estuprado Nínotchka. Naquela época, Nina tinha catorze anos. Bem, naquele momento Gránia não foi denunciar para a polícia, mas mais tarde foi lá e declarou que Ivánov tinha uma vara de madeira e estava ameaçando bater nela debaixo do travesseiro. Parece que foi isso o que aconteceu, Ivánov ficou imprensado no mesmo quarto de Nínotchka, mas não tinha onde se esconder. Todos os zeladores são amigos dos policiais, como já disse: levaram Ivánov e o prenderam por um ano por enquanto, mas o que iam fazer com ele? Não podiam soltar, todos sabiam o motivo pelo qual aquele animal na verdade havia sido preso. Pouco depois ele foi assassinado ali mesmo e pronto. Esse foi o pagamento por Nínotchka. Supostamente foi preso por uma coisa, mas foi punido pelo principal, sobre o que não se podia falar no tribunal para não ofender a vítima inocente.

Na primavera começou a soprar um cheiro primaveril, as poças secaram, as meninas começaram a andar de meia soquete, a velha tília cobriu-se de penugem, tudo esverdeava e tilintava, e à tarde, atrás da casa dos fundos, Schenik começou a tocar acordeão.

Lá, debaixo das árvores, riam as meninas — Albina, Olga e Irina — lindas e inatingíveis, das boas famílias da casa dos fundos, ali ardiam os foguinhos dos cigarros (de quem?) e derramava-se o acordeão como mel.

Uma vez, vestindo tudo o que tinha de melhor e jogando o cachecol branco da mãe sobre os ombros, a menina, com o coração paralisado, desceu do quarto andar e levemente, como um gato à noite, como um peixe na água, deslizou para a casa dos fundos, virou depois da casa, dirigiu-se para aquele lugar de breu esfumaçado e risadas leves. O caminho dela era difícil, mas a felicidade esperava ali.

Eles se voltaram e olharam para ela.

Com um novo andar, leve e como se aquela fosse sua maneira habitual de se mover, ela se aproximou e parou, entrou no círculo deles.

Por algum motivo, eles olharam para ela com respeito, como uma moça nova, e não a expulsaram, não riram, abriram lugar.

Schenik começou a tocar, e então, vindo da escuridão onde brilhava o fogo de um cigarro jogado no chão com um piparote, saiu um jovem com terno cinza. E estendeu a mão. O coração dela congelou. Um príncipe saído das trevas encantadas.

Olá! Era Gorila.

Ele parou ao lado da menina como se fosse seu direito, já estava ali havia muito tempo e contava piadinhas, fazendo Albina, Olga e Irina rir.

Ah, certo. Sob o abrigo dos ramos, sob o murmúrio do acordeão, sob o doce aroma da jovem folhagem, na escuridão translúcida, ficar olhando para aquele Gorila?! Era só o que faltava!

Ele estendeu a mão, com um sorriso bobo, aparentemente querendo dançar com ela.

— Sai fora, idiota — disse a menina por hábito. — Imbecil.

Gorila continuou a sorrir teimosamente, de pé com a mão estendida.

Foi preciso sair correndo e nunca mais voltar para aquele canto da terra onde, no jardinzinho, perto da casa dos fundos, sob o som do bonde e o murmúrio do acordeão, todo sábado no fim da tarde acontecia uma travessia secreta de filhotes de uma camada para a outra, da infância para a juventude. O coração se congelava docemente com os sons vespertinos do acordeão, ali embaixo até tarde da noite aos sábados, a primavera inteira. Mas a menina se irritava e não descia.

E no outono Gorila desapareceu. A inscrição na portaria dele, "Gorila doente", entalhada com um prego no reboco, sobreviveu a ele e ainda se viu por muito tempo, depois foi gradualmente carcomida pelas chuvas, pelos ventos e pelas neves da cidade. Gorila havia encontrado algum equipamento, fugido com ele, arrastado para casa, experimentado, depois ficara doente e fora para o hospital.

Como muitos meninos vivos e cheios de iniciativa, que têm como destino provar de tudo, explodir, encontrar, jogar na fogueira e perseguir, conquistar e tomar, desmontar, destruir, Gorila se tornou eterno — ele ficou ali, na infância. A menina chorou amargamente, olhando da janela para baixo, onde estava o pequeno ônibus, e Gorila, rodeado de gente, jazia sob a neve, moreno, magro, com seu terninho cinza, sobre lençóis brancos, num caixão sobre banquinhos, as mãos postas como as de um adulto, Gorila, Gorila.

Pátio de Moscou, *1989, de Sergei Volkov.*

O nome do livro

Por toda a vida dormi entre livros, escondia debaixo do travesseiro, espalhava pelo cobertor, pelo chão, perto da cama. Na mesa ao lado. Comia entre livros, lendo. Andava de transporte público com um livro, andava na rua com os olhos grudados na página. Agora os pais intelectuais se lastimam que os filhos pararam de ler. Mas na época minha mãe, Valentina Nikoláievna (com quatro anos do curso de literatura do Instituto de Filosofia, Literatura e História de Moscou nas costas e diploma de teatróloga do Instituto de Arte Teatral), considerava minha paixão um vício e lutava contra ela. Simplesmente escondia os livros. Eu passava na biblioteca infantil Lomonóssov, naquele antro de ópio secreto para leitores já formados, inveterados. Ali reinava um silêncio gritante, interrompido pelo resmungo de barrigas vazias e pelo sussurro sibilante de pequenos solicitantes no balcão, que imploravam em segredo que lhes dessem o lendário livro *O segredo do professor Burago*, um fantasma daquele lugar, um espírito que só aparecia por capricho das bibliotecárias, e ainda por cima em liberações separadas — os que circulavam tinham número cinco ou oito. Imagine só o sofrimento dos que recebiam esses números e nunca terminaram de ler *Burago* (até hoje)...

Também fiz meu ninho na biblioteca da escola e até ia para a Lêninka para pegar ali *O pequeno lorde* e *Alice através do espelho*. Também me instalava no Centro de Propaganda à noite, já que a biblioteca infantil fechava às oito e o Centro de Propaganda funcionava até tarde, e ali havia uma estante de livros empoeirada e estatal (*O grande Mouravi*, de Antonóvskaia, em cinco tomos, *Alitet vai para as montanhas* e *A família Jurbini*, *A colheita* e o imortal *Krujilikha* de Panova, que reli recentemente).

As vastidões da literatura eram inexploradas, agora mais ou menos tudo foi lido muitas vezes, e o círculo se reduziu àqueles autores com os quais queremos conversar literalmente a respeito de cada parágrafo.

Por exemplo, Merab Mamardachvíli, de *Aulas sobre Proust*. Ao começar a leitura, imediatamente você relê todo o Proust, depois uns dois livros sobre ele, então tenta lê-lo no original, comparando três variações de tradução, e assim por diante, depois pega Mamardachvíli de novo, procura novos livros dele, compra *Variações kantianas*, por exemplo, e lê (com dificuldade) ambos os livros alternadamente, pois esse autor escreve algo muito importante em cada parágrafo (eles se conectam de maneira estranha, como se fossem uma linha tortuosa, serpenteando para lá e de volta, mudando, migrando de acordo com a expressão do rosto do ouvinte, possivelmente porque tudo é apenas a gravação de uma aula). Cada parágrafo começa a interpretar a si mesmo. É um texto terrivelmente encantador e cheio de camadas, que exige suas próprias anotações, às vezes até na margem, e resulta em algo como pedaços de livros sobre livros, o momentâneo sobre o eterno...

(O que ainda surge em casos como esse: examinar a personalidade do autor, o leitor curioso reconhece, adivinha quem está diante dele... Já se trata de um jogo antigo entre leitor e livro.) Na escola tínhamos uma palavra engraçada: "congenialmente". Nós a pronunciávamos sorrindo, experimentávamos assim e assado (ainda sem saber que ela exigia o caso dativo, "congenial a algo"). Nós a brandíamos, alunos bobos e superdesenvolvidos dos últimos anos. Sobre Merab, ele é genial e congenial a seus heróis — Kant, Proust, os antigos —, uma pessoa rara que tenta explicar as coisas mais complexas com a linguagem mais simples...

Mas voltando ao nosso tema. Sempre existiu esse problema — conseguir o livro. Como há a lenda sobre o "século de ouro", havia naquela época a inabalável convicção de que em algum lugar uma fonte eterna estava sendo escondida, onde era guardado tudo o que havia de mais interessante. Penetrávamos na Lêninka (a biblioteca principal). Lá se escondia muita coisa já no nível do catálogo, e o nome do livro, "o nome da rosa", era a principal prova para investigação. As próprias buscas eram feitas de formas diferentes, ainda mais que estava se desenhando outra "fonte de Castália"— a editora da emigração branca,* Imka-Press —, num momento em que tudo passava pela censura. Alguém trazia aqueles livros do exterior na manga da roupa, porém todas as desovas podiam ser coroadas com dois a cinco anos costurando mangas em algum campo de trabalho em Ust-Vim. Quanta traição foi levada a cabo em nome do Livro e em relação a Ele! Era arma de chantagem ("Se sua ex-mulher não mudar de apartamento, vou contar a quem cuida disso quais livros vocês têm em casa), objeto de apropriação descarada ("Você estava com medo de sofrer uma busca em casa e me deu os livros, ago-

---

* Dos partidários do Exército Branco, exilados depois do fim da guerra civil.

ra não vou devolver, vá reclamar com o 'escritório', se quiser, vá à polícia" — com um risinho canalha e estalar de uma fechadura), mas o livro também assumia a forma de uma propriedade que não era pecado "levar" ou simplesmente não devolver.

Quantos casos daquele tempo ficaram na memória... Quando, na casa de nossa amiga exilada numa cidadezinha, houve uma busca de treze horas, passavam de livro em livro com esta conversa:

— *Doutor Jivago?* Olha só o sobrenome do doutor. Quem te deu esse livro? Como assim "não me lembro"? De novo esse blá-blá-blá, cidadã? Vocês nunca lembram... De novo, vamos começar do começo. Certo, de quem é esse livro? Desse Pasternak. Nome e patronímico do Pasternak... Certo. Boris Leo... nídovitch. Certo. E onde mora esse cidadão Pasternak? Certo. Como assim, morreu? Com vocês todo mundo já morreu, veja: seu Platónov morreu, Pilniak morreu, Florenski também, sem falar... ah, ela: Akhmátova! Olhe para mim. Estou avisando, já é o sexto livro de Berdiáiev que achamos no lixo! A senhora vai receber uma pena adicional por receptação!...

Estudávamos o livro de Amalrik, *Como se comportar num interrogatório*, especialmente para essas ocasiões. O tom agressivo era considerado um aviso "Só não diga a ninguém quem lhe deu" (a resposta soava como: "Deixe os livros, só entrego sob tortura").

Combinávamos encontros numa esquina, transferíamos pacotes inofensivos, os livros andavam de metrô em outras capas ou em sobrecapas de plástico como livros didáticos. Éramos partisans, partisans urbanos. Por porte e difusão de livros proibidos dava-se até cinco anos de prisão. Por isso era preciso esconder DE QUEM era o livro, naturalmente, mas havia outro ponto nada desimportante — ao "porte" se acrescentava a "difusão", ou seja, era uma pena adicional. Você encontrava o livro num banco — e ficava ali.

Eram uma felicidade louca os volumezinhos de Proust, dados a mim por uma bibliotecária grisalha de um depósito secreto e extinto da biblioteca TSDL. Eles guardavam os livros no chamado "fundo da sala de leitura". O milagre se chamava *Sodoma e Gomorra*. Eu esticava a leitura, não fazia um voo rasante, como sempre, não engolia, mas passava por literalmente cada frase e voltava para o começo, derretendo de felicidade, estudava, suspensa no espaço, aqueles tules coloridos entrelaçados...

Depois me deram para ler impressões dos lançamentos da revista *Literatura Internacional*, de 1934, nas quais fora conservado, como uma garrafa de um antigo vinho precioso e sempre ao redor, como a amizade com uma pessoa desleixada, inteligente e sempre alegre, o *Ulysses*, de Joyce, em tradução de um coletivo de autores. Ah, como isso foi uma insolação para nós! Muito tempo depois chegaram os nobres *Dublinenses*, o começo de todos os começos, protótipo da novelística do século XX.

No que se refere a *Finnegans Wake*, de Joyce, essa prosa absolutamente fechada chegou até mim numa tradução para o polonês, provida também de um forte aparato informativo e histórias das diferentes interpretações do texto empreendidas quase imediatamente depois da publicação dos primeiros capítulos. O tradutor para o polonês, que trabalhou no livro por vinte anos, Matchei Slomtchinski, demonstrava que a chave para decifrá-lo era o *Livro dos mortos* egípcio.

Porém, surgiram-me minhas próprias explicações: naquele mesmo momento a amada filha de Joyce havia perdido o contato com o mundo e fora internada numa clínica psiquiátrica. Não teriam seus murmúrios entrecortados e desconexos servido de base para *Finnegans Wake*, explicando as frases onde há de tudo, sujeito e predicado, mas que ninguém consegue entender?

(Quando fiquei junto à cama de minha mãe em seu último ano, eu às vezes anotava suas palavras — frases estranhas, que uma pessoa não podia proferir: "Me enterraram atrás da antiga parede preta".)

Finnegans Wake atingiu bem no peito o jovem secretário de Joyce, Beckett, posteriormente pai do absurdo e prêmio Nobel, autor da peça *Esperando Godot* e das três páginas de "Imaginação morta imagine", que ditam o fim da literatura.

Foi especial para nós a aparição de Bulgákov com seu romance exuberante, engraçado e rancoroso *O mestre e Margarida*, ápice do estilo "gudkoviano" ao qual se ligam também "Nem um dia sem uma linha" de Oliécha e a famosa epopeia de Ostap Bender. No momento de publicação de *O mestre*, o público leitor já sabia falar na língua de Ilf e Petrov e estava absolutamente pronto para assimilar uma nova espiral de sátira — agora o escárnio já não era mais sobre o pobretão simples e miserável da província e sobre os apartamentos comunais de Moscou, onde os patetas Schuchkin, Liapis e Lokhankin se consideravam parte da intelligentsia, mas sobre a capital sempre na moda, empolada e perigosa, um ninho de pecado, libertinagem e distribuidores de mercadoria cotidiana, reino de escritores abastados com tendências operário-camponesas e revolucionárias, mas também do patrimônio da crítica com consequências.

Ilf e Petrov perdoaram a todos ao ver o povo mendigando, mas esperto e resistente, e até de certa forma celebraram essa qualidade inesperada da nação. Já Bulgákov, libertado pela guerra civil da queda abrupta de Andrêiev, galopou sobre a Belokamennaia como uma guarda branca (negra) de nuvens, retumbou as ameaças sinistras da casa de Pachkov, promoveu mais um incêndio na casa da ralé rica, raptou a mulher alheia do apartamento de um general, Margarida, e deu a todos os inimigos destinos não piores do que o georgiano bigodudo e bexiguento Ioska: de um cortou a cabeça, outro deportou sem direito a correspondência, um terceiro ficou sem as calças — e aqui foi necessário o próprio Ieshua e sua história de travessia e eternidade para equilibrar a história do vencedor que vendeu a alma para a força escura, e essas duas lendas, unidas numa só, nos embriagaram, na época ainda não sabíamos que Bulgákov estava de fato tentando vender a alma ao escrever uma peça sobre a vida do terrorista iniciante Stálin. Se ela tivesse sido montada — mas o bexiguento Woland não era nem grandioso nem nobre, e ele não queria que escavassem seu passado negro. Bulgákov morreu depois de desempenhar em vida esse grandioso duelo — o autocrata literário, como sempre, perde do real, isso sabemos desde Virgílio, mas, como nos tempos antigos, o poeta sempre toma o trono postumamente, é só começar a publicá-lo de novo — assim o mártir Bulgákov voltou para nós inteiro: seu *Romance teatral* foi uma resposta a todos os que reinavam no teatro — e todos os que matavam, todo aquele lixo lúmpen estava predestinado a ser um pontapé bem no "coração de cachorro" —, um romance no qual, porém, uma cena terrível de perda da sanidade devolve do leitor para o autor a questão da permissão de manipular um ser vivo. Quando punem o carrasco já é outra coisa... (Como se diz, "ninguém viu como o lobo levou, todos viram quando trouxeram o lobo".) Aplacar o sentimento de vingança é frequentemente o que move a literatura, dá ao pária de ontem forças para fazer barulho... A vingança adquire as formas mais extravagantes; depois de um ataque de epilepsia vergonhoso no salão de Avdótia Panáeva, Dostoiévski escreveu *O idiota*, no qual, claro, representa a alma com que ele próprio sonhava. O príncipe Michkin depois continuou para o público leitor, mas não Fiódor Mikháilovitch.

(Deparei com isso, o leitor vê no escritor seu próprio protagonista, daí, aliás, o entusiasmo geral do público por Turguêniev e Hemingway, e o tormento de Zóschenko nos lugares de descanso.)

A vingança de Bulgákov adquiriu um caráter fantástico — tanto em O mestre e Margarida quanto em Coração de cachorro, no último caso de forma até diretamente utópica, feliz, já que na verdade não foi dada ao professor Preobrajenski a possibilidade de vencer, e, assim como o dr. Bormental, ele teve que apodrecer no campo de trabalho; já Chárik e Chvonder, que ocupariam o apartamento do professor, seriam condenados dez anos depois, como seus futuros protótipos, Iágoda e Iejov — qual desses dois tinha um coração de cachorro é a pergunta...

Ninguém vingou o infeliz e orgulhoso Platónov, dócil, acuado no canto como o gênio que beijava o filho doente de tuberculose nos lábios para se contaminar e morrer junto com ele... Um dia ainda vão erigir um monumento a ele, um trono solitário. E no pedestal obrigatoriamente vão estar escritas as palavras restantes de "O retorno", nome de um conto de Platónov genial, meu preferido.

Outro também nos foi dado de presente nos anos de juventude — escondendo-se nas estantes de livros dos nossos pais: Zóschenko, que, sem saber que era proibido, líamos clandestinamente sussurrando no acampamento de pioneiros, engasgando de tanto gargalhar, no ensaio do coro, enquanto soavam as notas... Cantavam "Nosso Stálin é sábio e querido", e nós líamos, tentando não fazer barulho, a história sobre a casa de banhos... E sobre "pega o bolo e engole". Ninguém entendeu esse trágico. O riso ultrajado da criatura orgulhosa cuja vida humilha, bruto, crédulo e sempre com o punho direcionado para o olho... E no que tange à linguagem de Zóschenko: um bom escritor não tem e não pode ter nenhuma palavra normal e humana, só o texto tem alguma função, ora de Deus Criador, ora de Liev Tolstói, ora de *tsadik* contador de histórias, como acontecia em Bábel, e na alternativa de Zóschenko o autor cumpria a função de ator simplório genial, cujo trava-língua habitual, como numa cozinha sobre o fogareiro, podia representar seu conto estropiado, simplório e curto de Akaki Akákievitch, uma pessoa que não vê tragédia em nada, nem na morte, nem no amor, mas se o marido de uma dentista morreu, é algo que pode parecer uma bobagem, mas não, não é uma bobagem, onde encontrar outro marido? E essa pessoa luta contra o síndico, contra o aperto, contra a barriga roncando, briga por dois metros quadrados para estender uns trapos e pernoitar, por lugar para pôr um fogareiro, por querosene para assar batata, por um balde de água quente para lavar-se um pouco... Até que estoure o cerco de Leningrado e as pessoas morram, e junto com elas desaparecerá o escritor satírico Zóschenko...

Depois virão outros tempos, e suas trevas sepulcrais provocarão os textos loucos de Kharms, e os alunos mais novos todos vão fazer espetáculos de seus livros, buscando as prateleiras dos exíguos guarda-roupas dos pais para achar fantasias.

— Mãe, pegamos sua saia... E um xale! Logo vamos começar.

E, uma hora depois, uma vozinha de doze anos, ameaçadora, diz:

— ABRA, ELIZAVETA BAM!...

E uma de seis anos (*piando*):

— NÃO ABRO.

E o livro está vivo.

Cisne Agonizante

Minha mãe tinha um grande amor por poesia. Quando nossa professora de literatura do sexto ano, a Cisne Agonizante, nos mandou compor um poema, mamãe ficou radiante. Ela passou metade da noite me apressando, a coisa andava devagar, eu só bocejava. Foi especialmente difícil encontrar uma rima para a palavra "descalço". De manhã, sob a orientação da minha mãe, copiei os versinhos num caderno e entreguei para a Cisne. Com exceção desse caso, na minha escola eu quase nunca fazia o dever de casa, era uma aluna nota dois convicta, por isso só podia sentar na primeira carteira, para estar sempre no campo de visão dos professores.

No dia seguinte, a Cisne chegou na aula solene e furiosa. Apoiando a anca proeminente na minha carteira, ela passou 45 minutos tagarelando sobre roubo, volta e meia proferindo uma palavra incompreensível, "plágio". Como de um extintor de incêndio, saía espuma de sua boca. Eu estava sentada bem na frente dela, na altura de sua saia eternamente desabotoada. A pobre Cisne era uma velha estranha. Pintava a cabeça grisalha de vermelho-vivo, mas nunca dava certo: os cabelos ficavam de um branco sujo, e o escalpo parecia vermelho como o de um índio. Ela odiava nossa turma, não sei por quê.

E assim fiquei ali, observando como uma boba o balanço de sua barriga. Simultaneamente, eu e minha amiga estávamos ocupadas compondo a ode "A ascensão ao trono de Sófia Lvóvka". Sófia Lvóvka era nosso crocodilo, a professora de zoologia, e na véspera ela havia posto nas carteiras de toda a nossa turma vermes conservados em álcool. Eu pulei fora, matei a aula de zoologia, levei um dois e estava ali, com um legítimo sentimento de vingança, compondo aquela ode.

O discurso da Cisne foi interrompido pelo sinal, e eu me aproximei dela e perguntei, inocente: "O que a senhora achou do meu poema?". A Cisne Agonizante me encarou com um olhar enlouquecido e começou a berrar: "Como é? Era de você que eu estava falando! Você ousou roubar um poema de Ágnia Bartó! Isso se chama plágio!".

A Cisne saiu, sacudindo o diário de classe, e eu levei meu dois de sempre em literatura, pronto.

A propósito, o poeminha que fiz com minha mãe ficou assim:

O silêncio paira no quarto
Número cinquenta e quatro
Dormem as crianças, dorme o gato
Ronca o vizinho do outro lado
Só Tânia não dorme nada
Mesmo que esteja faz tempo deitada.

O tema era o 1º de setembro. Eu havia terminado dizendo:

É negro o menino Tommy
não se parece com os brancos

*Descalço, no sótão ele dorme
e sob seus pés, a grande Nova York.*

Era assim que eu imaginava, que no sótão de um arranha-céu dormia um menininho negro, infeliz por não ter o direito de ir à escola...

Sánitch

Agora, muitos anos depois, posso dizer que eu o amava. Amava meu professor como uma divindade. Baixinho para um homem (no décimo ano eu cheguei a um metro e setenta), de rosto vermelho, olhos claros, parecendo um milico, com uma expressão antipática de quem está sempre insatisfeito, Aleksandr Aleksándrovitch Plastinin. Era o novo professor de literatura do último ano, ou seja, clássicos soviéticos, Górki, Fadêiev, Nikolai Ostróvski, bobagens, bobeiras, e agora entendo seu tormento — antes, havia sido professor de literatura e de língua russa (Púchkin, Tolstói, Gógol, Tchékhov, Gontcharov, Bielínski etc.), e era capaz de entender o que é o quê. Porém, era professor do último ano, e aquele era o trabalho dele.

Muita gente tem um trabalho que não ama, mas na época isso era um fenômeno habitual. Continuou assim por muitas décadas. Tratava-se de um melancólico trabalho forçado, um cumprimento de horas, e se a pessoa não trabalhasse por mais de três, quatro meses era presa por parasitismo!

Aleksandr Sánitch veio para a nossa terrível turma insatisfeito.

Era uma turma terrível pois, um ano antes, haviam fundido as escolas masculina e feminina, e nós, um grupo de meninas, havíamos sido expulsas de nossa querida escola 635, do piso escuro e espelhado, das janelas radiantes e das ruazinhas costumeiras, da nossa querida diretora Anna Konstantínovna Schuróvskaia (Schuka), da travessa querida, da rua Moskvin, e sido deportadas para o outro lado da cerca, para dali a cem metros no fundo de um pátio, perto da rua Púchkinskaia, para aquele nojo da escola número 170, com um eterno aroma de canil e fumaça. Sim, lá também havia ordem, mas era uma ordem de quartel, e gerações de delinquentes juvenis das ruas Púchkinskaia e Petróvka, Stolechnikov e Degtiarni haviam marcado as paredes com seu cheiro, como gatos.

Quando li a lista de quem seria transferido, fui para casa cambaleando, me desfazendo em lágrimas. O horror, o horror!

Entre nossas escolas, a masculina e a feminina, sempre houve uma cerca de ferro de uns dois metros de altura.

A cerca parecia um ímã, do nosso lado nos dias de primavera pulávamos corda, jogávamos vôlei feminino numa roda desajeitada e ríamos alto nos bancos (desprezando de propósito), e do outro lado nos chegavam os sons de canhão de botas acertando a bola, palavrões abafados, pés arrastando e o tropel pelo asfalto das brigas acaloradas, seguidas de ameaças sonoras quando os lados se separavam, jogando conjuntos de ofensas um para o outro.

Isso era a Moscou de 1954, que acabara de enterrar Stálin.

Na época não sabíamos que em nossa (nova) escola iam se formar os poetas Pável Kogan e Vladímir Sókolov, e que alguns anos antes de nós haviam estudado ali crianças como o (futuro) diretor Mark Rozóvski, o dramaturgo Edik Razinski, o ator e pedagogo Iliá Rutberg, o artista Bória Messerer, o escritor e economista Nikolai Chmeliev. E o ator Andrei Mirónov (eu e ele depois tocaríamos juntos nas apresentações da escola) na época era

Andriucha Menaker, um menino gordinho que cortejava desesperadamente e sem sucesso a menina mais bonita da escola... Provocavam-no, confundindo seu sobrenome, e ele foi espancado mais de uma vez. Ele era aplaudido nas festas. Havia uma tristeza em seus olhinhos perdidos, apoiados em gordas bochechas de criança. Ele amava e não era correspondido. Ia atrás da menina carregando a pasta dela e usava um uniformezinho escolar apertado, com a cabeça inclinada, arrastando os grandes pés chatos pela rua Moskvin rumo à Púchkinskaia. A menina ia adiante, severa. Ele era o palhaço, o preferido da escola. Seu colega de classe, Tólia Makarov, também era um ator genial, um mímico como Marcel Marceau, que na época ainda não conhecíamos (ainda não conhecíamos nada, a cortina de ferro era como nossa cerca e separava a Rússia do mundo). Mas ali perto, do outro lado da rua, estava a filial do Teatro de Arte de Moscou, o mesmo TAM que ficava debaixo na Púchkinskaia e à direita do antigo Kamerguerski. Mamãe me levava lá para ver *O pássaro azul* (ela também era levada para lá por sua própria mãe, e posteriormente eu levava meus filhos).

Do outro lado da rua estava o mosteiro Vissokopetróvski, onde, em completo abandono, entre sinos e templos destroçados, transformados em depósitos, erguia-se o túmulo da mãe de Pedro, o Grande, a tsarina Natália Kirillovna Narichkina. Como eu me apaixonei por aqueles nomes tsaristas — Natália, Kirill, Piotr! Ainda na época decidi que daria esses nomes a meus filhos. (E fiz isso, Kiriucha, Fedetchka, Natacha. E Kiriucha já tem Anna, Maria e Piotr, então deu tudo certo.)

Do outro lado da rua Moskvin estavam o Teatro Romen, um famoso quartel da polícia, posteriormente dissolvido, parece, por causa de umas belas maracutaias, e o Teatro Musical Stanislávski e Nemirovitch-Dantchenko. O teatro infantil ao qual éramos regularmente levados ficava uma estação de trólebus abaixo na rua

Púchkinskaia, em frente ao Teatro Máli e nas vizinhanças do Teatro Bolchói de Ópera e Balé. Esse teatro infantil era o nosso teatro, conhecíamos todos os artistas ali, e quando apareceu um novato, bem jovenzinho, corado e comprido — ele fazia o Kóstia na peça Os amigos dela —, por fim encontramos nosso ídolo. Nós o chamávamos simplesmente de "Kóstia", depois aprendemos seu nome e sobrenome: Oleg Iefrêmov.

Mas também brincávamos de artista. Todo ano nossa escola montava duas apresentações, uma no Ano-Novo e outra na primavera. Todos os últimos anos de Moscou iam nos ver. Andriucha Mirónov, mantendo sua tristeza de sempre, fazia o papel de mágico: agitava um lenço, arregaçava a manga do uniforme escolar, mostrava a mão carnuda vazia para a sala, pausa... rufar de tambores (uma cadeira de madeira atrás dos bastidores)... música (um piano estragado)! E... Andriucha enfiava a mão dentro da roupa, o rosto ausente como o de um gênio, apopleticamente corado de calor — e tcham! Levava um bom tempo para tirar a mão de dentro da camisa e finalmente saía apenas com uma figa... Aplausos comedidos.

Mas nossa turma era outra.

Metade da nossa turma grasnava, cuspia longe, olhava de um jeito enevoado e detestável, cortava o cabelo estilo tenente, raspado do lado, roía as unhas e tinha enorme dificuldade de falar sem palavrões. À noite, muitos deles iam brigar com soldados!

A outra metade da nossa turma usava rendinha branca na gola, sempre trançava os cabelos, lia Dreiser, Rolland e Balzac, tentava usar franja longa e sabia que não se devia beijar sem amor. Mas ninguém pedia, aliás. No repertório dessa metade da turma estavam frases como "a guarda branca foi um fiasco".

Era na cabeça desses cidadãos que Aleksandr Sánitch devia enfiar a matéria sobre o livro A mãe, de Górki (por exemplo).

Claro, ele nos desprezava.

Ao chegar na nossa turma, proibiu-nos de escrever com caneta-tinteiro (alguns ricos já tinham) com imenso ódio. Devíamos ser iguais e molhar nossas canetas na tinta. Pouco depois, Voinov sofreu. Sánitch, ao ver que ele tinha nos dedos uma respeitável caneta-tinteiro (claramente havia pegado do pai diplomata sem pedir), aproximou-se, com leve movimento de ladrão pegou a caneta do aluno mortificado, partiu-a em duas, também com muita leveza, e jogou-a com agilidade pela janela aberta. Depois voltou ao seu caderno.

Ele tinha um caderno habitual com anotações, e olhando para ele de relance Sánitch comedidamente nos comunicava tudo o que era necessário. Era preciso anotar rápido e da forma mais completa possível. Ele não se permitia nenhum tipo de improvisação brilhante. Não contava nenhuma história fascinante. Nenhum exemplo, comparação, brincadeira. Que brincadeira, com *A mãe* de Górki?

Outros professores se permitiam brincar. O inesquecível Níksem da 635 (o professor de física Nikolai Semiônovitch), apelidado de "ponto e vírgula" em referência ao ritmo em que caminhava (ele era manco), ao entrar na sala, proclamava com uma voz esganiçada:

— Pendurem a orelha no prego, atenção! Dina... é... a... força...

Como vocês veem, ficou na minha memória para toda a vida. A única coisa, de muitos anos de aula de física.

O matemático Iliá Nikoláievitch proferia gentilmente: "Agá pequeno e agá enorme".

Cada um tinha seu método. O professor de desenho, Proegorkin, berrava com voz fina, tentando cobrir o barulho geral da sala. A professora de química, Kolba, uma mulher bem rechonchuda, inteligente e adoentada, prendia a atenção dos alunos com observações bem-humoradas, cheias de um fino veneno, e dava notas dois sem medo.

Estava absolutamente claro que Aleksandr Sánitch não nos amava (depois dos gênios anteriores da escola masculina 170!). Cravando seus olhos muito claros em nossas cabeças inclinadas sobre os cadernos, ele parecia uma bala de revólver. Ninguém podia se distrair. Não porque Sánitch gritava algo, ele nunca levantava a voz, já em si sonora. Com a entonação que os polêmicos usam para ser mordazes, o professor nos comunicava informações absolutamente correntes sobre o autor, a história da obra, particularidades etc.

Pelo visto, a mordacidade vinha da impotência pessoal de Sánitch diante da face da poderosa estupidez dos alunos e das tolices das alunas recém-chegadas (fitas, franjas, aventais, meias, sorrisinhos, olhinhos obtusos de horror e — ah! — as respostas em frente ao quadro-negro com aquelas vozes finas e medrosas).

Com que amargura ele repetiu depois de nossa Lenka, que se desenvolveu cedo (seios tamanho G, mancha de suor debaixo das axilas, um indício de bigodinho e panturrilhas de guarda), uma palavra que ela pronunciara com dificuldade, "santimentalismo"!

Ele, ele, professor de uma escola de meninos! Pedagogo do liceu! A que ponto chegou! *Santimentalismo*! Mulheres na frente do quadro-negro!

Depois entendi que aquela entonação elevada, fora do padrão, monótona e hostil chicoteava nossos nervos já tensos. Era sua grande força pedagógica. Um monólogo impecável estilo "Ser ou não ser?" ou "E quem pode julgar?". O rangido mordaz da alma. Total ausência de quedas, nuances, jogos. Diante de quem ia atuar?

Era assim que os atores de Anatoli Efros deviam idealmente

ler seus papéis. Eu ia a seus ensaios. Monotonia! O ápice dos sonhos de um diretor inteligente.

Quando chegava o momento de pagar (de colocar as respostas no quadro), Sánitch dava cabo de todos nós. Ele liberava as seis carteiras da frente e passava os alunos para trás. Depois elas eram ocupadas por seis infelizes chamados por ele, com cadernos e canetas. Fazia uma pergunta para cada. A resposta deveria ser escrita. Outros dois dividiam o quadro no meio e escreviam as respostas diante da turma toda. Mais um ficava bem na frente da mesa e, caso não soubesse, os outros deveriam complementar.

Toda vez era como uma cena de fuzilamento. Nas pausas entre as respostas incoerentes soava apenas o tímido ruído do giz no quadro e das canetas no papel. Choviam notas no diário de classe. Em 45 minutos ele perguntava para metade da turma (éramos 42). Esquadrinhava as fileiras com seus olhos brancos.

Sánitch era reconhecido como o melhor professor do bairro, era o metodologista local, os estudantes iam assistir a nossas aulas com suas cadeiras.

Nada se comparava ao terror de nossos vândalos inveterados diante das aulas de literatura. Aquelas cabeças raspadas, aquelas carrancas fumantes, patas marcadas, acostumadas às brigas de soco, por algum motivo liam e escreviam sob a liderança furiosa de Sánitch. Aprendiam a falar sem palavrões. Expunham opiniões nas redações. Mais do que isso, anotavam o que ele dizia com sua letra de galinha. Respondiam, suando:

— Foi quando... É... Ele nasceu...

— Nasceu...

— É isso! — olhava para os tímidos espectadores, levantava o queixo chamando alguém. — Isso, em mil oitocentos...

— Isso é óbvio: em 1700 é que não foi!

A classe, ao mesmo tempo: uh!

— ... e sessenta e oito!

— Ah! Não pode ser!? Que alívio. Data em que foi escrito o romance *A mãe?*
— Isso foi... mil novecentos...
— Está conseguindo um belo três, pense!
— ... e cinco!
— Sente-se, dois. Seriakov!
— E sete!
— Está bem. Venha responder.
— (*O que havia tirado dois, aflito*) San Sánitch... Eu estudei...
— Pois vai estudar mais. Koneva, se soprar a resposta leva dois também!

Era um jogo de azar.

É estranho, mas eu me enganchei bem rápido. O tom desdenhoso me pegou. Eu já tinha lido havia muito tempo os livros que ele nos ensinava. Sentia um vago desagrado pelo romance *A mãe*, odiava as grandes obras de Górki, todos aqueles Klim Samguini, Fomá Gordêiev, Zikov; dele, eu amava *Infância, Ganhando meu pão,* até os contos ciganos, e "O mar — ria" de alguma forma mexeu comigo. Por um lado, parecia-me que não se devia escrever assim, mas por outro era como se estivessem se abrindo certas perspectivas nunca vistas. Como se fosse possível escrever nem muito nem pouco. E com aquele travessão, inclusive!

Já mencionei que desde a infância era uma leitora impetuosa, estava sempre com um livro em casa, consegui uma miopia assim. E então via aquele desdém!

Ele me boicotava de propósito, era o que eu sentia. Não importava o quanto eu incomodasse com minhas opiniões, ele, um professor calejado de escolas masculinas, só perguntava a outros. Não reparava na minha mão levantada.

Talvez me considerasse uma boa aluna consumada. Óculos, trancinhas. Uma voz jovem. Aliás, ele não sabia que na escola 635 eu era uma aluna nota 2, 3, sempre indisciplinada e moradora da primeira carteira, onde nossas professoras detinham as mais perdidas, para ficar sempre de olho nelas. Na escola masculina não me conheciam, eu me instalei na penúltima carteira, já uma menina crescida de dezesseis anos com meu próprio mundo interior e um aguçado senso de justiça. Até dei um jeito de estudar bem por orgulho. Mesmo álgebra, o pesadelo de minha vida.

E eis que me encontrei com Sánitch. Uma menina orgulhosa e um soldado de olhos brancos.

Lembro uma das primeiras redações em sala de aula, sobre o romance *A mãe*.

Eu não tinha conseguido reler o livro.

Como sair daquela situação? Toda as minhas forças espirituais estavam numa busca desesperada. Eu quase não me lembrava da maldita obra. Havia lido meio por alto, ou então minha mãe a havia comprado. Mamãe comprava livros e mais livros, aturdida, toda a biblioteca familiar havia sumido na época das prisões. À noite eu estava sempre lendo e lendo. Depois da escola, por toda a vida até o fim do décimo ano, eu não corria para casa, lá não me esperava nada de bom, eu ia como uma viciada para a biblioteca infantil Lomonóssov. Ela me atraía como um ímã. As bibliotecárias usavam minha paixão e, para cada bom livro, exigiam que eu lesse um do programa. Talvez a leitura do romance de Górki estivesse justamente entre as leituras de cunho coercitivo.

Tirei proveito de uma imagem que me ficara na cabeça (de cada livro resta uma imagem, pois cada um é diretor dos seus filmes). Está escuro, e ao soar do apito o povoado se prepara para ir à fábrica.

Acho que pela força coercitiva da indignação no uso de forças obscuras eu acabei chegando a algo como a primeira página de uma obra mais recente, *Um dia na vida de Ivan Deníssovitch*.

Anuário escolar, 1956. Eu e Aleksandr Plastinin (Sánitch), meu professor favorito.

Como a luz podia cair sobre uma lama gordurosa? Se for pensar, que luz (de vela?) pode haver numa isbá, se a porta para a rua se abre a partir de uma antessala nas casas russas, normalmente escuras, então não devia haver luz nenhuma. Lembro-me de outra passagem: "um desespero cego, surdo, que atormentava o peito". Eu era, por assim dizer, uma Olga Skorokhóvka (um famoso exemplo soviético de coragem de uma cega, surda e muda) na infância.

Eu escrevia bem apertado de propósito, num caderno quadriculado, em cada linha, com uma letra miudinha. Pois bem, decifre! A redação acabou ficando curta. O chamado do destino não deve ser verborrágico.

Ele recebeu meu chamado.

Deu-me um quatro preciso e fez uma breve observação com tinta vermelha pela abordagem incompleta do tema, algo assim. Mas, na aula seguinte, me pareceu que estava rindo em segredo de algo. Como se estivesse vagamente satisfeito.

Ah, eu não precisava de muito. Ali mesmo me joguei em mar aberto, desfraldei as velas e me apaixonei por mim mesma. A cabeça rodava.

Uma curta frase dele, e eu a repetia o dia inteiro. Interpretava assim e assado. Estava decolando. "Original, mas discutível." Ele me chama para a primeira carteira, bem na frente dele, eu disparo a escrever uma resposta à sua pergunta. Como ele observou, breve. Fora do padrão. Ele lê ali mesmo. Alguém ao lado responde, ele me pergunta baixinho. Faço uma objeção em voz baixa. Temos uma conspiração. Ele assente, espantado, sorri.

A cabeça girava. Era como o primeiro amor, se ama quem presta nem que seja um pouco de atenção em você.

Você começa a se valorizar. Aperfeiçoa-se. Ele me dá um quatro de novo. Não tem problema.

Ele já tinha me fisgado e estava me conduzindo com a vara de pescar. Agora eu era sua melhor aluna. Mais tarde fiquei sabendo que em cada turma ele tinha um aluno preferido, no nono ano era uma tal de Sulimova, eu a vi, uma menina orgulhosa com belos sapatinhos amarelos.

Eu olhava para ela com dúvida. Não podia ser. Não podia ter duas de nós.

(Acabou que ele tinha muitos de nós.)

Na primavera, na primeira prova, quando estávamos terminando de escrever a redação final, eu, por preocupação, estava demorando, não conseguia revisar de jeito nenhum. Sánitch, sentado à mesa, de repente disse:

— Não se apresse, vou esperar o quanto for preciso.

E ficamos muito tempo sentados sozinhos na sala, eu e meu amor, ele na mesa, eu na carteira escolar. Eu estava saindo, ele disse:

— Vou corrigir.
Tirei cinco. O último cinco em homenagem a Sánitch.
(Mais tarde eu sempre escreveria concisamente, num caderno quadriculado. Com uma letra apertada, em cada linha. Toda a vida em cadernos quadriculados, tudo: contos, peças, histórias. Sucintamente.)
 Eu ainda o vi uma vez. Um ano depois houve um encontro de alunos. Os ex-alunos faziam barulho, passeavam felizes, a união da razão, a vontade estudantil, fevereiro de 1957. Inesperadamente descobri que havia muitos rostos bons e inteligentes entre os formandos mais velhos.

 Num lugar do vestíbulo havia um turbilhão, os rostos vermelhos pelo riso empolgado, no epicentro uma cabeça grisalha, o rosto também vermelho, os olhos azuis e ternos, muito claros, de Sánitch. Ele sorria encabulado. Escutavam-se gritos: "Sánitch está aqui! Sánitch!". Com ternura, mas sem cumplicidade. Como quem fala com um lobo levemente amansado. Haviam bebido com ele, estava claro.

 De repente ficou óbvio quem era o professor mais amado na escola. Não o soltavam, ia uma multidão atrás dele.

 Depois fiquei sabendo que quem costuma ter olhos dessa cor são os doentes, os cardíacos. Olhos claros, até um pouco turquesa.

 Muitos anos depois, na embaixada da Alemanha, em alguma recepção (para a entrega do prêmio Púchkin), eu estava em um círculo com o escritor Tólia Makarov, o artista Bória Messerer e o economista e prosador Nikolai Schmeliov. Conversávamos sobre isso e aquilo. De repente percebemos que havíamos todos nos formado na mesma escola, a 170. E todos tínhamos sido alunos de San Sánitch Plastinin.

Tólia Makarov, cronista por natureza, disse:

— Também estudaram com ele Mark Rozóvski, Iliá Rutberg, Alik Akselrod... Depois eles fundaram o Teatro Nach Dom na Universidade Estatal de Moscou, Alik foi o primeiro apresentador da KNV na televisão e, além disso, chefe do departamento de cardiologia do hospital Botkinski... Andrei Mirónov também é ator. Dmitri Urnov, crítico. Andrei Veitser, dramaturgo.

— San Sánitch morreu cedo — falei. — Por volta dos 48 anos. Há uma lenda de que ele tinha oito filhos. E que depois se casou com uma aluna. Ela se formou na nossa escola e ficou trabalhando lá, acho que como auxiliar de laboratório, e era apaixonada por ele desde a infância. Amava Sánitch loucamente. Era prima da minha colega de classe, Mila. E teve mais filhos com ele. Sánitch vivia na pobreza. Essa é a lenda.

Os homens fizeram um silêncio respeitoso. Depois, começaram a falar de repente sobre o papel que San Sánitch havia tido em seu destino.

Decidimos fundar uma sociedade de alunos de Plastinin. Falamos e fomos cada um para um lado.

Sánitch está há tempos no túmulo.

"Abre-se a porta, e a luz recai sobre a lama gordurosa da estrada..."

Como uma flor na alvorada

Um amor do passado se liga mais ao lugar do que à pessoa. A pessoa está há muito esquecida, o primeiro amor mora em um lugar qualquer (de fato mora em algum lugar, mas para nós tanto faz, se ele aparecer será desconfortável, especialmente com uma declaração de amor — você foi a única que amei — por telefone, ou com óbvio bafo de bebida, como sempre). Abaixo o primeiro amor, mas o lugar: abençoadas sejam as ruazinhas escuras ao longo do mar, os pinheiros, as calçadas de pedra, as vilas, os crepúsculos, as lamparinas por entre os galhos, o ar salgado com gosto de iodo, a areia nas sandálias, o passeio a dois, ele e ela, pessoas maduras, ele com 21 anos, ela com dezoito, ele é da região, ela está viajando, hospedada na casa de repouso. Ela é estudante, ele é só isso, um caçador de escalpos, um jovem do balneário com muita prática. Não trabalha. Escute, quem se interessa por isso? Ele estudou no conservatório, teve aulas de trompa, foi para a academia militar, é isso que importa. Desde a infância fez escola de música, a mãe era cantora de ópera, solista do coro. Odeia a trompa, mas quando surgiu a pergunta "Exército ou conservatório?", a mãe mesmo assim o aconselhou a entrar para a academia militar.

Tudo isso a estudante (primeiro ano, não sabe se maquiar, usa o vestido da mãe, está sempre com dor de garganta, por isso a viagem para a praia em agosto) — essa estudante escuta com a respiração suspensa. Ela também vem do lado musical, fez aulas de canto, que coincidência, mas na escola técnica. É meio-soprano com perspectivas (disse A. E.) de soprano dramático, em 1935 só essas vozes tinham força para Wagner! Cantavam Wagner até os anos 1940. Por enquanto ainda temos dezoito anos. Hoje de manhã começamos a cantar depois do café da manhã, a vizinha havia desatracado rumo ao mar, e nós (com as janelas abertas, folhas de pinheiro na janela, brisa do mar, não muito quente) — cantamos: "Mamãe querida, ma--mãe querida". E depois a ária de Dalila, sem ninguém por perto, a voz voa pela janela rumo ao mar.

De repente ouve-se alguém falando embaixo:
— Alguém está cantando aí, hã? Quem está cantando aí?
Um barítono masculino, carinhoso.
— Sim, quem está cantando?
Uma segunda voz, mais alta (tenor dramático), acompanha de brincadeira.
— Quem está cantando?
Escondendo-se atrás da cortina de tule, ela olha para baixo. Dois jovens. O coração bate. Ela fica calada, em silêncio. De baixo vem uma conversa de novo:
— É, não foi nada.
— Pode ser.

O silêncio de cima se encontra com o silêncio de baixo, colide, ambos se trançam no ar, ficam mais espessos, crescem. Fecha a garganta. Um minuto, dois. Pensamentos: devo descer? Não posso ir. Descer significa mudar meu destino. Mudar meu destino. Se não descer, meu destino continua como era: mamãe, escola técnica, coral, sua nota é mi bemol, dores de garganta. A. E. disse: é preciso cuidar da garganta, senão como pode, uma cantora com amigdalite crônica? A ária de Dalila: "Abriu-se a alma, como uma flor na alvorada... para o ósculo da Aurora". Acabara de cantar: "Repita a Dalila que você é meu para sempre, que todos os tormentos foram esquecidos...".

Os tormentos da solidão (o silêncio se prolonga), dezoito anos, e, como diz a mãe ao telefone para a amiga, sim, ela fica plantada em casa. Ninguém. Refere-se à filha. A filha fica em casa. Sim, sim, (no telefone elas ficam fofocando sobre os filhos, é a atividade preferida de mamãe e de sua amiga Maria Filíppovna, corretora de seguros). No aniversário da menina viera como convidada justamente Maria Filíppovna, bebericar chá com torta e um vinhozinho, mas como sempre estava com pressa foi embora. Dezoito anos e um aniversário com a mãe e sua amiga, depois M. F. se mandou, pronto. Dezoito anos! Tiraram a mesa.

Que todos os tormentos foram esquecidos!
Repita estas palavras!
O quanto eu amava... a... a...

Cantava a plenos pulmões pela primeira vez depois de uma forte dor de garganta. Dor de garganta era como a morte.
Você é pálida como a morte (palavras de mamãe).
Seguiu cantando (as consoantes não têm importância):

A... nãote... nhofor... çaspa-ra-supor... tar-a-se.. paaaaara..
çaaaaãoporteusca — ri-inhosarden... tesporte... usca-ri-nho-sespero.

Cantava a plenos pulmões diante das janelas abertas, mas na segurança do segundo andar, atrás das cortinas. Como se estivesse na sombra e de um esconderijo chamasse alguém na forma de Dalila. Era assim que se devia cantar (dizia A. E.), compenetrando-se na imagem, mas calma, essa é a próxima etapa, por enquanto ainda é preciso estudar o som complementar do canto, quando é *piano* entre todos, *tutti*. Se o som voa e a chama da vela não tremula (!), não é dramatismo. Todos têm drama em sua natureza (A. E.), não importa o que cantem, todos vocês têm drama, mas a respiração não tem sustentação. Como uma árvore sobre as raízes. Respirem com toda a barriga! Onde está a língua? Onde está seu espelhinho? Chaliápin deixava tudo livre na laringe, a língua assim. (Mostra a palma da mão reta.) A boca como uma gruta (!), nada obstruindo. Liberem espaço! Olhem para a língua!

Apertou a língua, não tinha espelhinho. O som complementar apareceu (?).

Estava chamando alguém, como Dalila. E eis que ao chamado vinham passando dois, que pararam debaixo da janela. Só que daquela vez quem estava cantando a serenata era a moça lá em cima (pálida como a morte); cantava desesperadamente, a língua apertada, o som fluía livre, a respiração de novo sem sustentação. Tape o ouvido com a palma da mão (dizia A. E.), escute a si mesma, está ouvindo?

Estou morren-ndo de felicidade!
Es-toumor-rendodefe-lici-dade...
A-*a*... *aaa-aa* (e cantava assim por diante)

Descer significava mudar o destino. Será que desciam as espanholas para quem se faziam serenatas?

Na prova teve uma serenata: "Ao longe vão se apagar os Alpukharri! Bordas douradas (Zoia Djafarovna perde e): nosomcon-vidati-vodoviolão! (Zoia Djafarovna tamborila). Vá embora,

minha querida!!" (comentário de A. E.: no geral, quatro com um menos! Mas demos quatro para você, fui contra).
As espanholas desciam? Mesmo assim ela está parada, sem se mexer, com medo de mudar seu destino detrás da cortina. Embaixo está silencioso, já não há mais ninguém. O destino partiu. Ela não conheceu ninguém. Foi andando para um lugar onde havia um tablado atrás de uma grade, dança e música, ali os casais se balançavam. Mas se afastou em silêncio, pálida como a morte. Todos entravam, mas ela não entrou, afastou-se. Repita a Dalila que você é meu para sempre.

Como uma lebre assustada, com as patinhas inaudíveis, desceu para o pátio, contornou o edifício, saiu para a calçada de ladrilhos. Pare! Eles estavam ali, os caçadores, congelados. Ela ficou olhando, disse:

— Aqui estou.

Uma declaração ousada, capaz de mudar um destino, aqui estou. Falou e transformou sua vida e a vida dele, inteligente, de óculos, bonito, lindo, um pouco careca. Ela revirou tudo.

— Aqui estou.

Pausa, eles meio que mudaram a pose. Ficaram parados, mas se animaram. Como se tivessem ouvido um sinal:

— Aqui estou.

E depois:

— Era você que estava cantando? (Falou o segundo, o rosto redondo, alto, bronzeado.)

— Era eu.

— Olha só — falou de novo o segundo, e o primeiro, o principal, de óculos, relaxou, acendeu um cigarro, pois o segundo, queimado de sol, sempre tocava o primeiro violino entre eles. — Olha só, estamos organizando um concerto dos veranistas. Você não aceitaria...?

Depois eles já estão os três andando pelos ladrilhos de uma ruazinha (rumo a algum lugar), nas sandálias de novo se junta areia, mas o segundo, bronzeado, tem pouco tempo. Ele claramente está com pressa e logo deixa Dalila e Sansão sozinhos. Sansão estudou no conservatório, Dalila estuda na escola técnica. Sansão conta sorrindo que na escola de música cantavam "Lembro-me de um instante estranho" em forma de jazz, com um umpa-umpa-umpa, tambores sobre as cadeiras, e quando uma donzela se esqueceu na prova da romança de Glinka, ele (Sansão) mostrou baixinho para ela, como se fosse o tambor, "umpa-umpa", e ela se lembrou! Gargalharam.

Depois eles passearam a noite toda a dois, passaram no quarto de Alik (o bronzeado) antes do clube, ele era um animador na casa de repouso, e Sansão, seu amigo, viera visitar a praia, ia embora naquele dia. Dalila pensou com horror: hoje.

No quarto de Alik havia cartazes, bolas e redes, jogos de xadrez, equipamentos esportivos, uma luva de boxe, poltronas velhas, dois sofás, certa rotina, uma chaleira, copos, uma mesinha de cabeceira, uma mesa com cadeiras. Ninguém tinha nenhum dinheiro (a pergunta rápida e sem destinatário de Alik, "alguém tem dinheiro?", caiu no silêncio). Mas estava ali, de lábios inchados, uma moça, era claramente a namorada de Alik. Ela sempre tinha aquela carinha inchada. Uma característica constante: a boca rechonchuda em excesso, como se tivesse uma cara levemente insatisfeita. Alguém olhava da rua, Alik saiu correndo, voltou correndo de novo, pegou as chaves, por fim Sansão liberou Dalila, Dalila tinha de jantar às sete.

Andam lado a lado, Sansão conta que a Carinha Inchada — era, no fim das contas, a filha de um grande chefe, ela estava ali de férias com os pais, tinha dezessete anos, ela e Alik já tinham decidido se casar, mas os pais ainda não sabiam, e se soubessem levariam a Carinha para a capital. Justo agora o período de balneário daquela Állotchka estava terminando, ela convencia os pais a prolongar a viagem e a deixá-la ali sozinha para se curar, já que eles precisavam ir para o trabalho, mas Állotchka só tinha que voltar à escola no fim de agosto, tinha duas semanas livres. Uma colegial casada?

Assim Sansão e Dalila conversaram e se separaram no refeitório, e o principal era como COMBINAR. Dalila estava calada, tinha um medo torturante, a saudade a sufocava. Acabara de ganhar e já ia perder. Eles estavam perto do pé da escada, em cima quase todos já tinham terminado de jantar, saíam satisfeitos, levavam costelas para os cachorros e gatos. Dalila esperava, como um cachorro ou um gato, calada, sem miar. Anoitecia, fazia frio, Dalila não conseguia se conter, tremia. Sansão, sorrindo, tirou a jaqueta e pôs sobre os ombros de Dalila.

Repita a Dalila que você é meu para sempre
que todos os tormentos foram esquecidos...

Dalila tiritava mesmo sob a jaqueta aquecida, quentinha. Ficou calada, à espera. Sansão acendeu um cigarro e por fim falou, por algum motivo rindo:

— Se amanhã você estiver no seu quarto, passo lá antes do almoço, tenho umas coisas de manhã.

— Segundo bloco — respondeu Dalila imediatamente, aquele endereço dava voltas em seu cérebro. — Segundo bloco, segundo andar, quarto sete. Casa de repouso Volna.

Senão ele podia ir embora, esquecer-se no caminho e aí pronto. Pois as casas de repouso se estendiam por quilômetros ao longo da beira-mar.

— E então? — ela perguntou. — Até mais?

Ela tirou a jaqueta e ao mesmo tempo, meio sem jeito, estendeu para ele sua longa mão branca para se despedir (ainda não se bronzeou).

O aperto de mão pareceu um terremoto.

— Volna, segundo, sete — ela falou assim, despreocupada, e subiu os degraus, com vergonha de seu vestido, das sandálias, das pernas e dos braços brancos. Olhou para trás quando chegou ao portão. Com uma ternura inexprimível, ele olhava para cima sorrindo, alentador.

Ao amanhecer, Dalila acordou de felicidade. Já havia realizado tudo na vida, tudo o que era necessário. O peito vazio se enchia de dentro, deixava tudo apertado (como se diz, o coração ficou apertado no peito, era isso). Tudo se preencheu num instante, a vida ganhou sentido. À pergunta "onde está o sentido da vida?", Dalila agora, ao amanhecer, poderia dar a resposta: "Em Sansão".

Ela estava deitada, plena de sentido, com uma enorme tranquilidade. Os passarinhos começaram a cantar, de tempos em tempos os corvos gritavam. Tudo já estava arranjado na vida dela, tudo florescia, havia ordem, estabelecera-se o principal: estar junto de Sansão.

Muitas horas depois ele chegou debaixo da janela e assobiou "Ah, não tenho forças para suportar a separação", muito esperto. Ela logo apareceu e agitou para ele sua longa mão branca. Os dois partiram, foram encontrar Alik no clube, ficaram lá até o almoço. Alik estava só, havia acontecido uma complicação, os pais não largavam Állotchka, levavam-na consigo, estavam pressentindo algo. Alik se movia como se estivesse na neve, também cheio até a borda, já um homem adulto de 23 anos, organizador e animador do balneário, uma perspectiva indesejada para aqueles pais, estava claro. Finalmente chegou aquela por quem esperavam, Állotchka, que escapara por cinco minutos, veio correndo do tratamento na clínica, e ali mesmo, da soleira da porta, propôs a Alik ir para a casa da mãe dele em Donetsk. Ele beijou Állotchka (na frente de Sansão e Dalila), apertou-a contra si, contra seu corpo, o corpinho miúdo de Állotchka contra o enorme e adulto dele, escondeu sua carinha inchada e os olhos pretos molhados na altura do estômago, só se via a juba de seus cabelos pretos, tudo se escondia sob os braços de Alik, braços aflitos de uma pessoa desnecessária.

— É preciso pensar — disse ele como resultado, lentamente.

Também lentamente, como se estivesse debaixo da água, ela se soltou dos braços dele e foi embora, depois surgiu ao longe pela janelinha, pequena, empertigada, usando saltos, uma cabeleira preta e só.

Os dois consolaram Alik, beberam chá no quarto dele com a única coisa que tinha, sequilhos. Depois, Alik foi chamado para a sala do diretor. Sansão e Dalila, como se tivessem feito tudo o que precisavam, levantaram-se e saíram. Foram rumo ao mar, para onde mais?

Sentaram-se na areia, Sansão por hábito tirou a roupa e ficou só de calção, e Dalila se assustou mortalmente por ver o corpo dele. Olhou com aversão. Pelos nas pernas, pernas cheias de nervos, já maduras (21 anos), ela quase não levantou os olhos até o calção de banho, ali tinha um monte. Dalila não tirou a roupa, ficou sentada com os braços cruzados (amigdalite crônica). Ele foi para o mar, afastou-se, mexendo as nádegas, completamente alheias, tinha panturrilhas e costas largas com pelos. Depois saiu do mar, veio com o rosto para a frente, viam-se muito bem seu peito cabeludo e a barriga peluda, bem apertada no calção. Era preciso se acostumar, ela decidiu, desviando o olhar em pânico. Quando ele se sentou ao seu lado, apareceu uma expressão em seu rosto, como se estivesse achando alguma coisa engraçada. Como se estivesse observando um caso curioso.

Depois de suspirar, ela disse de repente:

— Não vou sair com mais ninguém.
E ele abaixou a cabeça.
Sobre canto não se falou mais. Sobre começar a cantar no bloco dos quartos também. Não havia tempo. Passavam dia após dia juntos, preocupados com Alik e Állotchka. Állotchka iria embora em cinco minutos, havia esperado, pelo visto, até os últimos momentos, e uma vez Sansão e Dalila chegaram para ver Alik, e seu quarto, sempre aberto, estava hermeticamente trancado. Bateram, sacudiram. Nenhum ruído. Sansão olhou pelo buraco da fechadura e, de repente, fez sinal de sumir dali, pegou Dalila pela mão e a arrastou para fora. Saíram rápido.
— O que foi?
— Estão se despedindo, a chave está na fechadura.
— Se despedindo como?
— Se despedindo — ele repetiu.
Depois Dalila soube toda a história de sua longa vida, que Sansão não havia conseguido aguentar os estudos na academia militar com a perspectiva de depois tocar a vida toda numa banda marcial e por fim se tornar seu regente. Então no quartel um aluno experiente dos últimos anos ensinou a Sansão: fique debaixo da escada, eu faço como se tivesse encontrado você, caído e inconsciente. Depois você não come nada, e se comer enfie dois dedos na garganta e pronto, ponha para fora. Assim você passa uma semaninha na enfermaria e é dispensado do Exército. Uma semana: Sansão passou três meses no hospital, na ala da neurocirurgia, e de fato já não conseguia comer nem beber, vomitava logo depois de se alimentar, mas o Exército não queria se separar dele, punha um conta-gotas, insistia em oferecer tratamento, determinava exames cada vez mais precisos, punções na coluna vertebral e uma terrível insuflação (algo assim), temida por todos os simuladores e evitada como a pena capital. Depois o deixaram ir. Ele perdeu metade do peso, seis dentes e quase todo o cabelo,

mas sobreviveu, saiu para a liberdade e começou a beber terrivelmente. Não conseguia nem trabalhar, nada. E a mãe.
— E minha mãe, imagina, não disse uma palavra. Ia toda manhã para o ensaio, e toda manhã me deixava dinheiro debaixo de um pires. O pagamento era pequeno. Eu entendia tudo, mas todo dia de manhã cedo corria e comprava uma garrafa.
— É mesmo?!
(Repita a Dalila que você é meu para sempre, que todos os tormentos foram esquecidos.)
— Aí, sabe, um belo dia disse a mim mesmo: pronto. Chega. E pronto!
— É mesmo?!
— E não bebo mais. Bom, bebo feito todo mundo, um copinho ou outro. E pronto.

(*Abriu-se a alma,*
Como uma flor na alvorada,
para o ósculo da Aurora...
Como treme meu peito!)

E eis que uma vez, à noite, ele a beijou. Uma noite grosseira na praia, nas dunas. Esmagou toda a boca dela, Dalila começou a sufocar, ela não conseguia respirar naquela situação, com a boca tapada! Os lábios de imediato se incharam, e Dalila claramente, ali mesmo (como se tivessem iluminado), viu a boca inchada de Állotchka, já levada à força no táxi, e em pânico entendeu tudo (eles estavam se despedindo! "Se despedindo"!). E começou a tentar escapar, debater-se para se libertar e respirar, mas não adiantava, Sansão avançava, debruçava-se, cobriu tudo com seu corpo e começou a dilacerar o pobre peito de Dalila. Algum animal forçava, pedia, desabotoava habilmente, esmagava, não descolava a boca da boca, eca! Dalila empurrou com força a barriga dele e pôs-se de pé num salto. Deu a volta e passou muito tempo abotoando o sutiã debaixo da capa, da blusinha e do vestido. Olhou para trás. Sansão estava sentado, fumando, ele mesmo desalinhado. Pouco a pouco começaram a falar. Por algum motivo ela se sentia culpada. Fazia carinho na manga da jaqueta dele. Descobriu (não imediatamente) que naqueles momentos o homem sente uma forte dor. Eles não se controlam. É uma dor implacável.

— É mesmo?!

Já estava escuro, de noite, Sansão estava atrasado para pegar o bonde elétrico, agora pretendia ir acordar Alik e dormir no sofá dele. Sansão acompanhou Dalila até o bloco, deu-lhe um beijo suave e terno e depois passou muito tempo debaixo da janela, assoviando "Ah, não tenho forças para suportar a separação". Por algum motivo ficava ali, apesar de terem combinado de se ver de manhã cedo. E — novidade — de manhã viu-se que a capa branca de Dalila estava manchada nas costas!

Ela já havia se vestido para sair, e a vizinha a parou:

— Você está verde — falou a vizinha de forma prática. — Deitou em algum lugar e aqui ficou verde.

A capa branca tinha listras verdes e manchas nas costas.

— É da grama, eu me deitei na grama. Preciso lavar com água quente e sal.

Nos olhos das vizinhas liam-se claramente todo o texto não dito e a própria experiência triste. Ê, ô, ficou verde, como mil outras sem nome.

Parou de vestir a capa. Escondeu-a na mala.

De dia Dalila levava Sansão no peito, inchava a caixa torácica, ficava tudo preenchido, repleto dele. O próprio Sansão andava ao lado, segurando sua mão, e ele mesmo estava dentro, apertava a respiração. Mão na mão, passava para Dalila como uma corrente, fazia cócegas nas costelas, ia para os calcanhares, se ele estivesse por perto. Como era bom! A cabeça girava, mas a conversa corria calmamente. Eles só estavam conversando. Alik ficava aturdido como um cervo na floresta e corria para a cabine telefônica. Uma chamada para ele de Moscou. Állotchka ligava todo dia e chorava ao telefone, gemia, não conseguia suportar a separação.

Ah, não tenho forças para suportar a separação!
Teus carinhos ardentes, carinhos espero,
Estou morrendo de paixão!

Állotchka chorava, e nós com ela.

Uma semana depois, Dalila permitiu-lhe AQUILO, ou seja, beijar (já que ele sentia dor, Sansão claramente apertava os dentes ao se sentar ao lado dela). Aprendeu a respirar pelo nariz quando se beijavam. Aguentava. De manhã a boca estava inchada.

Já Állotchka informou por telefone a Alik que estava atrasada (o que é isso, pensou Dalila, quer dizer que ela não vai mais ligar?!).

— Algum atraso nas ligações — concluiu Dalila em voz alta.

Sem se conter, mas rindo baixo, Sansão continuou dizendo que Alik estava ficando louco.

— Ele não pode ir embora, não tem dinheiro — gargalhava Sansão como um idiota.

— O que deu em você? — perguntou Dalila. Ela suspeitava que ele estava rindo dela. Todo mundo pensa isso se o outro está rindo e não entende do quê.

Sansão foi pouco a pouco se acalmando e explicando que Alik não tinha dinheiro para ir a Moscou, podia ir no fim de semana (uma noite no trem para lá e uma noite de volta), mas não tinha como, porque Alik mandava dinheiro para a mãe em Donetsk, o irmão menor estudava lá. Alik estava ficando louco. Állotchka se preparava para ir vê-lo, deixar um bilhetinho contando a verdade para os pais. Morar no quarto dele. Comer com Alik no refeitório dos funcionários. Ele tentava dissuadi-la, pois seria preso por sedução de menor. Toda a polícia seria acionada. Eles podem tudo. Ele não pode nada. E não tem dinheiro. Dalila e Sansão não tinham nada também. Dançavam tristemente de graça nas festas de Alik, já era outono, o cheiro das folhas amarelas, a lua imortal brilhava nos céus escuros e meio frios, a areia gelava nas dunas. A mãe de Sansão estava em turnê, ele emagrecia, Dalila o alimentava com suas almôndegas e pão, como as pessoas alimentam gatos e cachorros. Olhava com avidez a maneira como ele comia: delicadamente e como que a contragosto. Tinha uma coroa metálica no fundo da boca, marca dos meses terríveis no hospital militar.

Porém, Sansão tinha tudo pela frente, enormes planos, ele entraria (não agora, no ano que vem) para o conservatório e faria duas faculdades, regência de coro e composição, ia se preparar. Era preciso trabalhar e estudar.

Eles ficavam nas dunas sobre o cobertor de Alik, sob a lua, beijavam-se até perder a consciência, mas a tristeza já se instalara no coração de Dalila, ela chorava com frequência (com Állotchka).

Dalila, boba, beijava furiosamente, havia aprendido, Sansão rangia os dentes por suas dores.

E de alguma forma uma noite ela estava indo para casa, para Moscou, Sansão a levava de bonde elétrico para a cidade, eles ficaram abraçados no último vagão e olhavam pela janela traseira, como os trilhos que corriam se entrelaçavam e desentrelaçavam como cobras de fogo, e como ardiam com melancolia as luzes verdes e vermelhas dos semáforos, pode/não pode, pode/não pode.

Na plataforma da estação ferroviária municipal, como despedida, Sansão tirou seu único suéter vermelho e o entregou para Dalila, porque ela estava congelando sem a capa, que havia enfiado na lata de lixo da casa de repouso. Dalila passou a noite chorando, coberta com o suéter, sentindo o cheiro de Sansão, de tabaco, de sua pele, de água-de-colônia, chorava e choraria ainda por seis meses, ia escrever cartas todo dia, depois dia sim, dia não, depois mais raramente. Na primavera, esse fluxo ia se esgotar, e o fluxo oposto, de Sansão, terminaria com duas cartas sem resposta, e em uma delas a distante notícia de que Alik havia se casado, ele e Alla estavam esperando um filho, e Alik havia entrado na escola de teatro por correspondência para o curso de direção, e já havia encontrado trabalho como diretor artístico na Casa de Cultura de uma fábrica. Alik — quem é esse?

Abriu-se a alma, como uma flor na alvorada.

Muitos anos depois, Sansão ligará e, com uma voz suave e embriagada, dirá: ah, quem é?, você foi a única que amei em toda a minha vida. E desligará o telefone.

Alfinetada no lombo

Ainda na universidade, fui trabalhar na revista *Crocodilo*. Depois de ler os humoristas poloneses, de repente decidi fazer um curso de humor e sátira, orientado por Manuil Semionov, na época editor-chefe daquela publicação infernal, e nossas aulas aconteciam em seu escritório.

Manuil Grigoriévitch, um velho inofensivo de uns quarenta e poucos anos, de rosto pareceria um colcoziano japonês, se isso existisse, e estava sempre sorrindo, mas escrevia incrivelmente mal quando todo o país já citava Ilf e Petrov. Aquilo era uma aldeia, uma aldeia.

Manuil até nos convidou para uma "pautinha", uma reunião dedicada à escolha do tema para as caricaturas. Os veneráveis se sentavam em volta de uma enorme mesa e literalmente espremiam de dentro de si até a última gota (de memória, aparecia uma citação famosa), em geral falavam várias bobagens, dava até vergonha de escutar. Viktor Ardov, um moço encorpado cor de mostarda com cabeleira grisalha e barbicha, se comportava de forma muito viva, literalmente como uma criança, dava voltas, olhava para trás, sorria nervoso e por fim pariu: "Batistas. Batistas. Bate testas". Todos relincharam com gosto, mas depois interromperam depressa — como, no período soviético, ia poder haver uma caricatura com uma legenda assim?

Em geral, a *Crocodilo* no fim dos anos 1950 era imaginada como um escritório esfumaçado, onde ficavam senhores idosos sérios que se dedicavam a um humor punitivo.

No melhor dos casos encontravam-se ali artesãos que eram incumbidos de escrever sobre temas internacionais e renegados ideológicos, como os *stliágui** e Pasternak.

De resto trabalhavam muito, rangendo os dentes compunham piadas, gracejos e artigos que, ao ser publicados, atravessavam harmoniosamente a distribuição (entregas para os chefes) com o último veredito. Era uma procuradoria com assobios e pulinhos. A população reclamava da revista como se viesse de dentro de um quadro de Briull, *O último dia de Pompeia*. Os humoristas corriam para fazer viagens a trabalho. Por causa dos artigos ocorriam controles da parte do Comitê Central, os heróis da revista eram presos, expulsos do Partido. Eles (geralmente os chefes menores) não cediam, reclamavam. Alfinetada no lombo de todos! Que humor pode existir em circunstâncias tão horríveis? Um grito e um lamento no melhor dos casos. De manhã, fuzilamento. Os escritores de artigos viviam no limite. Os que davam certo, acho, também se viam em maus lençóis (como veremos posteriormente).

Sorrindo, Manuil Grigoriévitch aconselhou que nós, alunos, começássemos nossa atividade humorística trabalhando com cartas de trabalhadores. Depois de pensar, ele me deu uma queixa de Anna Vladímirovna Dúrova, diretora artística do famoso e

---

* A stiliága era uma subcultura de jovens da União Soviética durante os anos 1950, interessados em moda e na indústria cultural estadunidense.

animalesco Cantinho de Dúrov. Anna Vladímirovna havia escrito com uma caligrafia escolar dizendo que o novo diretor do circo, Blekhman, não conhecia as especificidades do adestramento, já que anteriormente administrava os cinemas ambulantes da região de Moscou.

Se eu fosse mais afiada, poderia ter rido daqueles argumentos com o riso cruel dos crocodilos. Depois, trabalhei um tempo no jornal *Gordóvskaia Pravda* e comecei a entender que qualquer membro consciente do Partido pode chefiar tudo, tanto um teatro quanto um cinema, depois um circo, casas de banho, centrais telefônicas, fábricas de asfalto, além de cemitérios, operetas, colcozes, pistas de patinação e centros de detenção. Uma revista e um jornal. Os mais infelizes eram os enviados "para cultura". Se seu plano fracassasse, se você fosse pego roubando, ia piar como diretor de um clube ou num conjunto de empresas de artes plásticas. Ia distribuir entre os artistas seu plano de trabalho, tipo "Kalínin e Akhubabaev na Praça Vermelha" (um nome real).

O tema não me parecia interessante.

Quando por fim encontrei Anna Vladímirovna no Cantinho de Dúrov, ela me disse que Blekhman já estava em ação (pelo visto, eu havia passado muito tempo me preparando). Como um sólido administrador, ele decidira consertar o Cantinho, pintou-o com tinta a óleo e encomendou um enorme quadro para o foyer central, *O túmulo de Dúrov no cemitério Novodevitche*. A obra já havia sido desenhada (enquanto eu, uma aluna preguiçosa, enrolava).

Levaram-me para ver esse quadro. Parecia decoração de filme de terror. Lápides e mais lápides ao longe. Céu meio turvo acima delas. E isso num circo! Onde vinham crianças! Minha nossa!

Além do quadro e de pintar a parede, o diretor ainda havia tido tempo de fazer muita coisa.

Anna Vladímirovna, uma dama madura e atenciosa com um

camafeu na blusa, me contou sua conversa com Blekhman. Ele havia mandado tirar do museu todos os animais empalhados dos artistas de Dúrov no terraço com a frase "Vamos levar toda essa velharia aqui". A. V., pelo visto, se arrastou até ele e começou a protestar:

— Isso são relíquias, essa é a famosa Zapiataika! O ganso! Descrito por Tchékhov!

— Não se preocupe, vamos fazer outros animais empalhados — declarou Blekhman, ao que parece. — De que nos serve essa traça?!

— Pois esses animais foram empalhados por artistas! Sabe quem fez esse ganso?

— Então vamos empalhar os artistas!

— O que está falando?!

— Vamos matá-los e empalhá-los, não se preocupe — Blekhman tranquilizou Anna Vladímirovna. — Não é isso?

Foi mais ou menos isso o que imaginei de sua acalorada conversa.

Em todo caso, Blekhman com toda certeza prometeu a Dúrova empalhar justamente seus alunos.

Anna Vladímirovna me levou para o terraço onde estavam amontoados aqueles animais peludos empalhados, tristes restos do museu. Todos já estavam da mesma cor empoeirada. Um urso com a pata saliente. Uma pilha de mortos.

— Alguns tantos já estão debaixo de chuva — disse Anna Vladímirovna.

Era uma reprimenda a mim, uma negligente. Havia levado muito tempo para ir.

Era preciso me preparar. Vamos nos vingar. Alfinetada no lombo!

Atormentada, escrevi um texto nada engraçado com o título "Diretor mete os pés pelas mãos" e logo saí de Moscou para meu período de prática. Era verão. Com um sentimento de êxtase, dois meses depois eu tinha em mãos um número novinho da *Crocodilo* com o artigo. É verdade que ali havia alguns parágrafos novos que não tinham sido escritos por mim, com fatos desconhecidos e nomes (algum urso adicional), mas tudo bem. Talvez aquilo fosse habitual na *Crocodilo*.

Ao chegar, fui para a revista. Imaginava que os mais velhos me receberiam com carinho, eu me achava uma nova Varvara Karbóvska. Iam me dar outra carta!

V., um funcionário da revista, me olhou carrancudo e disse que tinham mandado o diretor embora, mas ele havia apelado da decisão, e que no meu artigo os fatos não tinham sido confirmados, por isso havia até acontecido uma reunião com uma comissão do Comitê Central. E que eu já não tinha nada a fazer ali.

— Que fatos? Não pode ser — murmurei. — O urso?

V. achou o jornal e cravou o dedo justo no parágrafo que eu não havia escrito.

— Foi alguém que acrescentou isso, não é meu — balbuciei com a boca dura.

V. me lançou um olhar penetrante, literalmente como uma águia olha um rato, mas eu estava de pé e a águia, sentada.

— Certo — falou, como quem crava um prego. — E isso?

Tirou da gaveta uma prova tipográfica na qual havia correções a tinta. Pelo visto já tinham juntado todo um material contra mim.

— Essa não é minha letra! — Eu me alegrei. — Está vendo? Eu estava fora, no período de prática!

— Em suma — V. resumiu depois de uma pausa, como se não tivesse me escutado —, recomendo que você não apareça aqui nos próximos cinquenta anos. Ou melhor, nunca mais.

Saí, batendo contra as paredes do corredor.

(Imagino que durante aquela pausa deve ter passado muita

coisa pela cabeça do funcionário V.: por exemplo, uma perícia grafológica, mais uma comissão do Comitê Central, uma confusão danada, sua própria demissão etc.)

Pouco tempo depois, Anna Vladímirovna me telefonou e me pediu que escrevesse mais um artigo. Respondi que não podia. Então, depois de um silêncio, ela disse que no lugar de Blekhman haviam nomeado diretor do Cantinho de Dúrov o major Orlov, que até então havia gerido centros de detenção em algum lugar em regiões de corte de árvore massivo (o nome e sobrenome, aliás, foram inventados).

Esse diretor cortava árvores de verdade.* O destino também tem seu senso de humor não humano.

Acho que depois disso começaram todas as infelicidades do circo — demissão dos adestradores, greves, greves de fome, processos etc.

Sobre a *Crocodilo*, a alfinetada no lombo...

Era um método do governo — quando tiraram a diretora intelectual da escola do meu filho, mandaram como diretor das crianças um instrutor militar de bigode. As crianças imediatamente o batizaram de "Barata" e começaram a abandonar em massa sua querida escola liberal. E quando demitiram da *Novo Mundo* Tvardóvski, mandaram para a direção um administrador severo da televisão, que meio que se apropriara de uma poltrona do seu local de trabalho anterior (era o que se dizia à boca pequena). Tinha levado para sua casa de campo.

No que diz respeito ao humor, muitos anos depois encontrei esta frase: "Batista, bater as testas" dita por alguém da revista *Satirikon* no começo do século. Ardov, pelo visto, era um fichário ambulante de velhas reprises, ainda que ele mesmo nem sempre

---

* Trocadilho com a expressão "cortar lenha" em russo, que significa "meter os pés pelas mãos".

escrevesse coisas engraçadas. Mas, a julgar pelas memórias de seus filhos, no cotidiano ele se considerava um sujeito espirituoso e até contestava Akhmátova, que passara pela nada fraca escola de estilo em Tachkent sob direção de sua amiga, a atriz Faina Ranevskaia. Isso sim era uma "pauta", imagino como foi quando essas moças se juntaram! Duas grandes inteligências, mestras em seus ofícios, rainhas do gênero. Ambas entraram para a história do humor com suas piadas, ainda que Akhmátova, claro, ficasse em segundo plano.

Escrevi meu trabalho de fim de curso sob orientação do eternamente ocupado Manuil, sobre a natureza do humor. Ele leu, surpreendeu-se sinceramente e, com uma dose de respeito, perguntou: "De onde você saiu?".

Foi um bom orientador para mim, Manuil Grigoriévitch Semionov. Não corrigiu uma palavra. Naquela época ele ainda não estava na revista *Crocodilo*.

O achado

Fui encontrada no outono de 1961, nas vastidões das terras virgens cazaques, por Yuri Konstantínovitch Ardi e Vássia Anantchenko, correspondentes do programa *Últimas Notícias*, da rádio Vsiesoiuzni.

Depois eles me chamavam assim às vezes, "Achado".

Para ser mais precisa, toda essa história aconteceu no estúdio da rádio de Petropavlovsk, no Cazaquistão do Norte.

Eles estavam lá, em Petropavlovsk, numa viagem a trabalho, e eu havia ido por um dia, vinda da longínqua sede de Bulaievo, para pegar um clichê na tipografia da província (os chamados clichês de zinco eram feitos para a impressão das fotos, uma tecnologia muito antiga). Em Bulaievo eu publicava o "jornalzinho da região" — um número dedicado ao trabalho dos destacamentos de construção da MGU nas terras virgens, naquele distrito do Cazaquistão do Norte.

Era setembro. Todos os estudantes do destacamento já haviam ido embora para Moscou, com músicas, dinheiro e rações secas, mais magros, bronzeados, fibrosos, todos sem exceção de camisa de marinheiro listrada e calça de lona (a frota patrocinadora havia distribuído uniformes prontos para o uso). Na região de Bulaievo restaram as paredes de variados tons dos celeiros erguidos pelas mãos brancas dos estudantes (com blocos de pedras nativas), casinhas de adobe, currais de ovelhas — depois, trabalhadores armênios temporários terminariam de construir "debaixo do teto". (Não sei se aquilo terminou de ser construído ou se tudo sumiu debaixo das neves profundas quando foi encerrada a campanha de iniciação dos estudantes à vida simples dos detentos.)

Ainda fiquei nas terras virgens — para publicar o jornal sobre o destacamento de construção da universidade, que eu mesma escrevi inteiro, com vários sobrenomes diferentes.

De repente o correspondente remoto da rádio do Cazaquistão precisou, atrasado, caçar algum material sobre nosso destacamento de construção. Ele ligou para o comitê local de Bulaievo, onde eu estava desanimada e sozinha com meu violão.

Ah, as noites de província do Cazaquistão! Um gabinete vazio com uma cama de lona, um telefone no corredor, latidos de cachorro por todos os lados, um breu completo, o vento ressoava nos telhados, só isso.

Um telefonema! Quem seria, tão tarde?

— Alô, moça! Queria falar com alguém do destacamento estudantil!

— Todos já foram embora.

— E você? Quem é você?

— Estou aqui fazendo o jornal sobre o destacamento, estou terminando...

— Ah! É de você mesma que preciso! Pode vir aqui a Petropavlovsk falar na rádio? Que pena, deixei escapar os estudantes, eu estava viajando, queria tanto gravá-los, por assim dizer, cantando em volta da fogueira.

— Amanhã vou justamente aí para Petropavlovsk, pegar um clichê na tipografia. E tenho um violão.

Ele ficou calado — dava para ver que tinha ficado perplexo com tamanha coincidência:

— Aí está! É isso mesmo! Então você vai passar a noite em nossa casa, minha esposa vai fazer um jantar para você.

No dia seguinte, a tipografia regional devia me entregar os últimos clichês de fotografia, e eu teria que imprimir toda a tiragem e acompanhá-la até Moscou.

Flocos de neve voavam sobre a cidadezinha baixa de Bulaievo, poças longas e profundas se encrespavam como numa tempestade... Soprava um vento forte, gelado, um autêntico vento de antes do inverno na estepe. Eu ia com dificuldade para a estação, carregando o violão. Meu casaco era uma capa de chuva impermeável bordô, de fabricação chinesa, e eu usava um grande lenço na cabeça, parecido com uma toalha de piquê laranja. Por baixo, uma camisa listrada de marinheiro, calça de marinheiro boca de sino feita de lona e botinhas verdes. Algo inimaginável. Tudo havia sido comprado por minha mãe em épocas diferentes. Menos o uniforme da Marinha, que ela havia arranjado. Eu chorava por causa das roupas novas, mas não havia o que fazer. Eu vestia. E foi com essa aparência que fui para a capital do Cazaquistão do Norte, ao encontro do meu destino.

Eis como fui parar ali, nas terras virgens.

Na primavera, quando já estava na época de terminar a universidade, tentei arrumar um trabalho. Mas não me aceitaram nem no jornal A *Semana* (onde já havia sido contratado um colega de classe meu que, em resposta a todas as minhas perguntas sobre como arrumar um lugarzinho efetivo, começou a cantar e movimentou a gaveta da escrivaninha, na qual uma garrafa vazia de conhaque fez barulho ao rolar. Eu não entendi a indireta e saí depois de dizer "Está batendo bem, meu amigo? O que é isso? Está meio pancada...") nem na *Crocodilo* (lá, no departamento de cartas, já tinham contratado um menino do nosso curso, Kólia Monakhov, que depois ficou famoso por publicar frases de cartas populares na coluna "Não dá para inventar"). No departamento de sátira e humor da rádio tampouco me contrataram — os trabalhadores até riram discretamente, entreolhando-se, logo que irrompi, e quando me perguntaram o que eu desejava e respondi que queria trabalhar com eles, é claro que começaram a rir! Naquela época, ali trabalhavam Vladímir Voinovitch e Marik Rozóvski!

Por que eu tentava arrumar emprego em lugares tão estranhos? Porque eu havia acabado de defender um trabalho de conclusão de curso sobre sátira e humor, no qual havia artigos e continhos (e na defesa desse trabalho, dois professores haviam brigado — o presidente da banca disse que não tinha graça, ao que sua oponente começou a gritar que tinha graça, sim, ora essa! Eles se engalfinharam por causa do meu comentário em relação a uma carta que havia chegado à revista *Crocodilo*. Uma pessoa havia mandado um atestado médico entregue ao cidadão N., dizendo que aquele cidadão N. havia chegado ao ambulatório "andando com suas próprias pernas". Eu respondi à carta dizendo que era bom que ele não tinha vindo andando com seus próprios braços. E então começou uma longa discussão se era engraçado ou não. Como resultado, os lados fizeram as pazes, deram-me um quatro e eu, satisfeita, me mandei).

Mas não consegui emprego.

E naquele momento difícil da vida escutei que um destacamento de construção estava saindo da universidade rumo às terras virgens, ia para algum lugar nas estepes do Cazaquistão. E me surgiu um plano engenhoso: ir com eles para lá, era uma viagem de graça para o fim do mundo, quando ainda se apresentava a possibilidade de chegar lá!

Partir me parecia a solução para todas as minhas questões.

Aqueles tempos eram assim. Se está difícil, vou procurar o cheiro e a névoa da taiga, para o lado dos Urais, no caminho, a propósito, de ladrões e assassinos, que em seus tempos também viajaram por esse mesmo caminho pela estrada Vladímirovski (atualmente chamada de Rodovia dos Entusiastas, a chefia de Moscou sabia que nome dar a seus irmãos de espírito) e adiante para o oceano Pacífico, três anos andando a pé (como descreveu Tchékhov em seu relato de viagem A *ilha de Sacalina*), para subir num navio de carga em Vladivostok e depois atravessar para os trabalhos forçados, para aquela ilha, o gulag da época... (O livro de Tchékhov, seu relato científico sobre a viagem por toda a Sibéria até Sacalina, foi escrito sem qualquer paixão e denúncia, é entediante, chato, porém esse foi o primeiro *Arquipélago* de verdade, e justamente nele foi mostrado o verdadeiro socialismo sem propriedade, não pior do que o livro A *fundação* de Platónov: os trabalhadores forçados recebiam casa e terra, mas como isso não era "deles", era do governo, então gastavam tudo em bebida, inclusive os uniformes de detento, corriam para pegar a ração de pão e a comida quente todo dia, às vezes andando quatro horas para um lado, sem estrada, por entre a taiga de Sacalina, até a cozinha. Eles nunca semeavam nada, não faziam nada em geral. Dormiam no chão nu. A única brincadeira de Tchékhov em todo o livro é que os pescadores aborígines usavam as roupas de detento dos trabalhadores forçados "por vaidade".)

Essa viagem pela Rússia não entusiasmou o autor...

A tristeza, pelo visto, tomou conta dele, ou pressentimentos o incomodavam.

É uma pena que os grandes escritores russos não façam essas

viagens — Radíschev foi preso por difamação depois de uma viagem de Piter para Moscou. Tchékhov não permitiu nenhuma paixão e denúncia, e fez certo. Por isso, poucas pessoas leram seu *Sacalina*.

É preciso dizer que abordei esse momento decisivo, o fim dos meus estudos universitários, a última prova, com absoluta indisciplina. Isso acontece com estudantes. Parei de estudar. Fiz meu trabalho final, "Da natureza do humor", recobrando sentidos, em uma noite na véspera do prazo final de entrega: tinha doze páginas de teoria e quinze de artigos meus para a revista *Crocodilo*. De maneira geral, em cinco anos de estudo não só não aprendi nada de novo como também esqueci tudo o que tinha lido no fim da escola. Na faculdade, éramos treinados o tempo todo como futuros ideólogos, submetidos à leitura da infinita obra de Lênin sobre a imprensa do Partido (as pessoas são como "parafusos da causa proletária") e dos livros dele, do Vlad, sobre uma crítica empírica, depois vinha o materialismo dialético, o materialismo histórico, base e fundamento da filosofia marxista, teoria da imprensa comunista sei lá para quê (o que isso significava?), mais umas tentativas de ensinar como escrever corretamente, exercícios de correção de texto, ou seja, colocar a declinação ou preposição necessária no lugar dos três pontinhos... Ainda que em nosso curso houvesse pessoas dos países vizinhos, que em ditados de uma página cometiam 38 erros (recorde pessoal de um estudante de Baku). Depois eles se tornavam editores-chefes dos jornais locais. Entre eles tínhamos dois mongóis sem pressa que em cinco anos não conseguiram anotar nenhuma aula...

É que ensinar uma pessoa a se expressar corretamente é quase impossível. Se ainda for um estrangeiro não é tanta desgra-

Verão de 1958. Eu até passei batom, um que estava sempre dando sopa na minha bolsa, mas eu nunca usava.

ça, ele vai ser contratado no exterior. E não vão exigir isso dele. Mas um russo autóctone "de Kaliningrado" e "de Tiraspol", com uma língua estropiada de lúmpen dos arredores desde o nascimento, justamente nem de aldeia nem de cidade (como no provérbio "foi buscar uma língua e perdeu a sua"), não conseguia aprender a escrever corretamente em nossa faculdade por definição! Apesar dos brilhantes professores de estilística. Porque a questão principal era a fidelidade aos ideais do Partido.

Assim, éramos preparados para ser ignorantes não profissionais, e ideologicamente consequentes...

E tudo isso acontecia ainda que existisse uma literatura grandiosa, é preciso notar! Ao mesmo tempo!

Esses eram os idealistas, educados com grandes exemplos,

para se meter nos macacões piniquentos do proletariado do trabalho intelectual, mentirosos com salário!

(Um dia, muito mais tarde, o professor Asmus respeitosamente perguntou a A. A. Morozov, tradutor de *Simplicissimus*, na Casa de Criação em Peredélkino [antes disso, num banco do parque, eu havia relatado para ele o capítulo de um livro polonês sobre o barroco e os sármatas, que me haviam pedido para traduzir resumidamente]: "E em que ela se formou?". "Jornalismo." "Coitada...")

Era a última prova estatal, a "p. e.", e eu terminaria a universidade. Teoria e prática da imprensa do Partido Comunista soviético e da imprensa comunista estrangeira. "*Impartsov*", como dizíamos.

Meu Deus! Eu não conseguia me obrigar a estudar para aquela prova. Na noite da véspera, porém, fui aos tropeções para a Lêninka para ao menos ler mais alguma coisa. Nem que fossem enciclopédias. Eu não sabia nada de nada!

O destino precisou mandar meu bom amigo Iurka atravessar meu caminho. Ele ia andando com sua mãezinha justamente por aquela travessa, mas na direção oposta. Ou seja, na minha direção. E eu, que caminhava cheia de dúvidas, ia rumo a uma fonte desconhecida de saber em relação à imprensa comunista (os professores não tinham organizado nenhum manual sobre o tema).

— Oi, hoje é meu aniversário! — começou a berrar Iuri, e sua pequena mãe, radiologista, ficou radiante e confirmou com a cabeça. — Venha para nossa casa.

— É verdade! — balançou a cabeça a mãe. — Vamos, Liussenka!

— Então vamos — falei.

Voltei para casa no último metrô, foi isso.

Depois apareci na prova de manhã com um atraso compreensível. Perto da porta se aglomeravam meus colegas, cravando os olhos extenuados nos cadernos. Era tarde até para pedir

Na revista de humor Crocodilo.

algo para ler. Eles mesmos claramente haviam mendigado os valiosos resumos dos bons alunos. Os bons alunos estavam sentados no auditório havia muito tempo.

Lancei um olhar para lá. Ah! A banca examinadora seria boa, era chefiada por nosso decano maneta. E tinha o jovem Zassurski, fundador da cátedra de imprensa comunista no exterior. E algumas mulheres e homens mais velhos. Umas sete pessoas.

Entrei na hora. Não tinha absolutamente nada a perder. Como num sonho, em absoluta e firme tranquilidade, sorteei um papel com perguntas. Sentei. Olhei. Não! Não sabia nada sobre a imprensa comunista do Japão! E o nascimento e a consolidação da imprensa do Partido na Sibéria da época da Revolução não me despertavam nenhum sentimento. Koltchak? Vrangel? Que relação eles tinham com a imprensa do Partido? Só esses nomes, e os sobrenomes dos executados na fornalha da locomotiva dos heróis (não seria Lazlo? Seria, ao contrário, Schors?) vinham à minha pobre cabecinha. Mas imprensa do Partido? Como podiam iluminar todo aquele pesadelo?

Pus-me de pé e fui para o cadafalso em frente à banca. Eles ainda estavam bastante frescos, descansados. Ali estava sentado nosso decano, o careca com um braço artificial e olhos que não se pareciam em nada um com o outro, ambos suspeitamente falsos. Estava severo como o personagem de um filme de terror. Na faculdade ("na facu", como se dizia por lá, o pessoal dizia "vamos para a facu") havia uma série de professores muito diferentes do resto das pessoas por terem uma aparência sobrenatural. Um professor de materialismo dialético, de pé em toda a sua estatura, alcançava exatamente a borda da mesa na altura das sobrancelhas, e às vezes ficava olhando de lá sem ser visto. Eu e minha amiga Verka uma vez entramos correndo no auditório vazio, e ela, levantando a saia, começou a ajeitar a meia-calça, quando — ah, que horror! Bem acima da mesa de repente dois olhos com óculos fundo de garrafa se acenderam com um fogo de reprovação! O professor levantou a cabeça!

Eu e ela, as duas, tiramos um injusto três naquela matéria...

Certo. Eu estava de pé numa pose atrevida diante da banca avaliadora do governo. Depois, proferi num tom maldoso (mas não sem desenvoltura):

— Não sei esse tema.

Eles despertaram, começaram a se mexer. Que aventura! Educadamente me propuseram sortear outro papel.

— Também não sei esse. Não sei nada.

— Pois bem — disse o tiozinho à direita, preocupado. — E como é que Khruschóv chamava os jornalistas? Como?

A moça no centro de repente se recostou e, de forma imperceptível para a banca, começou a soprar a resposta para mim, mexendo os lábios. Até parece! Eu não estava com cabeça para detalhes.

— Sei lá — minha boca proferiu desenfreadamente.

Eles se puseram desconcertados. Eu, como uma criminosa incorrigível, já havia mordido a isca. O caso começava a parecer um processo penal.

— Auxiliares do Partido! — o homem respondeu por mim com uma reprimenda amarga.

— Ah — falei como se tivesse lembrado. Eu não conhecia aquela expressão, claro. Nos dias da minha infância, esses auxiliares costumavam ser chamados na revista *Crocodilo* de ajudantes dos carrascos. O carrasco renegado Tito e seus auxiliares.

— Aí está — ele balançou a cabeça. Como quem diz: "o que é que você está fazendo?".

Eles ficaram calados. Ninguém sabia como e quando me pôr para fora. O terror pairava no auditório. Atrás de mim se contorciam os melhores do curso, as primeiras filas de bons alunos.

Então, inesperadamente, falei uma óbvia maldade para mim mesma:

— Isso não vai me servir para nada.

Pausa. Eles não acreditavam em seus ouvidos. Uma formanda dizendo que o conhecimento adquirido ali não ia servir para nada! Ali, entre as paredes da universidade!

— O que não vai lhe servir? — o homem à direita fez essa pergunta sugestivamente.

— Nada! A imprensa no exterior!

Zassurski se aprumou.

— Como assim?

Era a questão de sua jovem vida! A criação de um ardente poliglota!

— Daqui a três dias vou para as terras virgens — declarei

com toda a força da saudável classe trabalhadora —, trabalhar numa construção! Tenho que estudar a vida! Antes de escrever! Uma parte da banca ficou pensando de cara feia. Agora como iam fazer? De repente a gente vai e dá um dois para uma futura trabalhadora da construção! Ideologicamente, ela entendeu tudo certo! E Zassurski também apronta cada uma! Para que esses estudantes tontos precisam dessa imprensa no exterior? Quem vai ler isso? Mesmo que seja comunista, está em outras línguas! Ninguém sabe! São uns rabiscos japoneses, indianos! O que dá para entender ali? É só papel! É comunista, tudo bem, mas sabe-se lá o que escrevem ali! E não tem ninguém para conferir!

E depois (eles claramente estavam refletindo) — podiam punir um aluno negligente, expulsá-lo da universidade e mandá-lo passar um ano corrigindo a cabeça em algum jornalzinho sobre construção — mas aquela estava ela mesma indo para lá, e ainda por cima com orgulho! E nos dando lição!

Na época eu não entendia isso completamente, mas os procedimentos demagógicos, pelo visto, haviam sido assimilados por mim com clareza naqueles cinco anos de estudo. Aqueles eram meus princípios comunistas! Ir para as terras virgens, para a construção! Para o mato! Não aqui com vocês em Moscou!

Ainda se sentia o espírito antigo, os expurgos, os operários das associações proletárias de tal e tal (rappismo).* A superioridade da classe trabalhadora sobre a intelligentsia apodrecida. Cartas para o Comitê Central, quem sabe? Todos eles escreviam uns sobre os outros.

Provavelmente só se podia falar assim com aquele tipo de gente.

---

* Em referência à RAPP, associação russa de proletários escritores.

Então, com toda a pompa, eu me mandei do auditório. Meu coração batia covardemente.

O pessoal, ouvindo pela fresta da porta, abriu passagem com horror, como se estivesse diante de uma herege. Cruzei o espaço vazio, sorrindo meio criminosamente, prossegui por todo o corredor e me escondi em algum cantinho.

Pronto, era meu fim.

O que me esperava? Não me dariam o diploma, ninguém me daria trabalho sem ele, nem mesmo em algum jornal local, não teríamos do que viver e dali a um ano de toda forma eu teria que fazer a mesma prova... Maldita seja, imprensa comunista do Japão!

Passado um tempo vieram rápido pelo corredor chamando todos para o anúncio das notas.

Novamente passei pelo vazio e me sentei sozinha no auditório.

Anunciaram que eu tinha tirado 3!

Comecei a gargalhar de tão inesperado que foi. A risada soou estranha e sacrílega naquele momento sério, até solene, de fim da universidade.

A comissão escondia os olhinhos e amargamente os voltava para lados diferentes, sem olhar para mim, como o dragão Gornitch, que deixou o coelhinho passar para o outro lado do rio. Via-se claramente que com enorme prazer eles teriam me dado justo agora meu merecido dois. Mas fazer o quê? Não adianta chorar sobre o leite derramado!

Após a formatura eu tinha cinco rublos; três dias depois, chegando na manhã indicada na universidade em Leninskie Gori, eu os entreguei ao comandante do primeiro ônibus que apareceu para alimentação, fui com o pessoal até a estação de carga, entrei num vagão de transporte de animais com camas e comecei a pôr em ação meu plano de uma vida distante. Eu estava indo trabalhar numa construção no Cazaquistão do Norte com os estudantes; depois, quando eles fossem embora, ficaria nas estepes e passaria discretamente de cidade em cidade escrevendo para os jornais locais e avançando até o oceano Pacífico, seguindo o caminho de Tchékhov. Ia viver dos pagamentos. E estudar as verdadeiras pessoas simples! Não sei por quê, isso me parecia o mais importante.

Assim, eu de fato fui embora, como ameaçava. E de fato peguei no pesado na construção, como trabalhadora braçal, carregadora. Arrastando pedras, como nos trabalhos forçados, sob um sol abrasador, padiolas cheias, carregando em dupla num calor de cinquenta graus, sem banho (duas vezes em dois meses), com água meio salgada de um barril, sem correio e comendo macarrão marrom de café da manhã, almoço e jantar — como se estivesse em algum lugar da Itália, com uma diferença apenas: na Itália aquela massa grudada não seria temperada com pedaços de banha de carneiro assada. Esse tipo de cozinha nem sonha com bolo de macarrão!

Um mês depois estávamos de couro curtido, ou pior, com abscessos, e até organizamos uma greve, ou seja, nos sentamos azedamente ao lado de nosso celeiro ainda não terminado, que parecia muito com o Coliseu romano em ruínas, e não trabalhamos. Isso podia ser qualificado como crime, e todos, o curso inteiro, podíamos ter sido exemplarmente expulsos da MGU e do Komsomol — mas isso nem passou pela cabeça do nosso comandante, o pós-graduando em matemática Belenki. Ele era alheio a ideologias. Era simplesmente uma boa pessoa. Em vez disso, levou-nos de caminhão para uma casa de banhos de fazenda estatal, nos deu dinheiro para comprar pães de mel e caramelo (acho que era dinheiro pessoal do pós-graduando Belenki). Também pudemos adquirir cadernos e envelopes; entramos na papelaria como se fosse o paraíso. Logo depois da casa de banho e da papelaria, quando estávamos prontos para voltar, desabou sobre nós uma chuva torrencial, a estepe ficou verde bem diante dos nossos olhos, e a estrada lentamente se transformou em um pântano profundo; viajamos molhados, enlameados até a sobrancelha depois do banho, de pé na carroceria, felizes e cantando.

Uma semana depois dessa vida, um belo dia fui descoberta (deitada no chão atrás do aquecedor no trailer, doente) pelos comandantes do destacamento geral, que haviam vindo de carro do centro regional (eu era a única jornalista com diploma da MGU no território, que, como se brincava na época, equivalia a três Franças). Eles olharam educadamente para o chão onde eu rolava naquele calor sufocante com febre alta e propuseram mudar meu destino: ir para Bulaievo e começar a escrever um jornal sobre o destacamento de construção da universidade. No começo, considerei aquilo uma traição, mas depois, passados dois dias, quando eles vieram de novo, concordei (de toda forma aquilo terminaria logo), e comecei a me restabelecer rapidamente.

Era uma vida maravilhosa! Liberdade! Vastidões! Comecei a ir de destacamento em destacamento fazendo entrevistas, recolhendo canções, casos engraçados, anedotas. O único a que eu não fui nenhuma vez foi o acampamento da faculdade de jornalismo. Por algum motivo eu estava com os futuros colegas entalados na garganta.

Conseguia carona de quando em quando, às vezes ficava deitada no capim alto no meio da estepe esperando um caminhão, sob um céu azul desbotado, na vastidão que ressoava. Não há nada mais bonito do que a estepe. Nada. Até o mar é menor, acaba mais rápido. Por toda a vida tenho gravado na memória o nascer do sol sobre a névoa preta — a terra úmida e arada lilás, de um violeta denso, e o grande sol laranja que saía, tremendo gorduroso como uma gema, saltando para fora, ainda sem iluminar nada, mas justamente "brilhando" — e na estrada parava um caminhão, dele saltavam para o chão ordenhadeiras com aventais brancos, avermelhados pelo amanhecer, e afluía o rebanho; e em meio a ele vinham a cavalo os pastores, que berravam algo brincalhão em alemão, como gritam os mujiques ao encontrar as mulheres, do que eu só entendia o astuto "*Donner vetter!*". E as ordenhadeiras, extremamente limpas, até engomadas, coradas e saudáveis, exclamavam com uma risada: "*Guten morgen*" — eram os alemães do Volga exilados, degredados para a estepe...

Mas depois, quando o destacamento de construção já havia ido para Moscou e eu estava pronta para seguir adiante pelo país até o oceano Pacífico, os funcionários estudados do jornal local me disseram que os jornais não pagavam extras, e as vagas estavam preenchidas em todos os lugares por funcionários do Partido, de modo que eu não teria nem com o que alugar uma cama — e dificilmente alguém ia querer publicar meus artigos. Era o que eles me diziam. De fato, os jornaizinhos não se interessavam por criatividade. Li uma coleção dos jornais dali. Era um horror entediante. Os editores locais publicavam notícias alegres sobre os campos, entrevistas com os presidentes das fazendas estatais e tudo quanto era bobagem ideologicamente comprometida das *tassóvkas*, os materiais da agência TASS, e além disso, pelo que entendo agora, estavam sempre sob forte pressão dos comitês distrital e regional, bem no fundo do oceano do Partido. Eram aqueles peixinhos sem lado, achatados, que bebem muito. Pois quanto mais longe do centro, quanto maior o círculo em volta do espaço vazio, mais apertado vive o ser humano. Está sempre em evidência. Tem menos liberdade. É mais pressionado de cima. Eu não tinha como sobreviver ali.

Naquela primavera, antes da formatura da universidade, eu ainda tinha uma esperança de encontrar trabalho — meu pai desconhecido. Ele era professor de filosofia (ética marxista-leninista, ateísmo) e membro do conselho editorial da revista *Ciência e Religião*. Podia ajudar. Depois de uma longa procura encontrei-o no mesmo prédio no qual eu passara cinco anos estudando — sua cátedra de qualificação superior de professores de ciências sociais encontrava-se bem em frente à porta da minha faculdade de jornalismo. Meu pai sabia muita coisa sobre mim. Claramente tinham chegado até ele boatos sobre meu comportamento ideologicamente instável.

Meu pai se assustou e até se soergueu quando entrei no gabinete dele. Antes disso, eu só o havia visto uma vez na vida, dez anos antes. Ainda assim, reconhecemos um ao outro imediatamente: a voz do sangue, pelo visto. Voltando a si, ele me levou a um restaurante flutuante e me pagou a refeição. No fim perguntou, com muito cuidado:

— O que está pensando em fazer da vida?

— Pois é — respondi. — Vou trabalhar nas terras virgens, numa construção, fazendo trabalho braçal.

— Está certo! — exclamou ele aliviado. — É assim que começam todas as carreiras!

Esses meus planos despertaram nele um grande entusiasmo. Meu pai me deu dez rublos.

Fui falar com ele mais uma vez, sem motivo. Devia estar com saudade. Meu pai notou.

— Minha mulher é contra nos encontrarmos. Mas eu falei

para ela: "Você não sabe, pode ser que ela nos sirva para alguma coisa".
E me levou para o refeitório universitário.
Não o vi mais, meu pai surpreendentemente sábio.
Mas tudo acabou acontecendo bem como ele falou.

Essa é a pré-história de como fui parar na cidade de Petropavlovsk.

No dia seguinte, descendo do trem local conduzido por uma locomotiva a vapor, eu já estava sentada no estúdio da rádio de Petropavlovsk, falando ao microfone, num lugar quente e claro, e relatava o conteúdo do jornal escrito por mim (cada artigo era como uma "novela"); também cantei, acompanhada do meu violão, as músicas do destacamento de construção. Cantei, acho, no mínimo uma hora, inclusive um repertório do mundo do crime, como "Eu entro na cervejaria", as canções preferidas das vastas estepes cazaques. Para a rádio soviética era, pelo que entendo, uma grande novidade!

Quando saí do estúdio, por estar com camisa listrada e calças brancas de marinheiro, além de botinhas verdes, uma aparência, talvez, inacreditável para o rádio, até exótica, e um bronzeado moreno e cabelos totalmente desbotados, cor de palha, e ainda por cima com um violão na mão, veio falar comigo um senhor vivaz de uns quarenta anos. Com ar de intelectual, até meio afrancesado, ele falou carinhosamente:

— De onde você saiu?
— De Bulaievo.
— ?
— Fica a sessenta quilômetros daqui.

— Não diga — falou o senhor intelectual. — Que interessante. Nós a escutamos. Sou comentarista do *Últimas Notícias*, Konstantin Ardi.

A um canto balançou a cabeça um sujeito que não estava na flor da juventude, já bastante passado dos trinta anos. Parecia exausto, exaurido pelo trabalho. Como uma pessoa parece depois de uma festa. Antes disso eu tinha feito estágio na cidade de Górki, com a equipe do jornal local *Gorkóvskaia Pravda*, que eles mesmos chamavam com justiça de *Verdade Amarga*, e que bebia muito, de modo que eu já conhecia visualmente os vários estágios de uma pessoa de ressaca.

— E este é Vássia Anantchenko, correspondente. Viemos juntos. Gostamos de você.

O velho Vássia tentou sorrir. Tinha olhos azuis, mais ou menos da mesma cor das olheiras. Ele se sentou com uma perna sobre a outra e baixou a cabeça de novo.

Mulheres jovens sempre têm uma relação de suspeita em relação a esses elogios. Conhecemos vocês, homens mais velhos! Fiquei cabreira.

O mais velho continuou, vangloriando-se:

— Ah, se você fosse moscovita eu poderia contratá-la para a rádio!

Ao que respondi severa:

— Mas eu sou moscovita.

— Pois bem — o velho se desconcertou. — Quando estiver em Moscou, passe lá.

Para não ser pego fazendo uma promessa leviana.

Seguiu-se uma pausa desconcertante. Vássia olhava para o chão, balançando a cabeça e as botas.

Mas Iuri Konstantin Ardi era, de maneira geral, uma pessoa surpreendentemente leve e bondosa. E ele saiu da situação com valentia:

Meus anos 1960.

— Aqui está o número de telefone (*ele se atrapalhou, procurando uma caneta*). Minha esposa, Aleksandra Vladímirovna Ilina, é editora de cultura no *Últimas Notícias*.

Ou seja, nenhuma ambiguidade, esposa!

Vássia Anantchenko olhou do seu canto como se estivesse inesperadamente sóbrio.

Vamos ver, ele falou do seu jeito.

Talvez aquela história devesse continuar em algum boteco local, mas o correspondente da rádio logo me levou para sua casa, onde a esposa havia preparado *pelmeni*, e eles reclamaram a noite toda da vida naquele local, rindo. Descobri que todos os locais chamavam a cidade de Petroburaco!

As crianças corriam enlouquecidas e alegres ao nosso redor, e depois me deram um quarto com dois colchões de penas! Mergulhei naquele luxo mas não consegui dormir: vieram os percevejos nativos, pelo visto beber sangue fresco. Coitados, como todos nós vivíamos naquela época!

Imprimi o jornal universitário de Bulaievo, voltei com a tiragem para Moscou, mas ainda não me decidia a ir para a rádio; passei um mês em casa, acompanhada pelos lamentos da minha mãe, de que não tínhamos como viver só com o salário dela, e era a pura verdade: as mães sempre proclamam verdades amargas e com isso irritam os filhos, que não desejam se submeter às circunstâncias; depois criei ânimo e telefonei para o número no papelzinho de Ardi, guardado por milagre.

— Onde é que você estava? — falou uma voz grave feminina, rouca de cigarro (que se revelou ser a própria Ilina). — Estamos te esperando e esperando... Venha imediatamente. Ardi me falou de você.

Entorpecida, cheguei, mandaram-me escrever um texto sobre a volta do destacamento estudantil (como se tivesse acontecido naquele dia, e não dois meses antes), Ilina leu, balançou a cabeça, na mesma hora me mandaram para o estúdio e à noite, sentadas junto do aparelho de rádio Rekor-59, eu e minha mãe escutamos cabeça com cabeça, e eu não entendi uma palavra da minha reportagem... Como minha voz era estridente! Parecia que eu tinha uma batata na boca, essa foi a impressão que tive de minha própria apresentação no rádio.

Ainda assim, comecei a trabalhar lá como colaboradora.

Dois meses depois, Ilina me contratou como correspondente.

Quanto à carreira, meu sábio pai se revelou correto.

Minha primeira chefe, editora de cultura, a maravilhosa Aleksandra Vladímirovna Ilina, tinha a aparência severa de Jean Gabin, fumava Belomor e me defendia com sua voz grave diante dos chefes nas reuniões, mas nas conversas particulares me botava na linha. O primeiro marido dela tinha sido fuzilado em 1937, e o filho tinha morrido no front. Os filhos dela éramos nós todos.

Eu também respeitava e temia muito Pável Ossipovitch ou Pacha Maizlin. Ele era o diretor de produção, e ainda por cima

Foto do meu primeiro crachá, na rádio, em 1962.

judeu, e não era membro do Partido, algo impensável na rádio, ainda mais porque no front, saindo de um cerco com sua companhia, ele enterrou todos os documentos, inclusive a carteirinha do Partido e as condecorações — e se mandou, mas sabe-se o que os "nossos" faziam com gente assim na época. Ele percorreu todos os círculos do inferno e teimou que não desejava entrar no Partido de novo, não importa o quanto lhe propusessem, prometendo até promoção no trabalho. Ainda assim foi mantido num cargo alto: ninguém estava no mesmo nível que ele no trabalho.

Era nossa oficina, uma oficina industrial, uma linha de montagem de notícias, sem palavras difíceis, o veículo menos dramático de todos os meios de comunicação de massa. Apesar disso, ali também se mentia descaradamente: por exemplo, nossa semeadura sempre começava "três dias antes da semeadura do ano passado", várias vezes soprávamos o mesmo forno dos correspondentes da província, por não ter o que informar (ninguém no país conseguia entender nossa expressão constante, "lançada a terceira linha").

Acontecia de Maizlin, um homem careca sentado a uma mesa absolutamente vazia, limpa e brilhante como sua cabeça (e isso diante do enorme volume de informação que passava por esse ponto de recepção), por ser o chefe do dia, cravar os dentes no meu artigo, riscar, lamuriando-se com alguma canção torta, e com um suspiro dizer:

— É a mesma coisa, se me dessem você por uns quatro meses eu ensinaria, a mesma coisa, como se deve escrever.

(Eu, com um lamento na alma, ia para minha Ilina avisar que queriam me levar, ela sorria de leve o sorriso esfumaçado de Jean Gabin, dava uma tragada no cigarro e falava com voz rouca: "E ele está certo".)

Todos eles eram meus professores, gente forjada à moda antiga e com um autocontrole de aço. Para eles eu era uma aprendiz (sem deixar de lado, porém, os esforços de explodir as regras da língua aceitas ali). No geral, nunca mais encontrei uma equipe tão amistosa, unida e solidária. Defendiam um ao outro, se alguém tinha matado trabalho diziam: "a pasta dele está aqui, deve ter dado uma saída", e muitas vezes passávamos a noite escutando histórias. Vadim Siniávski, o comentarista esportivo, era especialmente amado. Tinha uma história sobre as Olimpíadas da Austrália, de quando um jornalista nosso perdeu nas cartas uma quantia igual à diária de toda a delegação soviética! Na época Siniávski foi como mensageiro de um pedido de trégua, levando consigo os internacionalistas como tradutores, e manifestou ao mundo a convocatória para um duelo: quem bebia mais. A seleção da Rússia contra uma seleção mundial. Olimpíadas alcoólicas. Estava em jogo a quantia perdida por nosso jorna-

lista. A bebida também ficava por conta do lado que perdesse. Siniávski nesse ponto fazia uma pausa:
— Fui o primeiro.
Os ouvintes balançavam a cabeça extasiados. Também, pudera!
— Já ultrapassei os caras na cerveja. Mandei dar uma esquentadinha na cerva e jogar numa caneca. E o outro bebeu de uma latinha lá deles!
Ressoava um riso contido.
— Na vodca, o primeiro deles caiu na hora debaixo da mesa. O auditório fingia estar surpreso. Depois se seguia uma gargalhada de compreensão. Todos conheciam a história.
Então vinha a enumeração de bebidas. Era um poema! Cerveja, vinho borgonha, champanhe Veuve Clicquot... Ah, uísque White Horse... Os nossos cederam uma vodca. Contribuição soviética, Stolichnaia. Mas vocês entendem...
— Isso mesmo!...
Essa era toda a classe trabalhadora da informação, meus superiores.
Mas nosso diretor era complicado. Nosso chefe principal, Vladímir Tregubov, bonitão, casado muitas vezes, completamente grisalho, cabeludo, sempre bronzeado, passava assobiando pelos corredores como um torpedo, VD, como nós chamávamos — ele falava com voz entrecortada, sempre olhava acima da cabeça do interlocutor, apressado, não esmiuçava detalhes, não se aprofundava, como muitos dos meus chefes posteriores; mas, no principal momento de sua vida, Tregubov pôs um ponto fundamental, realizou um suicídio político por não querer mentir: numa reunião do Partido dedicada à entrada de tropas na Tchecoslováquia, ele se recusou a votar "a favor", levantou a mão "contra". Foi o único que se autoimolou. Depois foi gradualmente sendo expulso. Alto, bonito, inteligente, intelectual,

com os cadarços sempre desamarrados, vagava pelas estações de trem convidando meninas para excursões improvisadas e as levava para ver Moscou. Uma vez (corriam boatos) ele até prometeu conseguir um tapete para alguém... A menina reclamou no local de trabalho. Posteriormente ele quase mendigou e, dizem, enlouqueceu...

Homens fortes, gênios da liderança, podem aguentar muita coisa — inclusive a prisão e o campo de trabalhos forçados; mas não o desemprego...

Todo o comitê do rádio, todas aquelas equipes de mentirosos profissionais, tudo se agitou naqueles dias dos acontecimentos tchecos em 1968. Eu já trabalhava na revista da rádio. Antes da reunião, a chefia mandou trancar a porta. As pessoas faziam intervenções por vontade própria. Um dos nossos jovens comunistas falou com ardor que ele mesmo fuzilaria todos ali. Levantamos as mãozinhas aprovando a entrada do Exército. Eu não podia me permitir um luxo como o de Tregubov, na minha família havia dois inválidos, além de uma criança, e eu era o único sustento.

Nos tempos difíceis dessas reuniões, quando era preciso levantar a mão, votar, eu dizia para mim mesma: somos agentes secretos no acampamento inimigo. O mais engraçado é que na época estava cheio desses agentes secretos, quase que todo o país. Todos em coro mentiam e escondiam seus sentimentos.

Quando falei para Tvardóvski, o editor-chefe da revista *Novo Mundo*, sobre como votava, ele me respondeu no mesmo espírito: "Se você soubesse em que momentos levantei a mão...". Isso foi cinco meses depois dos acontecimentos da Tchecoslováquia, em janeiro de 1969. Tvardóvski me chamou para informar que não podia publicar meus contos. Segundo suas próprias palavras, ele não tinha como me defender. Logo foi demitido do cargo e quase assassinado.

Na vida não há finais felizes.

Iuri Konstantínovitch Ardi ficou cego antes da morte. Minha madrinha Aleksandra Vladímirovna Ilina morreu a típica morte dos fumantes — queimando na cama, no hospital. Ela já não conseguia andar (artrite obliterante) e adormeceu com o cigarro na boca... Ela e Iuri morreram com um dia de diferença — ele, um dia antes dela, sozinho no apartamento vazio.

Vadim Siniávski morreu de tuberculose incurável. Estávamos indo visitá-lo em Sokolniki, também no hospital. Um homem direito, tranquilo, moribundo... Não era segredo para ninguém que o novo editor-chefe queria acabar com ele, não o deixava ir ao ar.

Eu tinha uma desgraça profissional — falava no microfone em todas as circunstâncias do mesmo jeito estridente. Alguns dos meus conhecidos, quando escutavam no rádio, até pensavam que eu trabalhava na Aurora dos Pioneiros!

Meu padrinho, Vássia Anantchenko, começou a me ensinar várias coisas úteis, inclusive disse que era preciso falar devagar no rádio.

— Não precisa matraquear, Achado — ele me acalmava.

(Uma vez levei uma gravação de uma noite literária na biblioteca — uma moça que cantava suas músicas com uma voz ainda mais estridente. No processo da gravação aconteceu algum problema com meu "descascador" — era assim que chamávamos o gravador portátil. Pesava oito quilos. Dei um jeito de consertar o mecanismo com ajuda de um lápis e pedi para começar tudo de novo. A moça disciplinadamente começou a repetir. Fiquei extasiada com as músicas dela. Até hoje as sei de cor.

Aleksandra Vladímirovna Ilina pegou aquela fita, pôs dentro da gaveta, fechou e disse: "Vai enquanto você ainda tem trabalho".

Seria a primeira gravação para o rádio de Novella Matvêieva...* Mas ainda não havia chegado o momento.
É verdade, a fama dela começou muito cedo e durará um século.)

Assim, uma vez Vássia decidiu me colocar no caminho da verdade e me deu uma aula sobre trabalho, quando, soltando um grasnido, escutou que eu e ele íamos cobrir alguma exposição industrial na Manej.

Eu, porém, desde o princípio deixei meu chefe para trás, coloquei o "descascador" no ombro e, curvada por causa do peso, fui eu mesma procurar um entrevistado. Achei! Vinha ao meu encontro algum senhor elegante com aparência respeitável.

Eu me postei na frente dele, pus o microfone debaixo do seu nariz e proferi sonoramente:

— Por gentileza, algumas palavras sobre suas impressões!

Então senti que estavam me tirando do caminho: umas pessoas literalmente me pegaram debaixo do braço e me arrastaram para o lado.

Era o próprio acadêmico Millionchikov (até hoje não sei quem é).

Vássia não me largou mais. Ele me mandou ficar ao lado da parede e me levou uma senhora para falar.

De novo enfiei o microfone na cara dela, como se fosse o cano de uma metralhadora.

Em resposta à minha simples pergunta "Gostou da exposição?", ela sabiamente sacudiu a cabeça e afastou aquela coisa perigosa de seu rosto. Vássia estava ao lado e também balançou a cabeça. Depois falou:

— Veja como é para fazer!

---

* Cantora e poeta soviética que posteriormente alcançaria destaque.

Segurando o microfone com a mão direita, com a esquerda começou a amansar, fazer carinho nas costas da senhora, enquanto isso ditando gentilmente que era preciso falar.

A senhora se animou, mas não conseguia dizer a frase na hora.

(Andava de mão em mão uma fita com uma gravação, na qual o correspondente entrevista um brigadeiro, e ele lê um texto escrito sobre ração para coelhos e fala que eles devem ser facilmente "degeríveis". Pedem para ele ler mais uma vez. Sai "facilmente degiríveis". Depois vem mais uma variação, "facilmente digerêveis".)

Aquela infeliz só respondia à pergunta com "é".

Vássia começava a conversa:

— Gostou da exposição? Mas sem "é, isso"! Diga só "Gostei dessa exposição".

— É.

— Gostou?... Ah, meu Deus! Sem "é", Ráietchka! (Uma sessão de carinho.) Diga só: "Gostei da exposição". Sim?

— É, tá bom.

Resposta absolutamente justa: tudo já havia sido dito, para que repetir?

— Ah, meu Deus do céu... Um minuto. Assim. (*Respeitavelmente.*) A senhora gostou dessa exposição? Hein? [...] Mas por que só diz é!? O que é esse "é"?!

Depois ele escreveu para ela no papel com letras grandes a palavra "sim"...

Quando ele a deixou ir embora, disse para mim:

— Está vendo... Como temos que trabalhar, em que condições? É assim que tem que fazer!

É preciso dizer que até o próprio Leonid Ilitch Bréjnev (secretário-geral do Comitê Central do Partido Comunista da União Soviética, se alguém lembra que isso existia) posteriormente falava umas combinações de sons tão truncadas quando proferia seus discursos estranhos nos congressos do Partido que a empresa Melodia, responsável por lançar discos com seus discursos, procurou em pânico imitadores oportunos para pronunciar de novo, por exemplo, a palavra "satisfeito". Lênia Ilitch pronunciava "sastisfeito". Entre outros, chamaram ao estúdio o diretor de desenhos animados Edik Nazárov (de filmes amados pelo povo que incluíam *Como a formiguinha apressada* e *Era uma vez um cachorrinho*).

Edik fazia a entonação de Lênia com maestria.

Mas não conseguiu salvar a palavra — ela havia sido pronunciada diante de todo um salão reunido, em circunstâncias acústicas definidas. Não podiam reunir o congresso de novo! Para que ele pudesse, retesado, rosnando, com a boca torcida, mal virando a língua, perdendo o maxilar e como que tentando não vomitar, falar a palavra "satisfeito".

Porém, impressão mais forte foi a de um evento beneficente do *Últimas Notícias*. Foi o auge da minha carreira no rádio.

Naquele momento a primeira mulher havia ido para o espaço, Vália Terechkov, antiga operária têxtil com educação de nível técnico. Foi confiado a nós, meninas do *Últimas Notícias*, fazer uma transmissão direta. Decidiram como que encorajar as jornalistas do gênero feminino. Restaurar a vacilante igualdade entre os sexos, já que iam lançar uma mulher no espaço.

O público se reuniu para encontrar seus heróis.

Fui posta na varanda de uma sapataria na avenida Lênin.

A multidão embaixo fazia barulho baixinho, mexendo-se, agitando bandeirinhas.

Era a festa da igualdade de direitos, pelo visto. Como dizia o grande piadista Zinovi Paperni numa língua meio hindu, "mulher e homem *bkhai-bkhai*" (em analogia ao slogan "hindus e russos, *bhai-bhai*).

Meu texto dançava diante dos meus olhos. Eu havia escrito com antecedência, Ilina havia aprovado ("ao longe apareceu a comitiva... estão em carro aberto... ressoa um sonoro "viva"! As pessoas acenam com as bandeirinhas!"). Com a outra mão eu apertava forte o microfone. Havia sido designado como meu parceiro Petróvitch, um homem severo e beberrão da editoria de esportes. Eu e eles devíamos ser, provavelmente, como a estátua radiofônica da igualdade de direitos "O operário e a trabalhadora do colcoz", mas estávamos separados e não estendíamos a mão para cima, para quê? Porém, nosso parzinho ainda assim parecia um símbolo da união estreita da redação esportiva e da editoria de cultura, ou seja, uma combinação das mais loucas, e ainda por cima exposta numa varanda no sexto andar. Emocionada, eu não conseguia ver nada na avenida, não importava o quanto apertasse os olhos. Petróvitch, forjado nas reportagens de futebol, olhava vigilante ao longe.

Na mão dele também trepidava um texto, mas por outro motivo (Petróvitch, pelo visto, tinha medo de tomar uma "dose corretiva" pela manhã).

De repente veio descendo pela avenida um barulho distante e confuso. No asfalto vazio apareceram os carros como pontinhos. Petróvitch inesperadamente me cutucou forte com o cotovelo.

Comecei a falar algo totalmente diferente do texto:
— Vejam! Nossos queridos estão vindo! Terechkova!!!
Então engasguei de emoção e comecei a chorar.

Petróvitch tapou minha boca com a mão livre do microfone.

Como ele conseguiu e de que forma leu o texto (aprovado pela chefia) que tinha na mão que tapava minha boca?

Depois, por muito tempo eu o cumprimentava primeiro no corredor. Havíamos passado por tanta coisa juntos ali, na varanda! Como ele tinha sido esperto em fechar minha boca! Mas acho que o severo Petróvitch decidiu não me reconhecer. Se alguém tivesse esculpido nossa estátua naquele momento, ela poderia ser chamada tranquilamente de "O operário tapa a boca da trabalhadora do colcoz, ou a censura em ação".

Em geral, no *Últimas Notícias* não se podia trabalhar. Eu, pelo menos.
Ali trabalhavam pessoas respeitáveis, famosas, veteranos cujas vozes eram patrimônios nacionais. Vadim (Slavitch) Siniavski, o comentador esportivo mais amado do país, intelectual meio rouco com uma entonação levemente malandra, muito simples. Um ídolo respeitado ao ponto da idolatria por todos os torcedores!
Segundo a lenda, uma bala tinha perfurado o olho dele quando fazia uma reportagem sobre Stalingrado no momento que levaram Paulus prisioneiro...
E ali começou o então jovem Nikolai Nikoláievitch Ozerov, Kólia, que naquele momento ainda era um artista do Teatro de Arte de Moscou, mas, por ser campeão de tênis, trabalhava também na redação esportiva do *Últimas Notícias*. Era uma pessoa fantasticamente educada e, passando pelo corredor, sempre me cumprimentava primeiro! Eu até tinha vergonha dele, e também o cumprimentava de longe.
E Ardi, Anantchenko, Iura Skalov — esse foi levado para a guerra menino e percorreu toda a Europa a pé como soldado de infantaria... Era o mais aplaudido de todos no dia 9 de maio, quando o grupo se reunia brevemente na sala grande.
As pessoas ali eram das mais amigáveis e trabalhadoras. Seis jornais *Pravda* por dia — esse era o volume de informação que o desgaste do trabalho exigia.

Escutava-se a rádio por toda a União Soviética — praticamente em cada isbá, na promotoria, nas unidades militares e em qualquer aldeia num poste do soviete rural, nos parques, cabeleireiros e trens, em cada cabine e nos corredores triplos, nos jardins de infância, nas lojas, nas clínicas, nos escritórios dos diretores de cima a baixo, nos quartos dos apartamentos comunais...

Era um programa para todos. O povo escutava o *Últimas Notícias*, mas (por mais triste que seja) basicamente pelas informações sobre o clima e pelos resultados esportivos... O resto das notícias era completamente inútil para as pessoas simples. A vida deles não dependia de quando plantavam o quê, quando colhiam, quanto e onde produziam. De toda forma, a existência seguia sem essas informações, nem sempre verdadeiras. Se informássemos onde estavam distribuindo lençóis, louça ou botas — ah! chaleiras, sofás, salsicha! Onde havia cobertores à venda, meias-calças, livros de Akhmátova! Mas não. As autoridades não permitiam que se criasse um Campo de Khodinka. Isso era o que eles mais temiam...

(A propósito, recentemente escutei o que foi que aconteceu ali, em Khodinka, na época da coroação de Nicolau II, e por que as pessoas foram correndo em multidão para aquele maldito campo. A questão não foi bem entendida pelos jornais: estavam informando na cidade que, em homenagem à coroação, iam distribuir para todos uma caneca com uma coroa. Mas as pessoas entenderam "com uma leitoa". E todos correram para pegar seu porco.)

Um preso intelectual, chefe do laboratório do Instituto Iskhoj (apelido do Partido no círculo de amigos de Maikl), preso em 1983 porque, depois da ata de patrimônio, não destruiu o aparelho do ano anterior e os parafusos anexos (nenhum proprietário vai jogar fora um parafusinho! Ainda mais quando tudo está em falta!), recebeu uma pena de sete anos em regime fechado com direito a escrever uma carta por mês por apropriação de patrimônio público em volumes especialmente grandes, e depois de ser libertado contou que o alto-falante deles na cela ficava atrás das grades. Ou seja, era como se estivessem livres. E acordavam todos às seis da manhã com o hino. Eles enfiavam trapos nessas grades. Maikl chamava esse despertar de "mugido do rebanho de vacas"...

A rádio era assim, uma para todos.

Aleksandra Vladímirovna Ilina, como já falei, era a editora de cultura, a mais sem sentido, na opinião da chefia, das editorias do *Últimas Notícias*. Todos aqueles lançamentos, vernissages, concertos, filmes e encontros com escritores, e ainda por cima livros novos, estavam distantes do público, que trabalhava, criava os filhos, conseguia comida, falava palavrão, e no tempo livre jogava dominó e destilava álcool caseiro. Além disso, as mulheres queriam saber onde estavam distribuindo o quê, e sobre as escolas e hospitais, e os homens, de dominó e futebol. E todos em geral roubavam de sua própria empresa.

Não podia dar no ar a informação de que o carpinteiro da quarta classe, seu Dima Bolotin, levou da oficina (jogou pela cerca para um amigo) um compensado, já que a esposa tinha conseguido para ele, Dima, tudo o que era preciso para fazer umas prateleiras para a cozinha, e o cortador de um matadouro, seu Sacha Retchkin, se enrolou com carne de porco como sempre e saiu pela porta facilmente, ainda que os passantes o encarassem com olhos arregalados: o homem ia andando e atrás dele pingava um rastro de sangue. No casamento dos vizinhos, estavam casando Ninka, a tia Vália do primeiro andar trouxe uma garrafa e pediu um pouco.

Eu escrevia sabe-se lá que porcaria.

Quer dizer, no começo, como uma soldada sem preparo, me jogavam para cobrir o trabalho do Ministério da Agricultura.

Como eu ia cobrir? Eu me dirigi à administração daquele ministério, encontrei ali um funcionário mais velho com a aparência de um personagem de cinema mudo, uma risca de cabelo cuidadosamente penteada de lado e olheiras escuras. Usando um terno até meio rosado. Um dândi. Ele ficava sentado em seu escritório, mexia nos papéis e no começo me recebeu cordialmente. Chefiava algum departamento de pesquisa científica. Tinha um sobrenome complicado, terminava em "dji", pelo que lembro. Seria oriental? No começo ele me lançava uns olhares significativos, com um leve toque de melancolia. Mas, quando compreendeu para que eu estava ali, começou a se recusar ardentemente, erguendo o punho em protesto; levantava e baixava, como numa dança, dizia que não tinha nenhuma notícia, e assim me mandou de volta para casa. Mas peguei o telefone dele e ligava insistentemente. O que podia fazer? Eu precisava cobrir o trabalho do ministério! O quê, ali não se trabalhava, por acaso? Depois, passada mais ou menos uma semana, ele revelou uma notícia: haviam inventado um aparelho no qual jogavam montes de grãos. E se acendesse uma luz vermelha os grãos estavam ruins. Viva! Escrevi a notícia com o título "Semáforo sanitário". Ela foi lida domingo de manhã. Repito, o rádio era o mesmo para todo o país, e falava em todo lugar. Uma amiga minha ouviu a notícia com interesse, ligou-me e perguntou: "Foi você que escreveu isso?".

Não importava o quanto eu ligasse, aquele "dji" não conseguia achar nada interessante para mim e até me deu uma bronca, tinha tomado uma bronca por espalhar informação. (Será que era falsa?)

Justo nessa época nosso chefe Khruschóv teve a ideia de mandar esse ministério para o campo. Transferir para mais perto dos objetos, dos colcozes. Que se encontravam em completa desorganização, como de hábito.

E o Ministério da Agricultura, a ponto de sofrer aquela deportação forçada para a casa do avô no campo, estava com um clima bastante conspiratório.

Depois, quando minha fonte de informação estava se dedicando à mudança, me mandaram cobrir o trabalho do Comitê Central do Komsomol.

Lembro que entrei no gabinete onde estavam três instrutores. Um deles estava sentado à mesa de costas para mim, apoiado nela, e debruçado sobre um objeto, era um homem bem cheinho. A instrutora dava uma bela bronca nele.

— Você foi mandado para onde? Pediram que fizesse uma viagem para o colcoz. E me trouxe o quê? Por que trouxe uma passagem dessas, você foi para a praia na Crimeia? Não vou pagar por isso!

O artista, inclinando-se para a instrutora, explicou baixinho que era uma necessidade criativa... Despertada por determinada dificuldade... Era como se a intuição o conduzisse...

— O quê? Ela te mandou para a praia em vez de para o colcoz?

— Entende? É a natureza da busca... — disse o artista com ardor e convicção. — A espiritualidade... Os mosteiros... Lugares sagrados...

Com isso ele acabou com ela, entregou todos os documentos e saiu satisfeito.

— Ele precisa de um novo Atos, está vendo? — disse a instrutora cansada. — Certo, e você?

— Sou da rádio Vsesoiuzni, vim ver se não tem nenhuma notícia.

— Aí está! Você viu? Esse artista, Iliá Glazunov, em vez de ir para o colcoz, como mandamos, foi para a praia. Passou um mês nadando. E temos que pagar. Essa é a notícia.

O Comitê Central do Komsomol não me trouxe nenhum fluxo maior de informação.

E então Iura Skalov se recusou a cobrir o trabalho do Sindicato dos Artistas. Dizia que estava cansado de fazer sempre a mesma coisa. Estava no meio da nossa sala grande e, sorrindo, tentava se livrar dizendo que não aguentava mais. Eu me lembro desse momento.

(Na verdade, como me disse recentemente o comentarista de rádio Mark Guindenberg, Iura estava doente. Ele conseguia andar cada vez menos, e trabalhava naquele estado. Então as mãos começaram a falhar. Ele ditava. Depois ficou de cama.)

Fui mandada para cobrir a vida do Sindicato dos Artistas.

Opa! Escrevi sem pensar esboços profundamente líricos desde a primeira exposição a que fui (eu sempre achava que era preciso melhorar o estilo do radiojornalismo). Foi uma matéria horrível.

Comecei meu informativo com as palavras: "As águas calmas dos lentos rios do norte..." (o resto não lembro, talvez continuasse com "a vida sem pressa dos caçadores, fogueiras distantes à noite"), depois vinham ações absolutamente concretas: a que era dedicada a exposição, quem era o artista e qual era o número de quadros.

A locutora (Vissótskaia, acho), embalada depois do fluxo de notícias sobre fornos soprados e toneladas de carvão extraídas da montanha, com o mesmo tom comercial e severo começou rapidinho: "As águas calmas dos lentos rios do norte" e parou. Era preciso ler de outro jeito, meio cantado, algo assim. Pobre locutora! Em que situação idiota eu a deixara!

Não foi um escândalo, só a editora Nina Skalova me disse em privado, de forma muito suave: "Você é nosso Paustóvski, por acaso?". Fiquei com muita vergonha.

A propósito, no começo eu não sentia uma relação tão amigável com a redação. Ardi arrastou para cá uma moça, quem é? E ele mesmo a evita... De um jeito meio suspeito. Será porque a esposa está por perto?

Eu não conseguia entender nada daquilo, mas sentia uma frieza geral.

Ainda não tinham me mandado fazer o noticiário político nenhuma vez. E eu queria. Era um teste. Eu tinha feito um artigo detalhado sobre Pablo Picasso. Ele era meio proibido entre nós. Por quê? Se ele era comunista e lutava pela paz!

Na época eu lia os jornais poloneses e encontrei ali uma entrevista extremamente sofisticada com esse pintor bem-sucedido e talentoso. Foi justamente depois desse artigo sobre Picasso que o pessoal de certa forma me aceitou. Sentiam que eu não ameaçava a pele deles, falava do que queria. Aliás, era das nossas.

Eu ia às exposições e aos ateliês dos artistas assiduamente. Frequentava o grupo de Lianozovo, Vássia Sitnikov, e um escultor clandestino extremamente ousado. Eles me recebiam com gosto: vai que. De repente davam sorte e alguém na rádio falava bem deles. Mas não havia milagres. Um escultor, é verdade, aprovava meu gravador mais do que tudo e até sugeriu que não seria ruim que eu escrevesse seu livro de memórias. Mas eu não gostava do trabalho dele, era um desmembramento, músculos e ossos, e das conversas dele, de que morava com duas gêmeas, nadava com elas. Não o visitei mais.

O mais cruel começou em 1962, em setembro. Havia uma discussão sobre tradição e inovação, para a qual (nos bastidores) eu havia entrevistado Liev Kopelev. O salão da Casa do Ator organizou praticamente uma obstrução do diretor que se apresentava, Serguei Iutkevitch (ele era chamado de Iudkevitch). Todos estavam eufóricos: era o degelo! Foi aberta uma famosa exposição na Manej (trinta anos do MOSKH), e nela provocadores da Academia de Pintura convidaram em especial os artistas de

"esquerda", e ali foi exibida inclusive a famosa *Nua* de Falk, um grande artista.
Mas com isso acabou todo o degelo. A questão era que os artistas do sindicato do departamento de Moscou antes disso haviam escrito uma carta "para cima" sobre os artistas da Academia. Diziam que gastava muitos recursos, e que outros sindicatos não tinham nenhuma academia, e que os pintores da Academia eram ruins. O que era a pura verdade.
A Academia, na pessoa do pintor V. A. Serov, especialista na temática de Lênin, foi ao ataque. (Os artistas tinham uma musiquinha que dizia "Quando o país for mandado por heróis": "Quando o país for mandado por Serov, qualquer um de nós será Serov".)
Serov convidou Khruschóv e todo o seu tropel para a exposição dos "esquerdistas". Exibiam também a *Nua* de Falk. Depois correu uma anedota de que, à pergunta de Khrusch "O que é isso?!" veio a resposta, e Khrusch perguntou de novo: "Qual é a *Nua* de Valk?".
Em suma, as autoridades, quando viram a arte de esquerda, ficaram em legítima fúria, o que era o objetivo. Abandonaram a Academia. Escolheram Serov como seu presidente. E passaram o prêmio Lênin para um trabalho do artista, no qual eram representados Lênin e na frente e ao lado o punho de um trabalhador. Um membro da comissão dos prêmios, o artista V. Polkov (dos nossos), disse que aquele punho na frente de alguma forma parecia ideologicamente incorreto. A comissão se assustou e rejeitou a tela de Serov. Mas a Academia de Pintores estava no mesmo estado em que ainda está. Recentemente, numa mesa, uma juventude alegre até sugeriu mudar o nome de Moscou para Tseregrad.
Entrevistei aquele patife do Serov depois de sua eleição como presidente. Passei muito tempo fazendo bruxaria com a fita.

Fiz a montagem. Deixei todos os erros dele, todos os lapsos. Todas as pequenas ideias deploráveis ditas no entusiasmo, sua solenidade sem brincadeira. A espuma na boca.

A entrevista foi recebida sem uma só palavra. Ninguém notou minha astúcia. Até Ilina (eu a seguia). E o país, ao escutar, não estremeceu. Na época todos os chefes de qualquer nível se expressavam de forma tão tosca, torta.

(Hoje também. Riam de Tchernomirdni, ele até virou um herói como Tchapáiev. De certa forma nosso inteligente povo ama aqueles que são tortos e idiotas. Quando você volta a si, ele já é milionário!)

O degelo (1962) com isso concluiu definitivamente o congelamento. Nos 23 anos seguintes.

Ou seja, entre nós qualquer tentativa de melhora leva a uma piora.

Tinha pouca gente na redação. A editoria de esportes (os grandes comentaristas Vadim Siniavski, Nik Nik Ozerov), os internacionalistas (Valentin Sorin era famoso, o tempo todo desmascarava o estilo de vida americano e depois se mudou para lá para fazer filmes de denúncia), assim como o departamento de produção e administração rural, era o bloco de notícias maior e mais anônimo (lá ora sopravam o forno, ora a semeadura acabava, algo era posto em funcionamento, ultrapassado, fechavam alguma "rachadura", cortavam algo, produziam um acoplamento, inundavam, incluíam, retiravam, cortavam a fitinha).

A propósito, sobre a linguagem do rádio. O verbo preferido era "pôr", com diferentes prefixos: propor, impor, depuseram da carreira e puseram em andamento. Os internacionalistas usavam formas mais grosseiras, por exemplo descompor (no sentido do parlamento), repor (a ideia repôs o ânimo), supor (expressões incultas) e indispor (uma pessoa com a outra), e até existia a palavra "indisposição". Apareciam o tempo todo a respeito de

"militares", "cúmplices", "comparsas", "auxiliares" e "marionetes". Era possível insultar com elas.
Mas nós também éramos parte da programação, a editoria de cultura. Nossa linguagem era a mais modesta, não usávamos nenhuma palavra de origem estrangeira e nenhum termo que o povo não fosse entender. Se tinha uma exposição, então dávamos o número e a temática, nada mais. E nossos *siuski* (informes) quase sempre voavam para a lata de lixo.
Eu falava isso habitualmente, quando voltava do meu turno de dia: "Fui chifrada de novo". Dez horas de trabalho para dar com os burros n'água. Ia chorar na sala onde os teletipos ribombavam...
Depois saí da revista. Foram compreensivos no *Últimas Notícias*. Aconselharam-me com boas palavras. Macha Maizlin profetizou que eu seria escritora, nem mais nem menos, dizendo: "Um dos nossos já foi membro do sindicato dos escritores, Vassili Ardamátski"...

Música do inferno

É como essas coisas costumam acontecer: um amor fracassado, e aí você sobe no trem e vai embora. E, além de um amor fracassado, você não conseguia arrumar emprego em lugar nenhum, tinha no bolso literalmente tudo o que lhe restava de dinheiro e, como também costuma acontecer, tem 23 anos, está no limite, com uma sensação de fim.

Assim, aquela menina que havia terminado os estudos na universidade, na faculdade de história, estava desempregada, sozinha, havia passado por um completo fracasso em tudo: além da relação com a mãe (também, vejam só, a mãe era a mulher jovem número dois, e havia comprado dois vestidos, iguais mas diferentes: um rosa bonitinho com flores do campo para si mesma e um desajeitado, marrom com listras, e por quê? Porque aquela mãe ia se casar). Assim, por causa dessa relação com a mãe, a filha de 23 anos resolveu ir embora. Ir embora. Podia ir para a casa de alguém ou para algum outro lugar. Podia ir à noite, soluçando na rua, ir para a casa de uma amiga, ficar parada na soleira, chorosa, depois se deitar sem palavras numa cama dobrável e passar a noite, e de manhã, tomando café, tentar puxar de dentro de si algumas palavras; mas não podia morar na casa da amiga: ela tinha um filho, era apertado, tinha marido, era cheia de outras amigas, aliás. Pouco importava se ela queria passar uma noite ali. Era preciso proteger a amizade.

E eis que aquela sem-teto de 23 anos subiu no trem.

É preciso falar sobre o trem em particular: eram vagões para transporte de detentos ou animais, trinta pessoas ou sete cavalos. O vagão estava vazio, no começo e no fim havia camas, no meio havia portas corrediças, como portões. Nas camas havia objetos e colchões: alunos da universidade iam trabalhar nas estepes do Cazaquistão por três meses, era o semestre de trabalho. Eram os chamados destacamentos de construção, e o comparecimento dos estudantes era obrigatório; lá fora corriam os anos 1960. Quem não fosse era expulso do Komsomol e assim por diante.

Não havia saída para aquela situação, nossa menina tinha acabado de se formar na faculdade, havia duas semanas, em vão. Não havia saída, era melhor largar tudo, esquecer, ir embora, se afastar por três meses: a mãe, o namorado da mãe com aquela malinha de serralheiro, uma vergonha. Um horror. Era o noivo, eles tinham se conhecido e se juntado. Conheceram-se, ela intuía, no parque Górki, mas e a mãe? A mãe tinha 43 anos, mas parecia uma aluna do primeiro ano: o moço disse vamos, eu te dou uma balinha, está escondida no galpão. Não tinha medo nem vergonha, só dava para ver que ela gostava quando alguém fazia carinho na sua cabeça, beijava e no geral dava atenção àquela órfãzinha. O serralheiro foi o primeiro que apareceu, tinha uma cabecinha de marreta, altura como manda o figurino e aparência também, uma malinha na mão, e assim ia atrás das mulheres com a malinha, era um serralheiro com instrumentos para consertar uma torneira furada.

A torneira da mãe estava furada, e a filha, chorando, foi embora. A mãe passara a se comportar feito louca, corria cada vez que o telefone tocava, havia emagrecido, os olhos pareciam falsos, cantava sem parar e, olhando no espelho, arreganhava os dentes (a filha observava ao lado) e fazia uma cara estranha, como que salientava o lábio inferior, achava que assim ficava mais bonita. Conversava ao telefone de um jeito nojento, com voz baixa e anasalada, em segredo. Muitas vezes ria ao telefone.

Dessa forma, a filha chegou no ponto de encontro da universidade, subiu no ônibus para ir à estação de trem e com o mesmo grupo do ônibus entrou no vagão. Até entregou o último dinheiro que tinha para contribuir com a alimentação do guia, falência completa! Adeus, cidade amada, adeus, ELE, meu amado, adeus mãe e noiva do serralheiro, adeus noivo da mãe achado na rua, adeus derrocada e vergonha, tinha início ali uma nova vida sem amor.

Era o que ela pensava, e enquanto isso a continuação do tema não se fez esperar muito: a primeira aparição dessa questão sexual foi quando se instalaram nas camas para dormir (as meninas no fim, os meninos no começo do vagão) e, ao lado de Nina (nossa filha da mãe-noiva), apareceu uma menina de óculos que, com um suspiro, apertou a cabeça contra o ombro dela, como o moço serralheiro fazia com sua noiva, sendo exatamente uma cabeça mais baixo. Apoiou-se ingenuamente, de forma totalmente infantil; é que as alunas mais novas tendem a endeusar as formandas (pensou Nina, virando-se para o outro lado), e para ela sou o que uma aluna do décimo ano é para uma aluna do quinto. Nina rolou para mais longe, os colchões estavam estendidos por todas as camas, liberdade completa, o vagão balançava, e velhos pensamentos obsessivos tomavam conta de sua pobre cabeça, a questão de como voltar apareceu diante dela no pálido crepúsculo do vagão.

Como voltar para casa, para o serralheiro-pai e a serralheira-mãe, que havia perdido completamente qualquer independência e dava gargalhadas bruscas no quarto deles, a portas trancadas, em companhia de sua marreta e de garrafas de vodca? A mãe claramente tinha ficado mais bruta, mais simples, abandonado a filha; na ausência do noivo ela se inquietava, corria para o telefone como um tigre corre na direção da presa, com medo de que a filha lhe dissesse desaforos e ele não ligasse nunca mais.

Ela passou assim a noite e mais dois dias, percorreu o país inteiro atrás daquelas portas corrediças do vagão, e depois começaram a desembarcar do trem numa cidadezinha que reluzia com poças quase ininterruptas, e por todo lugar, como se fosse o primeiro dia da criação, havia uma lama gordurosa. Soprava um vento forte e frio, caía chuva atrás de chuva, a cidadezinha era a encarnação da profunda melancolia, o tipo de inferno local que os russos constroem para si num lugar vazio.

Abriu-se diante de todos, como se virado pelo avesso, o enorme céu das estepes com nuvens que passavam desgrenhadas e em farrapos, fazia um frio de dar calafrios, úmido, com muito vento, de quando em quando o sol reluzia nas poças, e os alunos embarcaram num ônibus e foram levados por uma estrada cheia de buracos para algum lugar ainda mais longe na estepe. O grupo do curso cantava músicas estudantis com um som instável, flutuante (os buracos atrapalhavam), e Nina olhava pela janela onde desaparecia aquela estepe e ia surgindo outra, cheia de montinhos; ela fechou os olhos e tudo desapareceu, restou apenas um enorme tédio, espaçoso como o céu, o tédio do vento no campo.

À noite, dormiram no refeitório de uma fazenda estatal distante, sob um quadro maravilhoso de um marinheiro e uma menina num barco; no quadro havia um acolhedor pôr do sol rosa, e atrás da listra preta de um rio havia um maciço de floresta, e todo o grupo de estudantes bobos acabava rindo daquele quadro, mas Nina se sentia tão bem debaixo dele que até dava vontade de roubá-lo. No quadro havia uma tranquilidade vespertina e reinava a harmonia, mas, ao redor, nas janelas nuas, via-se lama até o horizonte, espalhando-se uma máquina que vai se enferrujando, e alguns arbustos de bardana não arados do ano anterior. Não era possível morar naquele alojamento, entre camas metálicas e paredes pintadas de tinta a óleo cinza-esverdeada e meio descascada bem sobre o quadro. Uma paisagem ingênua cobria ingenuamente um vazamento na parede, nisso estava o primeiro traço de atividade humana racional naquele horror de decoração.

Ali até ficar triste era despropositado, tudo era indesejável, e apenas a lembrança da última conversa com seu amado, assim como da malinha do serralheiro e do riso agudo da mãe, obrigava a garota Nina a dizer para si mesma: não. O passado não tem volta. A infância fora ofendida e traída, a juventude também, todos os sonhos silenciosos em conjunto com a mãe, de um apartamento só delas sem vizinhos vândalos, toda a história feliz do recebimento daquele apartamento, de sua decoração, todos os sonhos terríveis com a morte da mãe que a faziam acordar chorando e aliviada porque a mãe estava ali, quentinha, querida, amada, viva — tudo aquilo estava morto e enterrado, como diz a expressão popular. A propósito, Nina se encontrava exatamente na mesma situação de Hamlet em relação ao casamento de Gertrudes, e isso não prometia nada de bom, pensava a menina, olhando para o pôr do sol pela janela suja e vazia.

No que se refere aos pensamentos sobre seu próprio amor, é preciso advertir que Nina amava um jovem artista desenvolto, um marginal com lábios de vampiro, que desenhar Nina, ele (o artista) desenhava, a levava por todos os grupos de amigos e ateliês, passeava com ela no mesmo parque Górki, só que em arbustos mais afastados — isso quando os pais estavam em casa, como galinhas no ninho. Quando as galinhas saíam para trabalhar, aí começava um absoluto escândalo, amor e libertinagem, rolavam ora na cama de Nina, ora na do artista, faziam o que queriam. Esse artista ainda era estudante, claramente não tinha intenção de se casar e, pelo visto, havia pegado Nina para o uso temporário, pois tinha grandes planos para a vida. Partindo para aquele curral, Nina ligou para o amigo e se despediu "para sempre", ao que ele respondeu "quando vier, me ligue". Com um sorriso, aliás. Respondeu como se responde a um escravo na corda, claramente sorrindo.

Seguindo em frente, o capítulo dois de nossa narrativa trata do fato de que naquele alojamento os tais estudantes não deixavam, em meio à civilização, lama e arbustos de bardana, mas enchiam o destacamento juntos com colchões trazidos pelo governo e conservas para a estepe que tinham adiante, num absoluto vazio em meio à terra relvada onde, no centro do mundo, ficavam três trailers para morar e um quarto trailer de cozinha, e a única coisa ali que fazia lembrar os tempos atuais eram os postes com fios que saíam do fim do mundo parecendo palitos de fósforos espetados de várias maneiras.

Aquela terra coberta de capim depois da chuva meio que retinia, retiniam os passarinhos, os fios, o sopro do vento constante e morno, o céu se abriu até o infinito, o sol brilhava. Ao ver tudo isso, Nina saiu, deitou de costas no capim e começou a olhar para o céu vazio, com saudade do amor, lembrando-se do seu artista: de toda forma, ela tinha essa felicidade, a de lembrar e amar.

Ainda assim, logo ficou sem cabeça para pensar em saudade ou para pensar em geral: teve início grande construção local do comunismo, a edificação do celeiro, os alicerces já haviam sido fincados no solo (segundo a lenda, fazia uns três anos, pelas mãos de armênios amadores), foram levadas montanhas de pedregulhos (pedras graúdas) e aterros de brita; depois, ao amanhecer, começou a ranger a betoneira, parecendo um barril enferrujado giratório, e a coisa teve início.

O chefe do destacamento, o pós-graduando Vítia, separou todos, e dali em diante, depois de amarrar lenços brancos na cabeça, as meninas se tornaram carregadoras e os meninos, pedreiros. As meninas arrastavam pedras, cimento e brita em padiolas, e os meninos erguiam as paredes.

Ali reinava um calor egípcio escravocrata, não havia água, levavam para eles uma água meio salgada num barril, um cazaque numa égua da região com patas tortas. O trabalho começava às seis da manhã no friozinho e terminava às seis da tarde, com um intervalo para o macarrão guarnecido de grandes pedaços de banha de carneiro. O trabalho forçado com suas leis e a disciplina rígida exterminavam todos os pensamentos, qualquer dor, ciúme e lembrança. Nina rapidamente se tornou algo como um animal de carga e adormecia em um segundo, desabando ao lado das padiolas quando outras meninas as carregavam. Era um sono de meio minuto.

Ao fim do dia, porém, como todos os jovens filhotes, os estudantes faziam fogueiras e a noite que tinham pela frente parecia infinita; soavam músicas ao violão. Acordados por uma ilusória liberdade noturna, os escravos não dormiam, bebiam chá, ofereciam uns aos outros conservas e pães de mel trazidos de Moscou (Nina não havia trazido nada), roubavam da cozinha pepinos gordos e mornos, passeavam pela estepe negra sob estrelas enormes e respiravam o aroma maravilhoso do capim à noite, e assim tinham início as diversas sutilezas do trabalho forçado.

Para falar a verdade, era um pessoal estranho aqueles jovens estudantes de alguma faculdade de ciências exatas. Entre meninos e meninas não se formava nenhuma relação, como costuma acontecer ao ar livre de noite. Aqueles meninos eram diferentes, e as meninas também. Os meninos por algum motivo se afastavam das meninas, Nina viu isso imediatamente. É verdade que as meninas eram umas molecas de óculos feiosas da matemática, ou umas senhoras *motia** de ombros largos, futuras professoras. Já os meninos, era esperado, naquela idade, uns dezessete anos, seriam uns franguinhos, mas tudo aquilo, Nina reparou, era uma espécie de casamento com a natureza: eram os mais inteligentes entre os inteligentes, mas sem forças, sem vontade para a reprodução de seus semelhantes. Neles não havia uma pérola com a saliência de uma paixão, o esperma não era estimulado — pareciam sonâmbulos privados de seus livros e aparelhos, estavam sempre na construção, revirando pedras, empilhando-as da forma mais racional possível.

A construção já lembrava as ruínas do Coliseu destruído, graças à aplicação dos meninos pedreiros que, ironicamente, sempre recebiam duas meninas-camelo trazendo blocos para eles. A ironia imperava no acampamento dos meninos e no das meninas. Elas também se afastavam dos meninos. Eram estranhas as relações entre os sexos que imperavam por ali, naquelas galés, não eram nem mesmo platônicas, mas Nina não estava com cabeça para observar: quando de alguma maneira se acostumou ao trabalho, ela voltou a sentir saudades e começou a escrever mentalmente cartas para o escravizador distante, e nunca uma só linha para a mãe!

Mas no geral Nina, pelo visto, sofreu muito com sua transformação em trabalhadora forçada, adoeceu, enfraqueceu, depois teve uma febre salvadora e, passado um mês, enfiou-se com toda a felicidade num colchão atrás de um aquecedor no canto do trailer, no calor, quase delirando naquele abafamento incandescente. Ao ar livre, na estepe, fazia ainda mais calor.

---

*Expressão russa usada para indicar uma mulher grosseira de certa idade.

Atenção, o capítulo três começa com o fato de que o chefe Vítia fez uma breve viagem para a casa central da fazenda estatal e comprou algo para cada um: pasta de dentes, doces tipo travesseirinho, cigarros, envelopes e cadernos escolares quadriculados com capa verde, justamente para escrever cartas.

Ainda não tinham dado o dinheiro, ali reinava um verdadeiro comunismo, Vítia disse que o preço do que havia comprado seria descontado depois de algum pagamento, sabe-se lá qual, tudo bem. Além disso, tinham trazido roupas de trabalho para todos, presente da Marinha, camisetas listradas rejeitadas e calças brancas, feitas de um tecido parecido com lona. Todos trocaram de roupa alegremente ao mesmo tempo, o trabalho estava fervendo, Nina mal e mal conseguia andar, segurando-se nas camas do trailer, e todo o seu ser (eis o paradoxo da natureza) estava tomado de amor por aquele traste distante, vivo, bonito e quentinho, ainda que um egoísta incorrigível, meio mão de vaca e sonso.

Porém, com aquelas sombras de franguinhos que estavam erguendo o Coliseu em segundo plano, aqueles grandes intelectuais de óculos plantados feito espantalhos, inteiramente vestidos de marinheiro nas paredes fortificadas, Nina começou a achar seu amado um milagre da natureza. Uma pessoa verdadeira, grosseira e lasciva ali, naquele campo de trabalhos forçados de matemáticos, parecia inalcançável como um ideal e um sonho elegíaco.

Novamente o caderno quadriculado, enfim obtido, atraía a escrita de cartas não enviadas, nas quais Nina também dava livre curso à ironia e à autoironia, descrevendo com muito humor todo aquele balé de franguinhos mal chocados e sua doença em meio àquele povo bastante apto para a vida, que não adoecia por nada.

Em geral, antigamente, quando estava livre, Nina escutava de todos os lados que era muito bonita (ele chegou com sua beldade, diziam os amigos do artista), ela era o que se costuma chamar, no estilo dos tempos, um pequeno *ford*, com longas pernas e um porte frágil, mas nos trabalhos forçados justo essas beldades elegantes mirravam rapidamente, mesmo quando jovens, e Nina, sem dar importância a si mesma, havia emagrecido, se bronzeado, se transformado em um esqueletinho, e usava, como todas as mulheres, um lenço branco para se proteger do sol — tinham dividido três lençóis entre todas as meninas —, e na doença começara a sair para o mundo de Deus com dificuldade, parecendo uma velhinha de origem marinheira, com um lencinho, uma camisa listrada e calça de um branco sujo. Um pequeno espelho na parede do trailer refletia olhinhos negros cavados e, separadamente, lábios, antes inchados, agora rachados.

Havia tabaco; iluminava todo o ambiente, trazia ao menos alguma porção de satisfação carnal e, soltando uma fumacinha pensativamente, sentada na curta sombra do trailer, olhando para a estepe incandescente, Nina se lembrava do distante amigo traiçoeiro e se apegava àquilo.

Então, uma vez, ao chegar o almoço, ela foi surpreendida por uma das meninas, um monstrinho de óculos cujos olhares encantados capturavam para si nossa heroína ainda desde a primeira noite sobre o colchão do vagão.

O monstrinho tinha um nome meio complicado, como Gliumdalklitch, algo asiático, e de onde ela havia surgido Nina não sabia. Aquela Gliumdalklitch tinha visto de tudo, algumas meninas falavam respeitosamente no trailer. A própria Gliumdalklitch passava as noites ao ar livre numa barraca entre amigas de absoluta confiança e em companhia da tuberculosa Macha. Sobre a tuberculose de Macha todos sabiam, a própria Macha, com dentes brilhantes, bochechas cheias e vermelhas e pequenos olhos pretos, contava: havia enganado a comissão, arrumado um formulário em branco com uma enfermeira e preenchido como uma cópia de seu prontuário médico — Macha era veterana do movimento tuberculoso, conhecia todos os termos tão bem quanto qualquer funcionário da equipe médica. Ela gargalhava o tempo todo, alegremente, tinha a aparência corada de uma menina em flor, bochechas saltadas, uma trança preta cheia e a pele como leite. No entanto, o comandante do destacamento, Vítia, não a havia posto no carregamento, mas como cozinheira, mais longe das pedras e padiolas. O resultado foi que Macha se levantava antes de todos, às quatro da manhã, e muito tempo depois do jantar ainda ficava esfregando panelas como uma louca, raspando a gordura, às vezes até as onze da noite: a criança se revelou uma entusiasta, e pode ser que ela estivesse tão farta de passar tristeza nos hospitais que a vida de trabalho parecia a ela um paraíso, podia ser qualquer coisa. Assim, Macha reluzia seu rubor escuro e dormia no chão de terra na barraca, até que o comandante Vítia, o pálido estudioso varapau, pós-graduando sem direito a paternidade (os estudantes diziam que ele estava procurando uma viúva com dois filhos, precisamente uma viúva por alguma razão, e sem falta já com um menino e uma menina prontos, para decidir a questão de uma vez por todas: os estudantes sabiam de tudo) — pois bem, Vítia, sem filhos, sem família e infértil, uma vez obrigou Macha a medir a temperatura, e Macha foi imediatamente enviada para Moscou de carro, ainda assim rindo e resplandecendo seu rubor carmim: os pais da foragida Macha de dezessete anos haviam apresentado na faculdade uma detalhada análise, e ela agora estava na estrada, indo diretamente para o hospital.

E, já que os voluntários entre os trabalhadores forçados eram dois no total, Macha e Nina-em-depressão, agora Nina havia ficado sozinha como entusiasta da construção distante.

O próximo capítulo conta que só quem tinha ficado na barraca eram Gliumdalklitch e suas amigas, que, aliás, a chamavam de Gúlia. E agora, por causa da partida da única pessoa de fora e da liberação de um colchão, começaram a acontecer grandes intrigas. A barraca e o trailer das donzelas estavam em polvorosa. Para lá se ia, para lá se corria, de lá voltavam como derrotadas, e à noite Gliumdalklitch cantava junto à fogueira tocando violão, e todas as meninas cantavam juntas em completo êxtase, coloridas pelo rosa vivo do brilho da fogueira, e em seus olhos, avermelhados pelo fogo, cintilava uma chama.

Nina ficava afastada daqueles acontecimentos, era uma figura triste com os lábios rachados e o lencinho branco amarrado com um nó baixo, e só Vítia olhava para o lado dela com claro amor e preocupação. É verdade, ele olhava assim para todos os seus filhos, e nem passava pela cabeça de Nina voltar aos velhos tempos e se animar ao ver um homem interessado. Ela ainda estava cuidando da tristeza por aquele namorado distante, o gato volúvel de andar insinuante e boca indecentemente escura. O desgosto, o desgosto.

E eis que Gúlia, levemente parecida com um sapinho de óculos, pegou de surpresa a triste Nina na sombra do trailer quando ela escrevia sua carta não enviada habitual no caderno verde. Gliumdalklitch imediatamente partiu para a ação. Falou, confiante:

— Você consegue me amar?

Nina respondeu, como uma professora, para ela chispar dali com aquelas gracinhas. Já estou enjoada sem você. — Ah — disse aquela Gúlia arrastado, ajeitando os óculos com o dedo indicador —, e se eu quiser que você se apaixone por mim?

— Case comigo — disse depois Gliumdalklitch, olhando para a estepe com seus óculos saltados. Era a cara de um sapinho.

— Não sou sua colega do quinto ano para fazer essas brincadeirinhas — respondeu Nina.

Com isso ela de repente levou um golpe na região do estômago. Nina se assustou, como as pessoas se assustam com os loucos.

— Não, por que quinto? — retrucou energicamente Gúlia. — E é inútil, você não me ama.

Com essas palavras ela se levantou e saiu, quer dizer, virou a esquina do trailer, sujinha, com a calça larga de lona nas pernas tortas e finas, segurando uma bituca entre o polegar e o indicador.

— De onde foi que você surgiu? — respondeu lentamente Nina, depois de pensar que não por nada aquela doente mental tinha se deitado bem ao lado dela no vagão.

Nina continuou a escrever sua carta infinita, na qual não havia uma única palavra sobre amor. De repente, ela se lembrou daquele cálido mundinho moscovita, dos ateliês, das bebedeiras, das farras pelos parques, de todos aqueles aniversários de amigos nas datchas cheias de mofo perto de Moscou, de todos aqueles táxis tarde da noite, da neve amassada no fim da tarde nos bulevares sob as lamparinas, do céu cor de maçã-verde à noite, dos beijos de virar a cabeça na rua, quando não havia lugar para se esconder, da falta de teto, dos bancos sujos nos quais eles se sentavam, acomodando-se em cima, como pardais no poleiro.

Alguns dias depois, Nina de repente descobriu com horror que havia perdido seu caderno quadriculado verde no qual escrevia as cartas. De forma sistemática e febril, com as mãos tremendo (vai que elas leram), Nina revistou o trailer enquanto todas estavam no trabalho — ela continuava com febre, e Vítia não a deixava ir para a construção.

Assim, depois de revistar seu compartimento no trailer, Nina passou para o vizinho e ali, bem em cima do peitoril, descobriu enfim seu caderno, soltou um gemido, agarrou-o e correu para sua cama. Só ali, quando abriu o caderno, na primeira página leu algo que não era seu e que era inimaginável, meia página de um lamento obsceno sobre amor, choro e ranger de dentes: ela não me ama, ela me esqueceu, eu, sua Tânia, agora ela está com Valentina etc. Ah, Gúlia, Gúlia etc.

Nina devolveu o caderno para o mesmo lugar no peitoril da janela, deitou-se de volta atrás do aquecedor frio e pensou bem em tudo. Sim, a barraca — agora ela entendia que era o harém de Gliumdalklitch. Sim, elas choravam e brigavam, aquelas meninas. Então Nina se lembrou que uma estudante, a única bonitinha ali, típica jovem com cachos, Grioza de cabecinha vazia, contava perto da fogueira que Gliumdalklitch fora expulsa do seu quarto no alojamento e, quando as tiraram da cama dela, da jovenzinha, ela, a jovenzinha, também saiu ostensivamente à noite junto com Gúlia e se sentaram as duas juntas por toda a noite em alguma portaria trancada, nos degraus, e depois ela acabou indo para o hospital por uma inflamação no apêndice, tinha se resfriado sentada em degraus de pedra no inverno, contou a jovenzinha credulamente.

Todas elas, pensava Nina, todas elas são iguais, exceto talvez a menina ruiva que, todas as noites, abandonava o trailer e sumia no escuro para, Nina sabia daquilo tanto quanto os outros, encontrar seu namorado, o único Casanova do destacamento, que parecia uma cegonha jovem, sempre usava óculos escuros, tinha nariz levantado para o céu e trazia diante de todos um rosto pálido e poético, que, é verdade, logo ficou bronzeado e curtido pelo sol da estepe, mas ele continuou arrogante; também vivia meio afastado de todos os meninos, não jogava com eles xadrez nem o jogo chinês *go*, não fazia brincadeiras desdenhosas com as meninas inalcançáveis, como todos os outros: ele tinha uma namorada, aquela mesma ruivinha, e toda noite os dois se encontravam na profunda estepe noturna.

O ódio e o desdém se desenhavam no rosto dos meninos, nenhum contato com as meninas, nenhum diálogo atrás da cozinha, olhos nos olhos.

Nina entendeu tudo.

Entender, ela entendeu, e eis que Gúlia toda tarde abandonava seu harém e se sentava junto da solitária Nina, tinha com ela conversas sobre o amor como tal, dava a ela pepinos e cigarros, falava sobre o desejo de morrer, falava que não tinha nada de querido no mundo, estou sozinha, sozinha, me expulsaram do alojamento, não tenho dinheiro para alugar um quarto, saí da casa da minha mãe, preciso estudar com minhas últimas forças, é minha única chance, mas onde vou trabalhar? Não quero carregar cimento, como as pessoas na Moscou de carga, não tenho forças para isso.

Nina escutava tudo, não expulsava Gúlia, não a ofendia, tinha medo, como antes, mas agora também tinha medo de ofender uma pessoa maluca, ainda que Gúlia se comportasse normalmente. Não importunava, não era grosseira, não a agredia, ficava ali sentada, triste, despenteada, miserável, forte como um rochedo, convencida de seu direito de amar a quem quisesse. Uma noite, Nina estava sentada sozinha, Gúlia não aparecera atrás do trailer, então o Casanova e a ruivinha passaram e se separaram no escuro, ao longe queimavam as medas, sobre o horizonte via-se um clarão. Toda noite os pastores queimavam palha para que os cavalos tivessem um descanso das mutucas.

Estava escuro para escrever uma carta, no trailer já se preparavam para a noite, atrás das costas de Nina, na parede de alumínio, batiam o tempo todo, golpeavam, pelo visto, os cotovelos e joelhos enquanto faziam as camas e davam voltas nas tarimbas estreitas.

Estava especialmente vazio e triste, e Nina se dirigiu ao seu trailer. No caminho viu a barraca, ali dentro pelo visto ardia uma lamparina, a barraca luzia de dentro com uma aconchegante luz rosa, e ali riam baixinho, algo tilintava, provavelmente louça: tinham se reunido para beber chá. A voz de Gúlia proferiu baixinho "Vai você, focinho de porco", e Nina de repente ficou de coração partido. Ele só estremecia assim quando, pelo telefone, surgia a voz do Gato. "Nossa, como me acostumei a ela", pensou Nina, "nossa!"

Era como se tivesse lhe acontecido algo impossível de controlar, que não se pode sufocar, algo que não depende da vontade — ora, você dirá, é o apego habitual dos trabalhos forçados, do campo de trabalho, é uma simpatia que as pessoas sentem umas pelas outras, você dirá.

Há coisas, você dirá, que são incontroláveis, como perder com medo, se ofender, sentir ciúmes e saudade, ter disposição para a amizade, a pena e a paixão.

Nina, desconcertada, abatida, ficou deitada atrás do aquecedor, escutando ressoar no silêncio da noite os risos satisfeitos e as exclamações abafadas das meninas na barraca, depois todas ficaram em silêncio, só alguém tossia de propósito, como se quisesse dar algum sinal.

Nina entendeu que estavam jogando com ela um jogo sutil, que ali havia uma armadilha psicológica extraordinariamente elaborada, primeiro o choque, depois a passagem harmoniosa para relações humanas normais, fique tranquila, ninguém aqui precisa de você, e depois vinham domesticação, uma amizade afetuosa, a confiança, apesar de tudo, ninguém é de ferro, não importa de quem, depois uma separação rápida e impiedosa, o riso com as outras, amizade com as outras — e pronto, o coelhinho caiu na armadilha! O coração do coelhinho se debatia ao simplesmente ouvir o som daquela voz habitual.

Nina teve dificuldade em pegar no sono.

Porém, tudo se resolveu no dia seguinte depois do almoço: veio o médico do destacamento, chamado pelo bondoso Vítia. Todos estavam ausentes, o Coliseu crescia e crescia ao longe, e o médico, um jovem bobo, estudante universitário vindo de uma clínica, examinou Nina negligentemente, depois ficou pensando, como se estivesse aferrado a algo, começou a auscultar e dar umas batidinhas, pôs Nina sobre o leito rústico, apertou sua barriga, tamborilou a clavícula e disse "humm, sim".

Nina estava deitada, levemente sufocada, e pensava como era agradável ser tocada por mãos masculinas tão independentes, profissionais, que procuravam com tanta atenção onde estavam os motivos, que cuidavam tanto de forma geral, sem nenhuma razão pessoal.

O médico falou "fique deitada por enquanto", saiu, foi para seu veículo off-road, depois apareceu Vítia acompanhado pelo médico. Nina adivinhou o que ele estava pensando, porque Vítia começou a falar de Macha, que ela estava mal, que no hospital em Moscou haviam descoberto uma hemorragia pulmonar. Era visível que Vítia estava pronto para ser pai, ele já estava capacitado para ser pai de filhos dos outros, amá-los, cuidar deles. Cuidou de Nina, trouxe de suas reservas vitaminas e antibióticos, depois correu para a construção. Quando à noite as meninas voltaram do trabalho se arrastando, já sabiam de tudo e comunicaram a Nina que iam levá-la para o hospital em Bulaievo, porque estava com pleurite ou com pneumonia.

Depois apareceu Gliumdalklitch com seu palavrório vazio, feito uma casca, autocentrada, interesseira, desnecessária como um homem não amado que gruda por necessidade — uma categoria de gente que desperta o ódio de jovens damas como era Nina então. Gliumdalklitch falava, falava, sentada na tarimba, de novo as mesmas frases vazias, solidão, lidão.

Nina juntou suas coisinhas, achou debaixo do colchão o caderno perdido, que claramente havia sido lido por olhos alheios — tinha como que um cheiro diferente, abria de um jeito diferente, mais livre, quase se desmanchando.

Gliumdalklitch, sem piscar, de forma solitária e significativa, como um homem, acendeu um cigarro, ficou calada e saiu para sua barraca, e até tarde da noite ali soou o violão, e uma voz conhecida chamava de forma apaixonada e chorosa um amor que se fora, e as meninas amistosamente acompanhavam juntas o refrão "diz para mim que me ama!"— todo o harém em coro. Victor já havia murmurado algo para dentro da barraca, e era respondido com ar de desafio pela voz de Gliumdalklitch, e Nina estava deitada, sufocando, pacientemente esperava pela manhã, só para sumir dali, não ver e não escutar.

De manhã, as meninas do trailer, ao sair para a construção, se despediram de Nina quase como se ela tivesse falecido, ou seja, de forma sombria, em fila. Fisicamente mais fortes pelos trabalhos forçados, elas iam ficar, um pagamento esperava por elas, tinham a promessa de um dia de banho, até mesmo num fim de semana ou com uma viagem para o lago ou com uma excursão para o cinema na casa central, e pouco importava o que mais. Parte das meninas já havia parado de trabalhar como carregadora, elas haviam sido largadas na fabricação de tijolos de barro — moldar tijolos com argila, palha e estrume de vaca, e todas as suas conversas e todos os seus sonhos giravam em torno de um banho. Além disso, elas amavam sua Gúlia, ao redor havia a vasta estepe, e nada impedia que as pequenas paixões do harém fervessem e se resolvessem. E sair dali sem autorização era raro, senão você era expulso de tudo — do Komsomol e da universidade imediatamente, pronto.

Mas Nina partia em sua própria viagem, primeiro de caminhão, depois foi posta num pequeno trem local, pelo visto estava repetindo o caminho de Macha, pois foi internada num hospital local onde se lembravam dela, e uma enfermeira até falou: "Essa sua Macha era esperta, a menina estava morrendo, mas não perdia a dignidade. Sempre rindo".

Depois, quando se viu em casa, entregue à mãe assustada e suplicante, que fora buscá-la no trem, e não havia nem sombra do técnico nem da malinha, quando se viu em casa, Nina chamou para a cama seu querido artista, ele apareceu uma vez ou outra, foi atencioso, depois sumiu como de hábito. Gato é Gato. E eis que, em outubro, como se viesse do mundo dos mortos, ressoou uma voz pelo telefone, a voz de Gliumdalklitch. Gúlia, bêbada, pelo visto sem forças para esquecer, implorava que ela permitisse uma visita, tanta solidão... lidão... Ninguém me aaaaama... aaaama... como se viesse do mundo dos mortos, comunicou que havia sido expulsa da universidade, disseram diretamente para ela que foi por sedução de menores, sim, e agora ela trabalhava revestindo de asfalto as ruas... Morava de novo num alojamento feminino (ela gargalhou sem querer). Não tinha ninguém, ninguém a amava.

Então, desmentindo o que fora dito antes na conversa telefônica, intrometeu-se outra voz, feminina, bêbada, impetuosa, que propôs mandar todos para o *hell*, como que para o inferrrno, peççço perdão. Tocava uma música barata ali, como no inferno, tristonha, vinda do subsolo. Nina balbuciou algo falso para não matar de vez aquela infeliz, "estou doente, estou doente", ao que Gliumdalklitch respondeu masculinamente, da forma mais direta e galante, dizendo não é nada, não tenho medo de me contagiar, contágio com contágio não pega. E vou curar você, tenho uma garrafa — garrafa, começou a buzinar diretamente no telefone outra voz feminina — vem e prrronto, vai à merrda (isso ela estava dizendo para Gliumdalklitch, acompanhando, pelo visto, as palavras com o cotovelo). Depois Gúlia assumiu sua posição, de um jeito masculino reclamou abertamente que tinha com quem dormir — e a voz bêbada se aproximou e disse "tem, tem, vem prra cá" —, mas a solidão, lidão. Como sempre, confiante de suas forças e firme como um rochedo, ela conduziu o assédio sistematicamente, inflexível.

Nina replicou baixinho que não podia ir, não, e em resposta trovejou uma música barata e flutuante ao telefone, ali certamente estava acontecendo uma festa noturna com fogo e fumaça, uma farra das boas, porém Gliumdalklitch reafirmava insistentemente sua solidão e sua saudade, dizia que não tinha nada nem ninguém, que não tinha com quem conversar, e a voz bêbada confirmou ao longe, sim, não tem com quem conversar.

Nina tampouco tinha com quem conversar, olha só, que coincidência, não queria ir ver a amiga?, a casa estava cheia de parentes — mas com Gúlia ela definitivamente não queria falar.

"Tchau" — disse Nina quando Gliumdalklitch começou a resmungar algum pesadelo completo do tipo "faça um filho comigo". Ela bateu o telefone, o inferno se desconectou, tudo morreu, porém o inferno não morre e não se rende, e por muitos meses depois Nina precisou conversar ao telefone com Gliumdalklitch, ainda tentando não a ofender, e escutava dela frases como: "vamos nos casar" e assim por diante; ela aguentava para não matar uma pessoa, porque a terrível Gúlia já tinha falado a respeito, vou embora já que estou incomodando todo mundo.

G. ligava de todo lugar, de qualquer telefone que visse, sempre armada de moedas para orelhão, abandonava regularmente seu veículo de revestir as ruas com asfalto e corria assim que via uma cabine (pelo visto), já que ligava seis, sete vezes por turno. Ou seja, seu equipamento andava com uma velocidade de seis, sete cabines telefônicas por turno. Como se via, ela persistia, com esperança de um acaso e de desespero. Falava sobre a miséria, que os técnicos bêbados a tinham estuprado durante o almoço no trailer (decidiram me corrigir, informou ela com um risinho), a própria G. várias vezes estava bêbada, eu te pago, estou com um adiantamento aqui na mão, é só sair, desce aqui para me ver, sai, vou ver você, diz para mim que me ama.

Nosso próximo capítulo poderia começar com uma hipótese de como talvez fosse o futuro de Nina. Jovens morrem com muito mais frequência do que imaginamos, os hospitais estão cheios de jovens condenados à morte, que ficam atrás de vidros duplos e não podem sair ao ar livre, apenas passear no pátio, às vezes no mundo externo andam em casaizinhos, como a sorridente Macha, antes que Nina soubesse por Gliumdalklitch que ela seria enterrada. Todo o curso estava ali, foram todos. Todos a estimavam. G. naquela ocasião estava bêbada e dizia que Macha... Macha... uma menininha pequena, nem toquei nela... ela estava doente, todos sabiam. Tinha enganado os médicos, pensava que a terra ia curá-la, o trabalho pesado ao ar livre, dormia no chão, por pouco não comeu aquela terra... Macha lutava, sim. Vítia também estava no enterro, o pós-graduando, coordenador do curso, acabou que ele tinha se casado, encontrou uma médica divorciada com três filhos pequenos. Apito, câmbio, desligo.

Nina estaria no lugar de Macha por vontade própria, podia ir para o sanatório do hospital psiquiátrico Soloviov, como aconselhava uma amiga à mãe ao ver uma moça saudável sentada, segurando o telefone sobre os joelhos, esperando (inutilmente) uma ligação — tinha chegado a vez dela, não dormia, não comia e não procurava trabalho, ainda que o dinheiro da mãe faltasse até para a comida; Nina depois podia por sua própria vontade acabar na situação de Gliumdalklitch se fugisse dos sermões da mãe para trabalhar numa fábrica que garantisse um alojamento; mas o destino ordenou outra coisa, e um ano depois já encontramos Nina num emprego (redatora do jornal de um dos institutos), rodeada de vários meninos de aparência absolutamente terrestre, inclusive certo Nikolai, formando, três anos mais jovem que Nina, mas não se notava, porque ela era magrinha, e ele mais parrudo e mais alto, andava como uma sombra atrás de Nina, fazia plantão na redação, acompanhava-a até sua casa, convidou-a para o aniversário com o pai e a mãe em casa, tudo, as bases tremeram, a fronteira foi tomada. Nina ficou noiva, a mãe desanimou na hora quando a filha disse aquilo a ela, encarou como um golpe do destino: por quê?, se perguntava. E ficou vermelha. Será que se lembrou de quando ela mesma estava noiva? Em suma, as duas estavam se separando, a mãe e a filha. Nina ia morar com o marido. O vestido rosa de florezinhas da mãe estava no armário, ela guardava para caso aparecesse Alguém (com letra maiúscula). Fazia perguntas como "Você está com Alguém?" para a amiga, quando a outra não queria falar com ela.

Nina — continuando nossa conversa — uma vez estava voltando da cidade de Balachikha, numa noite de inverno esfumaçada, e quando subiu no ônibus de repente seu coração estremeceu de horror: escutou com toda a clareza a voz de Gliumdalklitch. A origem da voz, um homem baixinho com um gorro de coelho ensebado, estava adiante, de costas para Nina. Gliumdalklitch perguntava por que você (referindo-se à sua interlocutora, uma mulher jovem também com gorro de coelho, só que mais novo) — por que você se casou naquela época e não veio me ver nenhuma vez?, e essa interlocutora, um rostinho doce debaixo do gorro, olhinhos claros e honestos, e além disso cachos sujos, embaraçados sob a pele do gorro. Ela retrucou alegremente que pronto, já estava divorciada, pronto, eu me separei dele. "Mas você me abandonou", chiou Gliumdalklitch, com voz abafada, "fui despejada do alojamento, passei fome mesmo." "Passou, passou", repetiam os olhinhos claros e os cachos, ardentes e convencidos, "agora acabou, você vai ver!". "Vou ver", imitou Gliumdalklitch, de forma direta e ofendida. "Você me traiu, e agora diz que passou."

Subitamente elas começaram a abrir caminho para a saída e desceram, ambas baixinhas, magras, e Gliumdalklitch, com roupa de operária e *uchanka* ensebada, apareceu no vão e sumiu.

Também era o ponto de Nina, e ela olhou atentamente pela porta de trás. O caminho estava livre, podia sair do ônibus.

Mais adiante, longe, Gliumdalklitch andava a passos largos, atracada com a amiga pela mão, num apertado e miserável nó.

Nina andava atrás delas, como a caça atrás do caçador, ou seja, diminuindo os passos.

O casalzinho desapareceu ao descer para o metrô e sumiu.

— *Diz pra mim que me ama* — Nina começou a cantar baixinho, no frio (as pessoas às vezes cantam para si mesmas na rua); e de repente ela começou a chorar ao se lembrar de seu querido Gato e daqueles tempos de amor louco, quando ficava sentada perto do telefone esperando, e em vez do Gato ligava aquela Gliumdalklitch irritante, acompanhada de um coro com violão, ligava e ligava o tempo todo, por entre a fumaça da fogueira de seu inferno.

— *Diz para mim... Que me ama...* — cantava Nina, sufocando nas lágrimas.

Em lugar de uma entrevista

Querida M.!
Sei que está se preparando para sair de licença-maternidade e que tem apenas uma tarefa. Sempre respeitei grávidas trabalhadoras. Não dou entrevistas, é quase uma promessa. Em vez da entrevista de que você precisa, me sentei aqui para escrever esta carta.

Diga oi ao seu Canguruzinho. Ele (ela) está escutando. Diga: "Oi para você!". Aliás, acho que a própria criança nos envia seu nome. Aí está, ela comunicou que se chama Canguruzinho. Um dos meus parentes pequenos no começo se chamava Martich, depois Kuzia e Kuziava. Um quando bebê de peito era conhecido como Mítrich, outro tinha o apelido de Michepotam e depois virou Chédia Pallach. Uma menina no começo foi chamada (na primeira infância) de Patinha, depois de Múrotcha e por fim Smetana. A menina Ánia na infância era Rata. O Pétia, de três anos, loiro e cabeludo, era chamado por uma das avós exclusivamente de Pedro I. A menina Tamárotchka (agora ela é arquiteta) desde as fraldas era chamada de Trikasiúlia.

A menina Manka foi chamada de Bukachka, agora ela se foi, uma menina com olhos enormes. Quando a estavam levando, muita gente balbuciava: "até mais". E o pai depois disse que se encontrar lá com Macha seria difícil, seria preciso se esforçar muito.

Quanto mais nomes uma pessoa tem, melhor. Na Rússia, aliás, para evitar que alguém morra cedo, seja amaldiçoado ou sofra mau-olhado, chamavam as crianças da pior forma possível, para não tentar as forças obscuras: Ruindade (Ruindeza), Feioso, Desquerido, Intruso, Infiel, Desengonço, Sem-jeito, Olho-ruim, Focinhudo, Malefício. Esses nomes depois deram origem a sobrenomes como Nekrássov.*

Esse é o nosso caráter, Deus nos livre de atrair a desgraça. Manhã cinza, dia bonito. Isso é coisa nossa, contar uns aos outros nossa história. Na loja, no trem, no bar, no metrô.

E coube a mim escutar muitas histórias diferentes.

Como uma história terrível sobre o assassinato de um jovem, morto por um velho amigo, sem motivo, brigaram por causa de uma menina chamada Léletchka. O mais novo se chamava Volódia, o mais velho, Jênia. Passe aqui amanhã, vamos bater um papo, falou o jovem Volódia. E chegou ao encontro trazendo dois amigos. Mas aquele rapazinho esquentado, o Volódia, tinha dezoito aninhos e escrevia poemas imitando Púchkin, era bonito, tinha cabelos enrolados, estudava no exterior, havia recebido uma bolsa por seu talento. E tudo isso para quê? Para aquele Jênia, como resultado, matá-lo por nada. Antes disso, descobriu-se que Volódia havia passado a noite inteira rezando e escrevendo poemas antes da morte. Como se pressentisse aquilo. Os poemas ficaram. Vamos em frente. Havia uma mulher casada, respeitá-

---

* Nekrássov remete a "nekras", traduzido anteriormente como "focinhudo".

vel, a dona Aninha, largou o marido, ele também era algo tipo um chefe respeitável no governo. Ela o respeitava, mas não amava, nem sabia se ele a amava ou não. De repente ela se apaixonou pela primeira vez. Algum jovem major do Estado-Maior, algo assim. Ela fugiu com o jovem, e ainda por cima deixou o filho com a babá e o marido, para não o arrastar por apartamentos alugados. Depois, foi abandonada pelo jovem, e ela, a dona Aninha, foi para a estação das Ferrovias de Górki e ali se jogou debaixo do trem. Estou recontando com minhas próprias palavras, como você já adivinhou, o conteúdo de *Ievguêni Oneguin*, de Púchkin, e a *Anna Kariênina*, de Tolstói.

Ou seja, não sou a primeira a criar essas coisas horripilantes.

E é assim que respondo a essa pergunta, que me fazem em todo lugar, inclusive no exterior. Quer dizer, não é que me perguntem diretamente: por que você escreve ISSO?; não, simplesmente publicam resenhas, vamos dizer, na Itália, e informam que a autora nos conta como é duro o destino da mulher russa. Sei lá por quê.

Algo como "fiquem tranquilos, somos italianos, essas coisas não vão acontecer com nossas mulheres bonitas! É só que a autora é muito triste, pois escreve sobre os problemas do seu país".

E não é nada disso.

Em todos os países e em todos os tempos os escritores criaram justamente histórias pesadas e tristes.

Se tenho que falar em público para estrangeiros (e eles sempre me fazem essa pergunta, por que a vida das mulheres na Rússia é tão difícil?), eu sempre falo, por exemplo, nesse espírito, que, me desculpem, mas em Shakespeare, Eurípides e Sófocles, os clássicos da dramaturgia, pode pegar qualquer um — quase tudo termina mal. Todos mortos. Um pesadelo completo! Em Druon, esfolam os personagens vivos. Maupassant está cheio de uma série de conflitos cotidianos, há prostitutas, às vezes cravam uma faquinha em alguém, às vezes uma criança é abandonada, há tragédias pessoais. Em Tchékhov, as pessoas atiram, assassinam, ou morre uma criança... Meus leitores estrangeiros balançam a cabeça e fazem que entendem.

Quando nossos pesquisadores nacionais enfiam na minha cara seus artigos, onde está escrito que me interesso cada vez mais por temas cruéis, será que essa autora tem algum problema com a bondade?, preciso advertir, em pânico, que não sou a primeira. A Liza de Karamzin se afogou, em Gógol também tem gente afogada, seja Pliuchkin, seja Nozdriev em "Vii", um personagem mais bonito que o outro. Em Tchékhov, em Búnin nas "Aleias escuras". Em Dostoiévski! Na obra de Nabokov! Um homem na prisão se lembra de como dormia com a filha da esposa. E esses são os clássicos, nossos professores.

Segundo, o motivo pelo qual não querem perdoar os escritores: certo, esses aí já nasceram meio sombrios (ou se fazem de bobos de propósito, fingem que são assim), mas por que, ao representar o enganoso destino humano, o escritor não diz diretamente que não se pode viver assim?! E não condena os vilões?! E não dá uma pista de como seria uma boa forma de viver?

Respondo: os escritores antigamente em geral tentavam indicar aos leitores de maneira sutil, sem excesso, quem estava certo em suas obras. Para isso, eles como que escolhiam um antípoda positivo para o herói negativo. Oblómov mau — Stolz correto. Oniéguin andarilho — Tatiana fiel. Anna Kariênina meretriz — Kitty boazinha.

É verdade, Tolstói não dá indicações diretas de que, por exemplo, é preciso se comportar como Kitty, e não como a infiel Anna. Ele como que espera o veredito do leitor. Joga Anna debaixo do trem como sugestão e fica calado. Não diz que não se deve viver assim. E às vezes surge uma confusão: vamos dizer, que o leitor desnorteado ame de todo o coração não a correta Kitty, mas Anna Kariênina, no teatro e no cinema todas as atrizes maduras sonham em interpretá-la. As pessoas também têm pena de Oblómov, e se lembram mais dele do que de Stolz. Aliás, quando Oblómov morreu, Stolz tomou de sua mulher, uma mulher dócil, e o filho, com o objetivo de criá-lo de forma correta, pelo visto. Eu gosto muito do romance *Oblómov*, mas não aprovo Stolz por essas coisas, como se ele fosse de carne e osso. E todos sem exceção amam Oniéguin, sem prestar atenção ao fato de que ele é um assassino, é preguiçoso pra burro e um egoísta de primeira ordem.

Assim como os grandes autores de alguma forma não se saem bem com os exemplos positivos.

É ainda pior quando na obra não há um único exemplo de comportamento correto. Em Zóschenko, por exemplo. De que vale essa história de um dentista? Ali aparece este parágrafo: "Quer dizer, o marido dela morreu. No começo ela deve ter encarado isso com facilidade. Ah, pensou, que bobagem! E depois viu que não, não era nem de longe uma bobagem!... Não há noivos sobrando pelo mundo".

E não há nenhum personagem positivo no conto! É tudo uma espécie de escória humana.

Para além disso, Zóschenko não acusa ninguém. Não usa palavras raivosas.

Tchékhov também escreveu vários contos engraçados nos quais agem ora a donzela Podzatilkina, ora certo Pchikov, ora Makar Baldastov.

E não explica em lugar nenhum, de forma direta e raivosa, que eles são a escória da humanidade...

Há muitos anos, quando eu estava escrevendo minha última entrevista para um jornal, pus umas linhas dizendo que a literatura não é promotoria e que o escritor não é juiz, está mais para o réu, e que na literatura o importante não é responder a perguntas, mas fazê-las sem errar, corretamente.

Essas minhas palavras, nada complicadas, despertaram uma onda de insatisfação nos críticos da época (metade dos anos 1980). Agora ninguém se lembra deles. A literatura deve justamente explicar, escreveu um, educar com exemplos positivos! Ficou muito irritado.

Depois, estudiosos de literatura me ligaram rindo e disseram que aquelas minhas palavras (que não é necessário responder a perguntas), ainda uns cem anos atrás, haviam sido escritas literalmente da mesma forma por Tchékhov, e isso aconteceu numa carta dele a Suvórin.

Então me esforcei para encontrar a carta, e quem me ditou seu conteúdo pelo telefone foi o famoso estudioso de literatura Serguei Gueorguiévitch Botcharov, que sabe tudo.

É impressionante, mas Tchékhov em sua carta usa exatamente os mesmos exemplos literários que usei no começo da minha carta!

Tchékhov escreve a Suvórin:

> Exigir do artista uma relação consciente com seu trabalho, nisso você está certo. Mas está misturando dois conceitos: a resolução de uma questão e a correta apresentação da pergunta. Só a segunda é obrigatória para o artista. Em Anna Kariênina e em Ievguêni Oniéguin não é respondida nenhuma pergunta. Mas eles satisfazem por completo porque as perguntas são feitas corretamente.

E eu, é verdade, tenho como reserva mais uma citação, de Púchkin, de que a representação dos erros e paixões humanas não é pecado, "assim como anatomia não é assassinato". É uma formulação que sempre exponho ao me apresentar para o público. Agora, raramente me apresento. Agora sou publicada, e não há necessidade de defender meu trabalho oralmente. Agora, quem quiser que leia. Nas revistas, nos livros. Até na internet. Em suma, nem esta minha carta tem sentido. Meus leitores todos entendem, e meus leitores não precisam de explicação.

Mas, mesmo assim, como é surpreendente que se passem os anos, que já tenhamos lido tudo o que antes era proibido, que os jornais publiquem notícias completamente despropositadas e sem limites sobre cadáveres, e que meus pesquisadores continuem iguais. Não perdoam! Dizem: ela é mórbida, pessoal, e por isso os romances dela são esse deus nos acuda. É difícil ler essa autora, às vezes é pesado e até impossível! Isso no geral. Como se estivessem dizendo para os leitores: vocês e ela, parem de se torturar. Nós nos encontramos, eu também...

Alguns, por escrito, suspeitam que eu seja ainda pior do que meus personagens. Algum monstro impiedoso. Ou será que ela é doente, algo assim? Depois dela, disse uma velhinha ardentemente, não dá vontade de ter filhos.

E nem meus contos de fadas (todos numa coletânea com finais felizes) os alegram. Mórbida, sempre esse humor negro!

(Meus camaradas do estúdio uma vez ficaram meio bravos e responderam a isso: "Por quê? É melhor o humor vermelho?". Esse caso aconteceu ainda na União Soviética, onde a cor vermelha imperava em todo lugar, inclusive na arte. Agora, basicamente reina a imprensa marrom.)

E meu triste murmúrio de justificativa, de que a novela sempre foi um gênero triste, meio difícil, a essa minha resposta ninguém dá atenção. É impossível lê-la e pronto!

Como se alguém os estivesse obrigando a pegar meus livros!

E ainda por cima uma mulher me telefonou: "como é difícil ler seus livros!". "Então não leia meus livros." "Tá, e vou ler quem?"

Leia Tolstói, Gógol, Búnin, Leonid Andrêiev, leia Platónov, Tchékhov, leia Turguêniev. Aprenda a ler.

O famoso "Mumu", dor e infortúnio de todos os alunos soviéticos mais novos. Esse conto não trata de forma alguma da servidão. Esse "Mumu" foi afivelado ao programa pelos Feiosos e Olhos-ruins, pelos Desqueridos e Infiéis, os criadores do programa escolar nos tempos soviéticos, foi feito para que as crianças soubessem que o socialismo havia triunfado definitivamente e que em nossas terras não acontecia mais aquilo, mas que voltar ao passado sombrio da servidão não era desejável, senão você vai ser surdo, e ainda por cima vão tirar sua namorada e obrigá-lo a afogar um cachorro. Na verdade, "Mumu" trata de outra coisa. Não vou falar do quê, cada um vai entender à sua maneira, se o conto desaparecer do programa escolar e for parar na mão de um adulto. Os temas se repetem. Porque a violência do destino sobre o ser humano se repete.

O cachorro preferido de uns conhecidos ficou doente. Era o orgulho deles. Haviam-no criado desde filhotinho. Puseram o cachorro no carro e levaram para a floresta. Pronto. O marido era um trabalhador respeitável, a esposa também. Injeções, médicos, noites sem sono — eles imaginaram tudo isso, e o levaram embora. Deixaram lá o infeliz do cão pastor, paralisado. Escutei o relato deles numa visita. Devíamos nos compadecer dos pobres anfitriões, do que haviam tido que fazer. Porque o resultado foi que eles continuam tentando afastar a imagem do cachorro que eles mesmos criaram, agonizando, deitado sozinho na floresta à noite, e já não consegue nem se arrastar... Não tem nem água, nem uma casquinha de pão. Os corvos bicando...

É uma mistura de "Mumu" e "Olhos mortos de sono", outro terror do programa escolar.

Uma mulher (já é outro de meus contos para você) divorciada, com duas meninas, muito pobre, ficou grávida por acidente. Talvez tivesse esperanças de se casar, mas não deu certo. Queria fazer um aborto, mas teve sorte: apareceu uma ótima viagem para o sul, quase de graça, e a mulher foi, e um mês depois já estava com a gravidez muito avançada, todos os médicos se recusavam a fazer o aborto ou pediam uma quantia impensável de dinheiro, e por fim a pobre mulher achou um enfermeiro vagabundo, levou as meninas para a casa de uma amiga, o enfermeiro deu uma injeção nela e saiu correndo quando começaram os acessos de dor. Ela deu à luz um menino de cinco meses, e ele começou a chorar. O que fazer? A mulher o levou para outro quarto, escancarou a janela, e já estava fazendo frio. Enquanto limpava o sangue do chão, a criança continuou chorando e sufocou, depois morreu. Ela levou o embrulho para o cemitério Vagankovo, colocou dentro de um monte de coroas de flores secas. Arrastou-se até a igreja, pediu uma missa fúnebre. E — atenção — ela passou a contar sua história para todo mundo. As mulheres já começaram a evitá-la. Avisaram-me, já que ela devia vir à minha casa para trazer algum papel importante. Disseram que não conseguia ver crianças pequenas. Na época, meu filho Fédia tinha quatro meses e estava tagarelando de fralda no sofá: ela chegou, viu-o, pôs-se de joelhos diante dele e beijou sua fralda...

Há mais uma recriminação que me fazem: "O que você queria dizer com essa obra?". Os americanos, logo depois de qualquer espetáculo de *Cinzano* no estado de Kentucky, na cidade de Louisville, saindo para comer algo, voltavam, sentavam e perguntavam: "*What's your message?*". Ou seja, qual é sua ideia? É um povo ávido por conhecimento, são os criadores do fast-food na forma de frango frito, ou *Kentucky fried chicken*. Outros, mais eruditos, basicamente professores da universidade, se aproximavam por outro flanco: "E onde estão seus heróis positivos? Seus ideais?".

Foi preciso me justificar com bobagens do tipo: "Meu herói positivo está na sala, é o espectador". "Mas por quê?" "Assim... Se cem pessoas riem ao mesmo tempo, isso significa que elas entenderam algo imediatamente. Se elas entenderam, isso significa que são inteligentes e têm senso de humor. E significa que leram nas entrelinhas o que o autor queria dizer." "E o que você queria dizer?" "Queria dizer aquilo que vocês vão pensar ao chegarem em casa." "Mas e os leitores?" "Os leitores também entendem, não se preocupem. Se os leitores não entendessem seus escritores, não haveria novas tiragens que sempre se esgotam, e não sairiam livros piratas."

Sim, eu me esqueci de dizer: o escritor só existe quando tem leitores. Há também exemplos contrários, quando a pessoa não suspeita que seja um escritor — por exemplo, Kafka, um funcionário de baixo escalão que prometeu queimar todos os seus infelizes manuscritos, mas seu amigo não obedeceu e os publicou... Mas isso acontece raramente. Kafka exige reflexão, e podia muito bem acabar acontecendo de ele não encontrar absolutamente ninguém além desse amigo abnegado para ler aqueles longos textos malucos.

E existe a literatura destinada a temporariamente não pensar. Desligar. Isso também é importante. É algo como uma meditação. Não sentar em posição de lótus e fazer "ohm" com a boca, como uma carpa miúda no aquário, mas ler Agatha Christie ou Clark. Ou os nossos. "A vitória do doente psiquiátrico." "O doente psiquiátrico vai pelo atalho." A gente termina de ler e o tempo passou como se não tivesse existido. Para alguns, isso é a felicidade. Estou falando sério. Quando você tem insônia, problemas, quando está aflito. Nessa situação, se sua vida o encurralou num beco sem saída, esse tipo de literatura (ou a música tuc-tuc-tuc-tuc, como se o alto-falante reproduzisse o pulso de um jogador de futebol diante do gol) ou novelas, ou jogos de video game são como um sonífero à noite — isso é importante. Muitos se entorpecem de várias maneiras, como um peixe — para emergir de barriga para cima e pronto. Quanto antes melhor.

Mas alguns às vezes pensam, amam pensar. Aí está, é basicamente para esses momentos que existe a leitura. Para alguém que pensa, quanto mais complicada a tarefa, mais ele será grato.

Ao teatro também, as pessoas vão por diferentes motivos: uns para esquecer, outros para lembrar.

Para essas pessoas, um fato (descrito por Púchkin, Liérmontov, Shakespeare) não é tão importante quanto refletir um pouco. Conversar consigo mesmo. Experimentar a situação em si. Decidir algo.

Também tenho aqueles leitores que não resolvem os problemas, mas simplesmente são atraídos pela possibilidade de uma história. Eles, suponho, acham que isso é poesia, todos esses meus casos assustadores. Às vezes até escrevem artigos no jornal sobre isso. Também sou grata por essas pessoas.

Recentemente veio falar comigo uma dama gentil, uma psiquiatra de Londres, que disse que dali em diante seria minha aluna de dramaturgia e perguntou qual era o primeiro conselho que podia dar a ela. (O tema, aliás, foi de comum acordo.)

Dei um tema na hora: minha mãe se casou. Todos exploraram esse tema, de Ésquilo a Shakespeare e Vampilov. É inesgotável.

— Mas e o conselho? Me dê um conselho. — A dama batia na mesma tecla.

Ela estava um pouco bêbada. Todos os presentes pareciam levemente altos. Era a abertura de uma exposição do grande artista M. Roguinski, recém-falecido. O caso aconteceu no ateliê de outra pessoa.

Fugir da resposta num território delimitado não parecia possível. Agarrar o sobretudo e o gorro de uma vez significava ofender uma pessoa fragilizada e sem culpa de nada, ainda por cima médica. Além do mais, em algum momento ela tinha nos convidado para ir a Londres e declarado que era para o festival Mulheres da Rússia.

Reuni todas as minhas forças e falei:
— O problema deve ser insolúvel!
— O quê? Desculpe, o quê? — balbuciou a médica.
— Na sua peça deve haver um problema insolúvel!!!
Minha futura aluna estremeceu e se afastou.

Assim, formulei para mim mesma o que terminou sendo a razão principal pela qual se escrevem peças — há um problema insolúvel, e ele continuará assim, para que os diretores e espectadores tenham algo em que pensar.

E toda vez tento explicar que cada gênero exige seus meios de expressão.

Há um clima diferente em momentos diversos do dia, o que também acontece com os variados gêneros. No verão, num dia bonito, quando sopra um vento verde e levemente aromático, quando a água cintila e uma nuvem leve e felpuda paira alta, é como um conto curto e alegre. De brincadeira, como um poeminha engraçado. Com uma palavrinha mudada, que é preciso juntar para entender. Esses todos são os gêneros do dia, o gênero de histórias e poemas engraçados.

Já no fim da tarde, quando a floresta se aproxima da varanda, a lua pende pesada, dourada, quando na escuridão e na umidade o tabaco branco emana um cheiro doce, e do samovar se espicha uma fumacinha cor de azeviche — isso já pode ser outro conto de fadas, longo e interessante. Um conto da noite, com aventuras, infortúnios, mas sempre com uma vitória final. Porque esse gênero — o conto de fadas — sempre exige um final feliz. Outra coisa é um gênero como a novela. Há a novela lírica, "A casa de mezanino", de Tchékhov; há a novela lírica e cômica, como as de O'Henry. Tudo isso é como um bom fim de tarde na varanda, uma conversa alegre com amigos, um papo com uma pessoa querida, uma separação, uma partida, talvez para sempre. Mas a verdadeira novela é o gênero do sono pesado. É como um soco no estômago. Depois dela é preciso voltar a si e pensar. Ela se instala na memória e não vai embora nunca, transforma-se num fato da sua vida. As grandes novelas do século xx — "Respiração leve", de Búnin, "O conto dos sete enforcados", de Leonid Andrêiev, com o qual sonhei muitas vezes, e minha avó, ao sair do furgão para a execução, amarrou todos com lenços no pescoço e os beijou com força... "Primavera em Fialta", de Nabokov, "O retorno", de Platónov. Uma novela raramente termina bem, o gênero é assim. Provoca lágrimas.

Um romance não termina nem bem nem mal, ele dura como uma vida, é um gênero minucioso, nele você se instala confortavelmente e depois pode ler mesmo que seja aos pedaços. O autor passa muito tempo escrevendo, às vezes matando a si mesmo, como foi se matando Marcel Proust, que escreveu o mais importante e mais difícil livro no século xx, *Em busca do tempo perdido* — é um trabalho pesado demais para uma pessoa doente. Como se exauriu Bulgákov, trabalhando até o fim em *O mestre e Margarida*. Como Joyce — que passou longos anos ditando seu romance final, *Finnegans Wake*, textos absolutamente incompreensíveis. Joyce ficou cego no fim da vida por seu esforço, e pouco depois morreu.

Experimente compor uma frase que não signifique nada.

Não sai. Eu de certa forma pus na minha peça *Bifem* textos como esse. Mas eram simplesmente interferências no microfone, barulhos indistintos. Já Joyce escreveu um romance inteiro assim!

Ou há o drama. No gênero dramático, o mais importante, por mais estranho que pareça, é que o espectador ria no espetáculo — quase até o fim. No fim, é preciso fazê-lo chorar. Este, o gênero da dramaturgia — a tragicomédia ou até a tragédia cômica —, não pode ter subtítulo. Digamos, a obra dramática "Sonhos no jardim dos absurdos", e entre parênteses, "tragicomédia". Porque se é uma tragicomédia, não é um gênero, mas um êxito. Se deu certo, esse é o gênero; se não deu certo, desculpe, que tragicomédia é essa que os espectadores foram para casa como estavam, sem se comover nenhuma vez, com novas sensações na forma de uma garrafa de Pepsi e uma torta suspeita da lanchonete do teatro na barriga?

E quais são, vamos supor, os gêneros da madrugada? Algumas pessoas acham que a noite é feita para o sono pesado; outras, que é para banquetes e passeios; terceiras, para lembranças, cartas não escritas e lágrimas; umas quartas, para atividades secretas e funestas, para o pecado.

O gênero do sono pesado e interessante eu definiria como o romance longo; o gênero do banquete e dos passeios, a comédia (frequentemente com passagem pelo histórico de doenças ou o relatório médico); o gênero das atividades secretas, vocês mesmos sabem, são os livrinhos policiais ou a linha pornô e artiguinhos picantes nas revistas masculinas.

Mas amor, lembranças e lágrimas, aí já é novela.

Vamos deixar cada gênero com o que lhe cabe. Todos têm seu lugar na estante.

E como tratar o escritor que começou a chorar ao escrever sua história de amor? Como consolá-lo? Com que acalmá-lo?

Eu tinha um método quando todos eram pequenos. Só precisava contar para as crianças (Kuza, Michepotam, Patinha, Rata e o menino-porquinho Pedro I, assim como para o Canguruzinho que agora está na bolsa): contar a história para eles à noite! Depois, de manhã, se desse, escrever a história e, em algum momento, publicar...

Mas o leitor é assim: ele não se lembra do bem, não se lembra das histórias. Em seu pobre coração, como um espinho, está espetada uma novela lida ou uma peça vista. E os leitores reprovam amargamente o autor, não o perdoam, lembram-se... Às vezes, por muito tempo.

A eles, meu muito obrigada.

Atenciosamente,
Liudmila Petruchévskaia

ESTA OBRA FOI COMPOSTA EM ELECTRA PELO ESTÚDIO O.L.M./ FLAVIO PERALTA E IMPRESSA EM OFSETE PELA GRÁFICA BARTIRA SOBRE PAPEL PÓLEN SOFT DA SUZANO S.A. PARA A EDITORA SCHWARCZ EM JANEIRO DE 2020.

A marca FSC® é a garantia de que a madeira utilizada na fabricação do papel deste livro provém de florestas que foram gerenciadas de maneira ambientalmente correta, socialmente justa e economicamente viável, além de outras fontes de origem controlada.